EL REY DE LOS MENDIGOS
El Patio de los Milagros

LUIZ CARLOS CARNEIRO

Por el Espíritu

Louis E. Amedée Achard

Traducción al Español:
J.Thomas Saldias, MSc.
Trujillo, Perú, Septiembre, 2023

Título Original en Portugués:
"O Rei dos Mendigos"
© Luiz Carlos Carneiro, 1994

World Spiritist Institute
Houston, Texas, USA
E–mail: contact@worldspiritistinstitute.org

Del Traductor

Jesús Thomas Saldias, MSc, nació en Trujillo, Perú.

Desde los años 80s conoció la doctrina espírita gracias a su estadía en Brasil donde tuvo oportunidad de interactuar a través de médiums con el Dr. Napoleón Rodriguez Laureano, quien se convirtió en su mentor y guía espiritual.

Posteriormente se mudó al Estado de Texas, en los Estados Unidos y se graduó en la carrera de Zootecnia en la Universidad de Texas A&M. Obtuvo también su Maestría en Ciencias de Fauna Silvestre siguiendo sus estudios de Doctorado en la misma universidad.

Terminada su carrera académica, estableció la empresa *Global Specialized Consultants LLC* a través de la cual promovió el Uso Sostenible de Recursos Naturales a través de Latino América y luego fue partícipe de la formación del **World Spiritist Institute**, registrado en el Estado de Texas como una ONG sin fines de lucro con la finalidad de promover la divulgación de la doctrina espírita.

Actualmente se encuentra trabajando desde Perú en la traducción de libros de varios médiums y espíritus del portugués al español, habiendo traducido más de 250 títulos, así como conduciendo el programa "La Hora de los Espíritus."

Índice

Dedicatorias 5

INTRODUCCIÓN 7

PRIMERA PARTE 9

    Capítulo I El Nacimiento 10

    Capítulo II La Partida 19

    Capítulo III El "Brujo" 48

SEGUNDA PARTE 79

    Capítulo I Lo Inesperado 80

    Capítulo II Amigos Jean y Jeanpaul 102

    Capítulo III Leonardo da Vinci 186

    Capítulo IV La Muerte de Planchet 219

TERCERA PARTE 225

    Capítulo I Guerra, Siempre 226

    Capítulo II Sobre un Caballo 241

    Capítulo III La Aparición 259

    Capítulo IV La Emboscada 274

    Capítulo V La Figura Negra 293

Dedicatorias

Al matrimonio Octavio Augusto y doña Marialice, con gracias a Dios por tenerlos como amigos.

A Rodolfo y doña Lucía.

A Antonio y doña Gilda

Dios los bendiga.

Mes Amis.

Avec amour.

La historia que ahora vuelvo a escribir, gracias al autor encarnado, lo hago con naturalidad ya que no estoy muerto.

Los sucesos dentro de este trabajo, al traer de vuelta personajes de *El amor es eterno*, para mí es un homenaje al Luiz Carlos Carneiro, ya que este libro nuestro es ficción dentro de la historia, y una historia que transcurrió en el mismo período de la verdadera.

Somos uno. Un solo espíritu, que puede animar a cualquiera que tenga útero, senos, ovarios; es decir, una mujer... y somos hombres con testículos y espermatozoides para fecundar. Pero el espíritu no tiene sexo. Simplemente cambia la envoltura. Así, yo, Louis Engine Amedée Achard, he encontrado a quien transmite la manera de volver a escribir nuestros libros. Los actos son, como decía, un homenaje a este amigo.

Espero que entiendan.

Paz.

Salvador, Bahía, 17 de octubre de 1993

Amedée Achard

INTRODUCCIÓN

"Los lazos de sangre no necesariamente establecen vínculos entre espíritus. El cuerpo proviene del cuerpo, pero el espíritu no proviene del espíritu, porque el espíritu del que reencarna existía antes de la formación del cuerpo.

No es el padre quien crea el espíritu de su hijo. El padre no hace más que proporcionar la envoltura física, pero debe ayudar al niño en su desarrollo intelectual y moral, para hacerlo evolucionar.

Los espíritus que se encarnan en una misma familia, especialmente como parientes cercanos, son, la mayoría de las veces, espíritus que se compadecen entre sí, unidos por relaciones anteriores que se revelan por sus afectos recíprocos durante su vida terrena. Pero puede suceder que estos espíritus sean completamente extraños entre sí, separados por antipatías igualmente anteriores, que se expresan también por su antagonismo en la Tierra, para servirles de prueba. Los verdaderos vínculos familiares no son los formados por consanguinidad. Son aquellos que nacen de la afinidad y comunión de pensamientos, que unen a los espíritus antes, durante y después de su encarnación. Por esta razón, dos seres nacidos de padres diferentes pueden ser más hermanos de espíritu que si lo fueran de sangre. Pueden atraerse, buscarse, hacerse amigos, mientras que dos hermanos de sangre pueden repelerse, como vemos todos los días.

Se trata de un problema moral que solo el Espiritismo podría resolver, a través de la pluralidad de existencias."[1]

---

[1] Tema 8, capítulo XIV – *El Evangelio según el Espiritismo* – Allan Kardec

PRIMERA PARTE

Capítulo I
El Nacimiento

– Sacré bleu!² ¿Esta niña está naciendo justo ahora, cuando añoraba un hombre?

– ¡Cálmate, Planchet! ¿Otras, a esta misma hora, no están dando a luz? ¿No eres tú el rey de los mendigos? Tú puedes hacer cualquier cosa.

– ¡Voilá,³ trapo, te mato, lengua viperina! ¿No ves que estoy preocupado?

– ¿Con qué? Te estás poniendo viejo.

El padre frustrado saltó de la pared ya medio derrumbada, agarró a su interlocutor por los harapos, tiró de él con mano firme y gritó:

– Bochet, un día acabaré contigo. ¡Eres un bastardo! Envejeciendo, maldita sea, ¿puedo hacer algo? ¿Qué? Sin hijos varones...

– ¡Suéltame, Planchet! ¿Es mi culpa que solo sepas hacer chicas? Busca a tus otras mujeres... quién sabe, ¿tal vez alguna de ellas haya dado a luz a un niño? Vamos, suéltame.

Planchet se quitó la venda del ojo izquierdo que cubría un ojo sano, la sostuvo y luego la metió en la bolsa que llevaba al hombro. Llevaba ropa andrajosa y maloliente. Su largo cabello

---

² Maldito azul.
³ Es aquí.

ondeaba con el viento que soplaba bajo tierra en París. Bajito, un poco gordo y ya gris. Pero poseía los atributos necesarios para asumir el puesto de Rey de los Mendigos: astucia, coraje y liderazgo. Fuerte como un toro. Todos le obedecieron. Subían de las cloacas a las plazas, mendigando, aceptando cualquier invitación a matar, a robar a cambio de dinero que era llevado al Patio de los Milagros, muy cerca de la Catedral, o más bien debajo de ella.

– Francisco es el rey allá arriba. Y tú, Planchet, el rey aquí abajo. ¿Cuánto hemos acumulado ya?

– No te falta nada, animal.

– Bueno, ¿qué pasa con tu hijo que no ha aparecido hasta ahora?

– Escucha, discute. Ésta que nació, y solo pocos lo saben, será un niño.

– ¿Eh? – Bochet se sobresaltó –. Pero es una niña.

– Te tengo en mis manos.

– ¿Y las parteras?

– Nada que temer. Ellas son mi madre y mi abuela. Esta chica será un hombre. No puedo vivir Solo con tener hijas. ¡Mendiant![4]

– ¿Cómo lo harás, hombre?

– Difunde la noticia que tengo un hijo.

– Pero...

– Yo me encargo del resto.

– Ten en cuenta que querrán verlo.

– No verán nada. Es un hombre, hijo mío, ¿entiendes?

---

[4] Mendigo.

– Claro, claro. Como dijiste, me tienes en tus manos. Una palabra tuya y muero.

– Te quiero como amigo. Sal y cuéntale a todos sobre el nacimiento de Jean, el primero y único. La criaré como a un hombre.

– ¿Y cuando se enteren?

– Ya no estaré aquí. Será mi sucesor, el Rey de los Mendigos del Patio de los Milagros. ¿Bien?

– Vete. Confío en ti.

✳ ✳ ✳

– ¡Nació Jean, amigos, el primero y único! – Gritó Bochet, hundiéndose en el barro de las alcantarillas.

– ¿Qué Jean primero es éste que nació? El que conozco ya está viejo, allá arriba. Es el párroco.

– No lo sé… ¿a qué te refieres, Bochet?

Era el inframundo de París, con sus alcantarillas, sus galerías llenas de mendigos y desempleados que se agolpaban allí. La inmensa comunidad era temida incluso por los ejércitos del rey. Allí se tramaron los planes más escandalosos. Había gente para cada tarea.

– ¿Qué te pasa, Bochet? ¿Cuál Jean es éste que nació?

– El hijo del rey.

– ¿Hijo del rey? ¿Qué rey?

– Planchet, el rey de los mendigos.

– ¿Planchet?– Gritó una mujer –. Bueno, tengo dos hijas con él.

– Yo tengo tres.

– No hay manera – argumentó otro –. Planchet solo saca forma de mujer.

– ¡Nació Jean, el primer hijo de Planchet!

La multitud guardó silencio.

– Bochet, ¿hablas en serio? – Explotó un hombre, levantándose y sacándose de la pierna un trozo de carne de perro ensangrentada.

– Más serio que tu pierna, que no tiene nada.

– ¿Entonces logró hacer un hombre?

– Bueno, si nació...

– Debe haber sido el colmo – Estalló la risa.

– Silencio, perros callejeros. Anuncio el nacimiento de Jean, único, rey de los mendigos. Planchet ya tiene sucesor.

– ¿Y quién le dio a luz? – Gritó una mujer –. ¡Solo me dio hijas!

– Esta vez acertó – gritó otro, reparando una herida artificial en su muslo.

– Queremos ver.

– Todavía no pueden – advirtió Bochet.

– Tengo que verlo para creerlo.

– ¡Cierren sus asquerosas bocas, asquerosas ratas de alcantarilla! – Rugió la voz de Bochet blandiendo el bastón que portaba.

– ¿Tú viste?

– Yo lo vi. Es un hombre, Jean.

– ¿Y la fiesta?

– Tranquilo, la habrá.

París, en la época de nuestra historia, vivía en dos mundos: uno, el de la pompa, no tanto, sino de los que trabajaban, vendedores, soldados, herreros, tapiceros y ricos; el otro era bullicioso, con sus singulares habitantes – los forajidos, los mendigos, los desempleados – bajo tierra, las cloacas, cuyas enormes galerías parecían plazas, por donde corría libremente el agua de lluvia o del río Sena, cuando se llenaba. Sin embargo, ¡tenían un rey! ¡Tenían un ejército! Lucharon contra los mosqueteros y tenían miedo de buscarlos. Los laberintos de las cloacas les hacían aparecer donde quisieran. ¿Acabar con ellos? ¿Cómo? Todo París se vendría abajo. El poder de estos mendigos era respetable. Incluso recibieron a señores ricos en audiencia con el rey, quien se ofreció a pagarles en oro por servicios turbios.

– Paulette también dio a luz y nadie habla de eso.

– ¿Es hija de Planchet?

– ¡No lo sé! Él simplemente siguió arrastrando sus alas hacia ella..

– No puede ser suyo. ¿Es niña?

– Sí... entonces, sí.

– No interesa. Lo que importa es que Jean nació y es el sucesor.

En realidad, sí, importaba. Paulette, aunque siempre acosada por Planchet, nunca lo aceptó. Se entregó a un noble y quedó embarazada. El mismo día, al mismo tiempo que nacía la hija de Planchet, venía al mundo el hijo de Paulette. No era motivo de curiosidad saber su sexo, pues al ser el rey el padre, era en consecuencia una niña. Y todo el alboroto se debía a una mentira, respecto al sexo del niño. Así, el niño, dada la fama de su padre, era considerado niña y el otro, niña, era considerado varón.

Paulette intentó ocultar lo sucedido y, a la primera oportunidad, solicitó una reunión con el noble que era su padre. La antigua iglesia de Nuestra Señora de París fue el lugar elegido. El noble Juan de Luzardo, hijo del duque de Luzardo, quedó fascinado por el niño que había tomado en brazos y admiraba su parecido con él.

– ¿Qué vamos a hacer, Paulette?

– Tú decides.

– No puedes quedarte en esa guarida con este niño. ¡Es rubia como su padre!

– ¿Y adónde iría?

– Voy a providenciar. Estate aquí temprano mañana.

– ¿A dónde nos vas a llevar?

– Por una propiedad que tengo en el campo. Nada te faltará.

– ¿Y tu mujer?

– Mi esposa está enferma, no creo que viva mucho. Ella lo entenderá.

– Lo siento, Jean.

– Yo también. Ella es una buena mujer.

Hablaron mucho que ella era una bruja. El joven sonrió.

– Eso es cierto, pero eso se acabó. El propio cardenal la absolvió. Solo por hacer el bien a tantos, acoger a los pobres y a los lisiados.

– Y hablar con los muertos.

– ¡Oh! Esta particularidad es parte de su enfermedad.

– Te quiero mucho, Jean.

– Lo sé, Paulette. Tampoco ignoras que mi sentimiento es el mismo. Yo me ocuparé de ambos. Ve, vuelve mañana.

– Una de las esposas de Planchet también tuvo un hijo.

– ¿Planchet, el rey?

– Sí. Y es un niño.

– ¡Ahora! ¿Entonces el viejo Planchet tiene un sucesor? ¡Qué bien! Qué feliz debe ser.

– Y todos piensan que mi hijo es suyo.

– Pero...

– Tu sabes mejor. Simplemente les dejo pensar de esa manera. Imaginando que era una niña, ni siquiera querían mirar a mi hija.

– Entiendo. Por lo que dicen solo tiene hijas.

– No tuve nada que ver con él. ¿Me crees?

– ¡Paulette! Nunca dudé de ti. Y en cuanto a la bravuconería de Planchet, quién sabe, ¿la mitad de sus hijas ni siquiera son suyas?

– Puede ser.

– Planchet es un buen hombre. Sería un gran embajador. Tiene palabra fácil, es valiente, magnánimo y, quizás honesto, a su manera.

– Me voy, Jean, pero ¿qué nombre le pondremos a nuestro hijo?

– ¿Tienes alguna preferencia?

Cubrió al niño, agachó la cabeza y luego pensó:

– Tu nombre es Jean, yo, Paulette... nuestro hijo se llamará Jeanpaul.

– ¿Jeanpaul? – Se rio el noble.

– Jean y Paulette.

– Así sea, mi amor, así será. Es la combinación de dos nombres lo que nos encanta. ¿Mañana?

– Sí, temprano.

– Te amo, Jean.

Descubrió el rostro del niño, lo besó en la frente y declaró:

– Por Dios, Paulette, amo tanto a este chico.

– Es tuyo, amor. Me voy.

✳ ✳ ✳

Fueron tres días de fiesta en el metro de la ciudad y en el Patio de los Milagros, bajo la jurisdicción real de Planchet. Este barrio de París, temido por toda la población, incluidos los soldados del rey, era el lugar donde criminales, ladrones y asesinos se reunían por la noche para compartir las ganancias del día. También era donde intercambiaban las "heridas" con las que engañaban a la población, cuando mendigaban. Por supuesto, nadie con sentido común se atrevería a ir allí, ni siquiera bajo la luz del sol, a menos, por supuesto, empresarios o políticos que buscaran alguien con quien realizar venganza, o cualquier trabajo ilícito, lo cual no era raro.

Francia, por su parte, no pasaba por buenos momentos. La alianza firmada por Francisco I,[5] con Solimán[6], el llamado hereje, conmocionó a todo el pueblo occidental. ¿Cristianos aliados con ateos, herejes? ¡Imposible! Pero Francisco I, a pesar de disfrutar de la buena vida, montar a caballo, hacer fiestas, cazar, tenía un pésimo sentido de los asuntos de Estado. El llamado Tratado de Capitulaciones, firmado entre él y Solimán, se convirtió en un escándalo en todo Occidente. ¿Se aliaría un rey cristiano con un bárbaro? Y se habló tanto en la Corte que, más para contentarse, como había dado una de sus grandes fiestas, donde estaba reunido el Consejo, entre botellas de vino, dijo:

– No lo puedo negar. Mi mayor deseo es que el turco se fortalezca.

– ¡Pero, Alteza, es un hereje!

–¿Que importa? ¿Te molesta que seamos cristianos? Los quiero bien fortalecidos, listos y preparados para la guerra. Por supuesto, personalmente lo ignoro. Él es un infiel, como usted dice, y nosotros, los cristianos, también. Sin embargo, señores, solo él,

---

[5] Rey de Francia de 1515 a 1547.

[6] Soliman, el Magnífico, sultán turco de 1520 a 1566 aliado de Francisco I contra Carlos V

fíjense, solo él puede debilitar el poder de Carlos V – bebió un sorbo de la bebida que tenía en la mano –, quien tendrá que abrir las arcas, en consecuencia, incurrirá en grandes gastos y se debilitará. Verán, señores – prosiguió levantándose y colocando la copa en un aparador – cuando los intereses del país lo exigen, nuestra fe poco contribuye a perturbarla – y se fue a bailar, tranquilamente, al hermoso salón.

Y así fue siempre. Los asuntos de Estado, no pocas veces, se trataban o resolvían en un campamento de caza, en paseos a caballo o en veladas en sus distintos palacios. En lo que a la ciudad se refiere, el mago Leonardo da Vinci[7] fue el encargado de dotarla de sus maravillosos inventos. Para ello no escatimó esfuerzos.

---

[7] Artista de la Escuela de Florencia, 1452 – 1519, pintor de La Gioconda, escultor, arquitecto, ingeniero, músico y anatomista.

Capítulo II
La Partida

Al día siguiente, Paulette regresó a la Catedral y no tuvo que esperar mucho. Jean llegó en su carruaje. Saltó rápidamente, y acercándose a ella, tomó al niño en brazos y le preguntó:

– Deja tus pertenencias atrás.

– ¿Cómo, Juan?

– Por favor, no necesitarás trapos, querida.

– Jean, en estos bultos traigo todo lo que tengo y los del niño.

– Vamos, *mon amour*, tenemos prisa. Y soy dueño de todo y para ti, en mi casa. Por favor no discutas.

Paulette, aunque residía en aquellos agujeros, debajo de París, tenía lo que era suyo y, naturalmente, no quería desprenderse de lo que, con tanto sacrificio, había conseguido. Por lo tanto, con desgana y con expresión de lástima, arrojó el bulto a un lado. Su vestimenta, lejos de ser la de una dama, era; sin embargo, "la última moda" en el Patio de los Milagros y se mantenía lo más limpia y ordenada posible.

– Entonces, ¿nos vamos? – Insistió Jean.

– Sí, sigamos.

La hizo entrar primero, luego le pasó el niño, subiendo por turnos, cuando ordenó al cochero que siguiera adelante. El coche partió, con los caballos al trote y las ruedas golpeando los adoquines irregulares de las calles de París.

– ¿Para dónde vamos?

– Ya te lo dije, querida.

– Lo sé, Jean. Te pregunto dónde está situada tu casa de campo.

– Alenzón.[8]

– Nunca antes lo había escuchado.

– Genial, de esta manera estrenarás un nuevo escenario. Está cerca del Mont–Saint–Michel. El aire del mar será bueno para Jeanpaul.

–¿Qué pasará conmigo?

– No está lejos de París, amor.

– ¿Cuán lejos?

– Definitivamente unos diez días.

– ¿Dentro de este artilugio?

– Cálmate, Paulette. Allí nos espera lo mejor.

– Y tú, ¿te quedarás con nosotros?

– No, Solo por un rato. Tengo mis asuntos en París.

– ¿Y tu mujer?

– ¿Mi mujer? ¡Pues si vas a quedarte con ella!

– Jean, ¿a qué te refieres?

– Ya lo verás cuando lleguemos.

– ¡Dios mío!

– No nos quedaremos dentro de este artilugio, como clasificas nuestro vehículo. Hay pueblos y comisarios a lo largo del recorrido. No te preocupes.

– ¿Y los ladrones?

---

[8] Ciudad de Francia con 35mil habitantes.

– De vez en cuando los hay. Evitaremos viajar de noche.

– No entendí. ¿Tu esposa se quedará conmigo?

– Ya te informé sobre el asunto. Cálmate. No hay por qué preocuparse, ella lo sabe todo.

✱ ✱ ✱

¡*Diable*! – Planchet rugió a uno de sus secuaces, ocupado en liberarlo.

Sacó un gran trozo de carne de caballo ensangrentada de su pecho, antes de tomar las partes que tenía en ambas piernas, una en la rodilla y la otra en el muslo del otro miembro.

– ¿Qué quieres, Planchet?

– ¿No ves, hijo de la inmundicia del fondo del Sena, que estas "heridas" no sirven de nada?

– ¿Cómo no?– Y el interrogado miró el rostro del rey de los mendigos, inclinado sobre él –. Tengo unas diez pistolas en mi bolso.[9]

– Un par de luíses.[10]

– ¡Rufián!

– ¿Cómo, Planchet? ¿Qué pasa ahora?

– ¿Qué pasa ahora? Quiero que realmente parezcas un mendigo, un mendigo, para honrar mi nombre.

– ¿Qué hice mal?

– ¡El caballo, animal!

– ¿Yo el animal o el caballo? – Y continuó con la tarea de quitar los trapos ensangrentados.

---

[9] Antigua moneda francesa que valía 10 francos.
[10] Antigua moneda francesa de oro que valía 20 francos.

– Ambos son caballos. ¿Con tantos filetes de caballo, de burro y hasta de pechuga? ¡Con una herida así ya estarías muerto! Son más dos en las piernas. ¡Exageras, hombre! Que me saquen un ojo, un corte en la pierna, pero no uses todo mi caballo. ¿Sabes lo que vas a hacer?

– ¿Qué?

– Comerte esos filetes y dona todo lo que recibiste. ¡Eres una llaga andante, un no–muerto, estiércol!

– ¿Darte todo?

– Y, ahora, la luna servirá a la comunidad como el caballo.

– Pero, Planchet.

– Ahora tengo un hijo. Subiré los impuestos. Vamos, Bochet, recoge todo esto. Y haz lo correcto, animal. Después de todo, soy honesto, si también.

– ¿De verdad me vas a quitar todo?

– ¿Quién es el rey aquí? – Preguntó Bochet, sosteniendo la alforja que el hombre tenía en sus manos, abriéndola y sacando las monedas.

– Déjale uno – recomendó Planchet.

– ¿Uno? Yo también tengo una familia.

– Sabes. Eres un mendigo exitoso. Tienes una buena casa, una esposa que siempre te espera al anochecer, tienes pan, cebada para tus dos caballos, en fin, nada te falta.

– ¿Y necesitas todo lo que gané?

– ¿Y el caballo?

– ¿Caballo? ¿Qué caballo?

– ¿Aquel cuya carne usaste para hacer las heridas?

– ¿Era tuyo, por casualidad? El animal estaba muerto, en plena calle.

– Soy señor de la vida y la muerte, aquí, no te equivoques. Ve, cámbiate de ropa y vuelve a casa cansado, lo veo. Estoy cansado, mujer. Yo trabajé mucho...

– Y sin dinero.

– Solo pagarás lo estipulado para mañana, hoy el tesoro es para la dote de mi sucesor. Ve, no tardes. ¿Quieres perder tu trabajo?

✳ ✳ ✳

La casa de campo del joven Jean parecía más bien un palacio. Enclavada sobre una suave colina, completamente cubierta de hierba, se destacaba por sus grandes columnas griegas, que rodeaban toda la residencia, sosteniendo el edificio, especialmente en el porche, a su alrededor florecían flores de diferentes colores, mezclándose con los manzanos y las enredaderas…

– Esta es nuestra casa, Paulette.

– ¡Que cosa linda! – Elogió embelesada, asomando la cabeza por la mampara del carruaje.

– Sí, es muy linda, pero un poco triste, con la enfermedad de mi esposa – Paulette lo miró un poco conmovida y preguntó:

– ¿Por qué me trajiste aquí? No quiero ser un obstáculo entre tú y tu mujer.

– Es una larga historia, que pronto aprenderás. Pero espera, estamos llegando allí.

De hecho. Al sonido del carruaje, aparecieron algunos sirvientes, solícitos.

– ¡Señor! – Dijo uno, a modo de saludo.

– ¿Cómo estás, Pedro? ¿Y la señora?

–¡Oh! Señor, un poco mejor, pero las crisis...

– Entiendo– observó el joven bajando la cabeza.– ¿Qué se puede hacer?

– Ven Señor. Nos haremos cargo de todo. ¿Es esta la joven de la que nos hablaste?

– Sí, soy Paulette.

– ¿Y tu hijo?

– Sí, Pedro.

– ¡*Mon Dieu*! ¡Como es lindo! Señora, ¿me dejará llevarlo?

– ¿Llevar a mi hijo? – Reaccionó Paulette, abrazando al pequeño contra su pecho. Pierre sonrió.

– No, no te preocupes. ¿Ves este? – Señaló Jean – Lo cargué desde que era recién nacido. Solo quiero llevaros a ti y a él a sus habitaciones.

– Está bien, señor – asintió Paulette, avergonzada – entregando al pequeño al cuidado del anciano Pierre, quien lo recibió afectuosamente en sus brazos –. Miró a Jean quien estaba sonriendo.

– ¿Y tú?

– Ve amor, te veré pronto.

– ¿Vas a ver a tu esposa?

– Lo haré, lo haré, sí. Te llamaré enseguida y, en el caso de Pierre, pídele a las criadas que te preparen un baño. El polvo del camino se adhirió demasiado a nuestros cuerpos.

– Así se hará.

– ¿Y mis perros?

– Te extrañaron, especialmente...

– "Diana" – interrumpió Jean.

– Sí señor. A veces aúlla como un lobo, con anhelo.

– ¡Oh!

– ¿La dejaré ir?

– No, no ahora. Voy a ver a la señora. Y, Pierre, que a ambos no les falte nada.

– Señor...

– Sí.

– La señora Suzanne me pidió que le llevara al niño tan pronto como llegara. ¿Qué hago?

– Lo que ella pidió, amigo. ¿Es por eso que te adelantaste?

– Lo siento, lo fue.

– Contéstale y dile que estaré con ella enseguida.

– Usted sufre, señor, lo sé.

Jean puso su mano en el hombro del sirviente y con los ojos llenos de lágrimas, confirmó.

– Sabes, ella es la que no me quiere.

– Señor...

– Pierre, cambié de opinión.

– ¿Cómo?

– Voy a ver a Diana. Ve, llévate al niño y haz lo que te pedí. ¿Tienes la llave de la perrera?

– Sí, por favor sácalo de mi bolsillo.

Jean tomó las llaves. Paulette siguió a las criadas que pronto llegaron y entraron a la mansión. Pierre los siguió. Jean se alejó, jugando pensativamente con la llave colgada de una cadena.

✳ ✳ ✳

Ahora, ¿dónde? ¿Dónde? ¿Qué dimensión? ¿Interesa? En un lugar, hermanos, al que invariablemente vamos, después de nuestro trabajo, atados a los grilletes de la carne. A dónde fui yo y a dónde tú irás, pero cuidado, el camino puede ser fácil y pedregoso y de difícil acceso, y hay varios lugares a los que iremos, "según nuestras propias obras." Bueno, como periodista, permítame explicarle sobre los dos personajes Jean y Jeanpaul, dos entre muchos que realmente existieron. Bueno, estas dos criaturas fueron llamadas, digamos, al Departamento de Reencarnación, donde se apresuraron a llegar.

– Bueno – comenzó el Director – es hora de volver al cuerpo de carne, para tener otra oportunidad.

– ¿Cuándo nos vamos? – Preguntó el espíritu masculino.

– Inmediatamente.

– Seré sin duda un hombre.

– ¿Cómo es que no sabes? Estoy cansada de ser mujer.

– El espíritu es siempre el mismo.

– No importa el cuerpo que tenga – dijo la chica siempre – y cuando no se separe de él.

– Muy bien, hija mía. Tus padres ya han sido elegidos. Está cerca del momento del nacimiento.

– ¿Naceremos juntos?

– En el mismo día.

– ¿Y seré un hombre?

El Director esbozó una sonrisa enigmática y respondió:

– En cierto modo, sí.

– ¿Cómo, en cierto modo?

– Lo sabrás. ¿No es importante para ti estar con quienes te han hecho compañía en tantas reencarnaciones?

– Sin duda.

– Es solo eso. Puedes ir a la sección correspondiente.

– Solo una pregunta más.

– ¿Sí?

– ¿A qué se debe este tremendo sueño que nos ha abrumado? ¿Y sueños que, según me cuenta, son muy parecidos a los míos?

– Sin dormir, sin sueños, llevas mucho tiempo en el vientre de tu madre. Pero les parecen sueños esas caricias maternas. Te quieren, están felices de recibirte y, por eso, te miman y te dan confianza.

– Escudos. ¿Ya está aquí?

– Eso mismo. Ahora ve y aprende tu lección esta vez. Dios te proteja siempre.

Así nacieron, Jeanpaul, hijo de un noble y un mendigo, y Jean, nombre que el tonto Planchet, no tuvo hijo, le dio a la niña que vino al mundo. Está el "en cierto modo sí", del Director.

Planchet cumplió e hizo cumplir lo que quería. Nunca dejó que su pseudo hijo, como tantos otros de su edad, mostrara su sexo. Desde el momento en que nació prohibió las visitas y siempre dejaba al niño con ropa que ocultaba por completo cualquier señal de su verdadero sexo. Él mismo siguió todos los movimientos del niño. Los únicos que sabían la verdad eran él, su madre, las parteras tocadores y Bochet. La niña creció como un hombre. Bochet estaba solo en casa. Y aprendió a disfrutar de vivir como hombre. Tenía más libertad. También sus piernas estaban ocultas con finas almohadillas de cuero, casi hasta la ingle. Planchet tuvo mucho cuidado en el trato con la hija que quería como hijo. Acababa de olvidar una cosa: que todo lo que nace tiene que morir. Y empezó a sentir la proximidad de tal acontecimiento. Jean había crecido tan fuerte como una rubia. Por supuesto que conocía su condición de mujer, pero para complacer a su padre, lo obedecía dulcemente. Y nadie lo sospechaba. Blandía la espada como cualquier espadachín de la época. Con su pantalón fino de cuero, blusa con mangas holgadas que le llegan hasta el antebrazo, con el chaleco debajo, que le ocultaba sus pechos juveniles, todo la hacía parecer masculina.

Un día llamó a su hija, sentada en su sillón favorito, robado a un vendedor de muebles, y le dijo:

– Jean, ya no puedo acompañarte por las calles, estoy cada vez más débil y enfermo. Es la edad, hijo.

– Bueno, padre, ¿por qué deberías hacer eso? Yo proporciono todo.

– Lo sé, lo sé, eres fuerte, eres varonil, aunque seas una niña.

– Padre...

– Espera. Déjame hablar. Tu madre también es mayor y ya no puede cuidarte como antes. Bochet, ya lo ha visto, habla incluso solo.

– No importa, papá. Yo me ocuparé de ti, de mi madre y del tío Bochet.

– Hija...

– ¿Hija?

– Estamos solos, Jean.

– Entonces...

– Creo que cometí el error más grande del mundo cuando escondí tu sexo. ¡Fue un gran error y mi orgullo quedó herido por haber traído al mundo solo a hijas!

– Papá, soy mujer, al menos para ti.

– Sí cariño, solo para mí, lo dijiste bien. Sin embargo, llegará el día en que necesitarás tener contacto con un hombre. Es natural, es parte de la vida.

– No te preocupes, padre – y besó la mano del desolado Planchet.

– Voy a reunir a todos y decirles la verdad.

– No, por favor, papá.

– No quiero dejarles este legado de mentira que yo, locamente, creé. Yo los liberaré de esta inmensa carga.

–¡No, no quiero! – Ella gritó –. Si mueres, padre, seré el Rey de los Mendigos.

– No hija, mereces mucho más que esto. Francia está creciendo, ¿ves cuántos artistas y hombres de letras nos trajo Francisco? Tengo un amigo que te educará.

– Papá, no hagas esto. Toda la comunidad del Patio te respeta; bajo tierra también. Contar lo que pasó ahora solo te hará daño. Déjame hacer esto yo mismo, algún día.

– Y execrarán mi memoria.

– No, no, porque sabré hacerlo; no convocar al Consejo.

Planchet hizo un gesto vago con las manos y respondió:

– Bueno; sin embargo, ¿estás buscando al amigo del que te hablé?

– ¿Para educarme?

– Sí.

– ¿Y quién es?

– Doctor Girardán.

– ¿El mago?

– No es un mago, Jean. Es muy buen hombre y trata nuestras enfermedades y lesiones sin preguntar nada.

– Está bien, lo buscaré.

– Excelente. Dile que eres mi hijo y que te envié a estudiar con él – y mirando seriamente el rostro juvenil y preocupado de la niña –. No me decepciones, Jean.

– No lo haré, papá, lo prometo.

✻ ✻ ✻

Jeanpaul creció rodeado del cariño de sus padres. Retrocedamos unos años, al momento en que llegaron a la residencia Luzardos. Mientras Jean iba a la perrera, el lacayo, siguiendo las órdenes, llevó al niño a la habitación donde estaba la cama de doña Suzanne. Llamó discretamente a la enorme y artística puerta. Se abrió y apareció una criada:

–¡Oh! ¡Pierre! – Y fijando los ojos en los del niño:

– ¡Qué bonito! Dámelo, se lo llevaré a la señora.

– Y dile que el señor Jean llegará pronto.

– Espera, Pedro. Lo sabrás si doña Suzanne quiere algo – se llevó al bebé y luego regresó –. Doña Suzanne pide a la madre del niño que se acerque a ella.

– Le daré el mensaje, Ana – y se fue.

Paulette fue llevada a una habitación grande, donde se duchó y se vistió con ropa que nunca había tenido. Dos criadas la ayudaron. Mirándose en el enorme espejo, mientras se peinaba, admirando el cambio, escuchó a una de las criadas decir:

– Es usted muy hermosa, señora.

– ¿Señora? ¿Yo?

Nunca me habían tratado así. Morena, cabello castaño claro, ojos grandes en un rostro ovalado, labios carnosos y sensuales, conjunto que remataba un cuerpo esbelto, que medía 1,70m. De hecho, ella era muy hermosa. Llamaron a la puerta. Una de las criadas fue a contestar el llamado y luego regresó.

– Un mensaje para ti.

– ¿De quién?

– Doña Susana. Quiere que vayas a sus habitaciones.

– ¿Yo? – Y Paulette puso su mano sobre su pecho – ¿Sola? – La doncella sonrió.

– Sí. Doña Suzanne no muerde.

– Pero...

– Te esperaban.

– ¿Y Jean?

– Por supuesto, se irá pronto.

– ¡*Mon Dieu*![11]

– Vamos, señora. Yo la dirijo. Está linda. Esto complacerá a la Sra. Suzanne. Mi nombre es Bella. No tenga miedo.

– ¿Y mi hijo?

– Está con ella.

– ¡Dios!

– Le encantan los niños. Nunca ha podido tener uno.

– ¿Y quiere el mío? – Preguntó preocupada.

– No, no. No se preocupe. La dama sabe todo sobre usted.

– ¿Sabe todo? – Paulette se sobresaltó.

– Vamos señora, vámonos. Ella misma la mantendrá al tanto de todo.

– Dios, ¿solo soy una amante de su marido y ella me trata tan bien? – pensó –. En cualquier caso, tomaré mi daga. ¡Quién sabe!

Fingiendo algo, volvió al aparador y recogió el largo y delgado puñal que siempre llevaba en la cinturilla de su falda y lo puso en el mismo lugar. Después de todo, Paulette era una mendiga del Patio de los Milagros y había pasado toda su vida defendiéndose. No había matado, pero para defenderse lo haría sin miedo.

Siguió al sirviente hasta las lujosas habitaciones de la señora de esa casa. Temerosa, pero con la mente puesta en el puñal que

---

[11] ¡Dios mío!

portaba y acostumbrada a tantas vicisitudes y peligros por los que atravesaba a diario, entró en la habitación.

El olor a medicina llenó sus fosas nasales. Sobre la enorme cama, apoyada sobre almohadas, estaba doña Susana. En sus brazos, el niño. Paulette se detuvo junto a la cama. La mujer hizo un gesto con la mano ordenando a las criadas que se marcharan. La recién llegada, con los ojos fijos en aquella mujer en la cama. Sola, ¿qué daño podría hacerle, tan frágil?

– Señora – tartamudeó – Soy Paulette, la madre de este niño.

– Lo sé, querida– dijo la paciente –. Ven, siéntate aquí en la cama, a mi lado. ¿Ves? Tu hijo ya está. Hablemos – Paulette se mostró reacia.

– Ven, no tengas miedo. Lo que tengo no es contagioso, siéntate. Dame tu mano.

Aun reacia, la joven extendió la mano y se dejó llevar hasta la cama, sentándose en el lugar indicado. La paciente colocó cariñosamente al niño dormido a su lado y, volviéndose hacia la joven, le confesó:

– Tenía tantas ganas de tener uno así...

– ¿Y por qué no? Eres tan joven, señora Suzanne.

– ¡Oh! Cariño – y las lágrimas cayeron de sus ojos.

– ¿Estás llorando?

– No te preocupes, esto pasará. Es solo que no puedo tener hijos. Te parezco joven, realmente lo soy; sin embargo, estoy discapacitada, no puedo moverme, mis miembros inferiores no obedecen.

– ¿Paralizada, señora?

– Sí, sí.

– ¡Oh! ¡Dios!

– ¿Sabes que no es tan malo?

– ¿Como no? Vivir inmovilizado, sin poder salir, correr, montar, ¿cómo no es tan malo?

– Dios sabe lo que hace, señora.

– Tumbada aquí, me entrego a la meditación, con mil posibilidades de establecer criterios para apoyar mejor a las personas que me necesitan. Sin embargo, no permaneceré en esta cama por mucho tiempo.

– ¡Oh! Lo sé, volverá a caminar.

Suzanne sonrió, le dio unas palmaditas en la espalda a Paulette y reflexionó:

– En cierto modo, sí.

– Señora, usted es la esposa de Jean. ¿Por qué me permite quedarme aquí? Supongo que lo sabe todo.

– Sí, lo sé y estoy feliz por ello.

– No entiendo.

– Entiendo. Te llamé aquí para informarte de todo.

– Habla usted, señora, como si ya me conociera.

– Y lo hago, cariño.

– ¿Yo, un mendigo de las cloacas de París? ¿Del Patio de los Milagros? ¿Cómo?

Suzanne volvió a sonreír, pero esta vez, apartando la mirada del bebé dormido. Entonces, mirándola, declaró:

– Hace muchos años, Paulette, te hice un gran daño.

– ¿Yo, señora? Solo tengo 23 años. Que yo recuerde, nadie me ha hecho daño nunca. Solo vida.

– Eso es lo que piensas. Eres sencilla. Y el Creador de todo ama lo simple. Tanto es así que les hace olvidar los azotes que recibieron en otra vida – Paulette, en su total ingenuidad, no entendió nada de lo que le decía doña Suzanne.

– Nunca me han azotado, señora, y, usted dijo, ¿otra vida? No tuve otra opción, ya que nunca bajé mucho a la clandestinidad, excepto hasta la iglesia.

– Donde conociste a mi marido.

– Sí fue. Pero no sabía que era un hombre casado. Y quería robarle. Pero después...

– Ya estaba todo planeado, Paulette. No es necesario que te sonrojes tanto.

– Pero señora, Jean es su marido, ¿me recibe con mi hijo, que es suyo, y no ordena que me arresten o me maten? ¡Y me trata con tanta benevolencia, señora!

– Espera. Te lo contaré todo. Aquí viene Jean. Por la noche te lo explicaré todo.

El dueño de la casa entró, se acercó a la cama y besó a su esposa en la mejilla.

– ¿Cómo has estado, Suzanne?

– Bien, querido, bien. Y mejor ahora que he conocido a Paulette.

Por la expresión de Jean, estaba claro que no aprobaba las acciones de su esposa. Se sintió culpable. ¿La amante y la cónyuge juntas? La escena hirió su orgullo.

– ¿Has visto a tu amada, Jean? – Preguntó sonriendo, con los ojos brillantes.

– ¿Eh? ¿Cómo? – Reaccionó tomándose a sí mismo en serio.

– Tranquilo, estoy hablando de Diana.

– ¡Oh! – Él sonrió – Sí, sí, está muy hermosa.

– Y te extraña.

– Es verdad. Y ahora tengo que encontrarle un marido. Está en celo.

– El vizconde, nuestro vecino.

– Lo sé. Tiene un perro de su raza. Hablaré con él al respecto.

Paulette, avergonzada, escuchó esa conversación, sintiéndose fuera de lugar.

Al darse cuenta, Suzanne le tomó la mano y dijo:

– Yo... Está loco por la perra.

–¿Diana?

– Sí. ¿La conocías?

– No, señora. Es nombre de mujer, ¿verdad?

– Sí, y de una diosa también. Diana, la cazadora. Te gustará. De vez en cuando ella viene aquí. Es un Dios que nos ayuda: salta a la cama, me lame la cara, luego apoya su gran cabeza en mi pecho y requiere mucho trabajo sacarla. Crece en todos. A veces pienso que no la tenemos a ella, ella nos tiene a nosotros. Solo Pierre puede hacerla obedecer. ¿Te gustan los perros?

– Mucho, señora. He tenido algunos.

– Excelente. A ella le encantará conocerte. Bueno, Paulette, por la noche, como te dije, después de cenar, hablaremos de nuevo. Voy a contarte algo que te hará comprender nuestra inusual situación. Lleva a tu hijo.

En este punto ya está todo preparado en la habitación que te han asignado. Y María, una de nuestras criadas, estará a tu servicio a partir de ahora. Ahora vete, querida. Te espero por la noche...

Paulette recibió al niño de manos de la señora, miró a Jean y salió, siendo acompañada fuera de la habitación por la criada que la esperaba.

– Solo con su mujer – Jean la tomó de las manos y, con aire melancólico, dijo:

– Suzanne, ¿a qué se debe todo esto? No me gusta nada.

– No te preocupes, querido. ¿Conoces los motivos y aun no te has acostumbrado? Tiene que ser así.

– Es una situación delicada. Una esposa que arroja a su marido en brazos de otra.

– Prometiste ayudarme. Fui franca contigo.

– Pero, ¿solo por los sueños?

– No solo sueños.

– ¿Comunicación con los muertos? ¿Qué pasa si todo esto se debe simplemente a tu estado de salud?

– ¿Alucinaciones? No, no, Jean. Asegúrate de esto.

– Y le vas a contar todo.

– Sí, es necesario, querido. Porque solo así seré libre.

– Pero te amo, Suzanne.

– Lo sé. Sin embargo, no me perteneces.

– Vivíamos muy bien hasta este maldito accidente. Cuando nos casamos fue para vivir juntos para siempre. Es una situación profundamente embarazosa.

– Después de todo, ¿no te gusta?

– Claro que me gusta, pero…

– Tómalo con calma. Pronto será tu esposa. Ella ya es la madre de tu hijo.

– ¿Y si todo lo que piensas no es más que una quimera?

– No, cariño, no lo es. Tu hijo es la prueba que esto no es una ilusión.

– ¿Y por qué lo recuerdo? ¿No dice que yo también estuve "allí"?

– Sí, lo eras, y sin darte cuenta, eras la manzana de la discordia.

– ¡Solo mira! ¡Una vida antes de esta! A veces actúas como el Dr. Girardán con faldas.

– Es un buen hombre, muy buen amigo mío. Y él sabe todo sobre nosotros.

– Un mago es lo que es – Susana sonrió.

– No, no lo es.

– Por lo que he oído en la Corte, Margarita, la hermana del rey, no tiene muy buena opinión de él.

– Querido – y apretó más sus manos – hay un secreto. No del Dr. Girardán, sino el de ella. Por favor, cariño, no te metas en este asunto. Sé como eres y siempre has sido. Vete ahora, querido, quítate el polvo y déjame en paz con mis sirvientes. No te gustaría ver a su esposa siendo cargada, metida en una bañera, lavada, secada, vestida y acostada.

– Suzanne, ¿me subestimas?

– Te pedí que hicieras todo esto. Te negaste y ahora ¿qué hago? No me importa lo que esté pasando, mi amor.

– Yo, tu marido, tengo la obligación de hacerlo todo.

– Ve, por la tarde nos encontraremos. Vete por favor.

Y el caballero se fue.

Al anochecer se reunieron nuevamente. Jean, a petición de su esposa, llevó a Paulette al dormitorio. Suzanne se reclinó sobre unos cómodos cojines. Llevaba una bata diáfana de mangas anchas. Tenía el cabello suelto cayendo sobre sus hombros y sus mejillas sonrosadas gracias a los cosméticos que le aplicaban sus doncellas. Ella ya era hermosa y el maquillaje realzaba aun más su belleza.

– Está usted hermosa, señora – dijo Paulette, a modo de saludo. Suzanne sonrió levemente.

– Siéntate – invitó, señalando dos sillones, que había ordenado colocar al lado de la cama.

Las criadas les sirvieron té y tostadas. Comieron en silencio. Al final, Suzanne empezó con voz tranquila:

– Bueno, comencemos nuestra conversación. Les advierto que lo que escucharán es la más pura verdad. Especialmente para ti, Paulette, ya que Jean está al tanto del tema.

– ¿Estás bien, cariño?

–¡Oh! Sí, muy bien, no te molestes. Solo escucha, *mon chéri. Je te aime.*[12] – Jean simplemente bajó la cabeza. Una señal que la esposa podría continuar –. Bueno – reanudó, aclarándose la garganta para aclarar sus cuerdas vocales –. Todo empezó no sé si hace milenios. Era un pueblo nórdico. Grandes barcos, hombres con pieles de elefante marino y nutria. Hacía un frío tremendo, por eso se vestían así. Las casas construidas con gruesos troncos de árboles, atados entre sí por fuertes cuerdas, no tenían piso ni divisiones. El mobiliario consistía en catres, hechos de madera cuyos extremos terminaban en una X, forrados con tiras de cuero, donde las pieles de animales peludos servían como colchones. Ahí, en ese escenario, estaba yo – y se golpeó el pecho –. Yo, ¿entiendes? Yo, que adoraba a Sven, uno de los más grandes navegantes y gran cazador. Sin embargo, Sven no tenía ojos para mí. Solo te quería a ti y señaló a Paulette.

– ¡Solo a ti!

– ¿Yo, señora? – Y la muchacha, con aire de intensa perplejidad, se puso ambas manos en el pecho –. ¿Cómo, yo? Nunca salí del Patio de los Milagros – reaccionó entre lágrimas –. Debe estar equivocada, señora. No fui yo y ni siquiera sé quién es ese Sven.

– ¡Oh! Pero lo sabrás. Estate tranquila, solo escucha lo que te digo, y no temas nada. No te quiero mal –. En ese tiempo, tu nombre era Mira. Rubia, esbelta, vestida con esa ropa de piel de oso

---

[12] Querida. Te amo.

que dejaba al descubierto tus muslos, eras su favorita – y señaló a su marido –. Sven era él. Intenté por todos los medios seducirlo para que se quedara conmigo. Después de todo, yo era hija del hombre que tenía más; barcos, padre Holff. Los más ricos. Todos los chicos me pidieron, excepto Sven. Era pobre, solo uno más de la tripulación del barco de mi padre. Casarse conmigo lo haría rico, tendría su flota, pero solo te quería a ti.

– Señora – intervino Paulette, como si estuviera viviendo el drama – No fue culpa mía.

– No hables, solo escucha. Todo esto sucedió en una vida anterior a ésta, niña. Aproveché mi condición de hija del líder del clan para lograr mis propósitos. Eras mi amiga, sin sospechar que quería a Sven. Pensaste que quería ayudarte y que mi puesto facilitaría la obtención de un mejor puesto para tu prometido. Sin embargo, solo quería separarte de él – sollozó fuertemente, tomando un pañuelo de detrás de las almohadas y llevándoselo a la boca.

– ¿Te sientes mal, querida? – Preguntó Jean, inclinándose sobre ella.

– No, no te preocupes – y para la criada –, enciende otra lámpara. Está oscuro – y continuó –. Se me ocurrió un plan para deshacerme de ti. A veces pescábamos en invierno, cuando el frío era intenso, cubriendo todo el lago con una capa de hielo. Conocía la región donde el hielo era más grueso y soportaba el peso de una persona. Tú, Sven, junto con otros hombres, cortabas leña para alimentar nuestros fuegos en esas noches heladas. Luego te llevé al lugar donde la capa de hielo era lo más fina posible y te hice caer en esa agua helada, cuya finísima capa cayó sobre tu polvo. Te vi aferrada al borde, mirándome aterrorizada, pensando que te iba a ayudar. Sin embargo, le di la espalda y regresé al pueblo, entré a la casa y hablé allí.

Los pescadores, unas horas más tarde, encontraron a Mira tirada en el borde del hielo, con las piernas todavía sumergidas en el agua helada. La llevaron al pueblo, donde le dieron masajes, caldo caliente, en fin, apelaron por todo, en vano, ya que sus miembros inferiores no reaccionaban. Cuando le pedí que me contara lo que había pasado, Solo dijo que nos habíamos separado y que, cuando regresé, pensé que ella había regresado.

No me incriminaste. Llevada con prisa a la ciudad, con Sven llevando los caballos más allá del límite, no se pudo hacer nada y le amputaron ambas piernas. Y estaba conmovida con el hecho. ¿Cómo te querría Sven ahora? ¿Para qué? ¡Oh! Ahora él sería mío. ¡Estaba equivocada!

Mira, tu sufrimiento parece haber alentado mucho más el amor que él te dedicaba. Aun así, ¡se casó contigo! Pedí morir. Sin embargo, los problemas derivados de la operación hicieron lo que yo no había podido hacer. Seis meses después, tuvo lugar tu funeral. Me regocijé. Y traté de conquistar a mi Sven. Lo mimé tanto que terminó casándose conmigo. ¡Qué felicidad para mí tenerlo como marido! Sin embargo, para él yo era solo su esposa y sus pensamientos estaban centrados en ti. ¿Cuántas veces le he oído pronunciar tu nombre, incluso solo, en el mayor ensueño?

– Doña Suzanne, ¿cómo puede estar segura de esto? – preguntó Paulette con lágrimas en los ojos.

– Es verdad, intervino Suzanne Jean.

– Olvidemos todo eso. Asegúrate de dormir.

– No, *mes amis*,[13] Aun no he terminado. Esperen. Tuvimos un hijo pequeño que llenó de alegría nuestra casa, pero por poco tiempo. A los tres años, sin motivo aparente, enfermó y todos nuestros esfuerzos por curarlo fueron inútiles. Él murió. Desesperada, me rebelé contra los dioses, culpándolos de mi

---

[13] Mis amigos

desgracia. Por supuesto, sería una venganza por lo que te había hecho. Me consumí y, un día, sin poder soportar más el dolor y el remordimiento, tomé una bebida que me quitó la vida. ¡Cómo sufrí al otro lado de la existencia! Estuve en lugares oscuros, hasta que me rescataron y me llevaron a un hospital, donde curaron mis dolencias. Fue allí donde Sven y Mira vinieron a visitarme. Estaba completa, no le faltaban las piernas. Yo, en mi necedad, la había hecho perder. Ella me sonrió, tratándome como a una hermana. Me arrojé a sus pies, sinceramente arrepentida, pidiéndole perdón y prometiendo regresar a mi cuerpo físico y hacer todo lo posible para reunirlos nuevamente. De esta manera redimiría la deuda que había contraído con ambos, devolviéndoles la felicidad que les había robado.

Y volvimos. El doctor Girardán me ayudó a encontrarte. Nos casamos. Y cuando llegué a la edad que tenía Mira cuando perdió las piernas, hubo un accidente que me dejó parapléjica. La montura perdió el control, lo que me hizo caer y fracturarme la columna. Sufrí mucho, pero fui feliz, porque yo mismo había pedido esa manera de redimirme. Tuve que sufrir toda la desgracia por la que le había hecho pasar a Mira. Estoy feliz y agradecida con Dios por darme esta oportunidad.

Cuando el querido Doctor Girardán me dio la noticia que estabas encarnada y en ese horrible lugar, insté a Jean a buscarte. Sabía que de cierta manera el recuerdo llegaría a sus mentes, en un ambiente de mutua simpatía y se unirían.

¡Dios mío, qué historia! – Exclamó Paulette.

– El doctor Girardán tiene los medios para demostrar la veracidad de los hechos que le conté. Te pido que algún día lo busques.

– Querida – dijo Jean – está todo muy bien. Buscaremos al buen doctor. Lo intentaste demasiado. Debes descansar.

– Yo haré eso. Queridos míos, presten atención a la Divina Providencia. Se encontraron, tienen un hijito, al que adoro, como el que perdí hace tanto tiempo. Y tengan la seguridad que Dios no es vengativo, nunca lo ha sido. Nosotros, para corregir nuestros errores somos los que solicitamos la forma de pagar. Él no interviene. ¿No nos dio discernimiento entre el bien y el mal? El resto depende de nosotros. Sentimos tanta vergüenza ante Su Imagen que pedimos aprobación. ¿No sufrió su Hijo? ¿Por qué nosotros no? ¡Y cómo sufrió! *"Padre, aparta de mí esta copa"* – Incluso dijo, porque era humano, pero pronto volvió a comprender. Y murió en la cruz ignominiosa, pensando en salvarnos – Tomó a ambos de la mano y continuó –. Nada, mis amores, es injusto bajo el cielo. ¡Piensa sobre esto, Paulette! Cuida bien a tu hijo. Pronto conocerá a una joven. También tienen que caminar juntos para aprender. Busquen al doctor Girardán – y el marido, bañado en lágrimas dijo –, Jean, éramos felices, ¿no?

– Por supuesto, cariño, por supuesto.

– Te amo por no quejarte nunca. Esto ya era una señal de la verdad que nos dije. ¿Perdóname?

–¡Oh! Suzanne…

– No llores. ¿Recuerdas ese roble al final de nuestra propiedad?

– Sé dónde están nuestras iniciales, hechas por mí.

– Quiero que mi cuerpo sea enterrado entre sus raíces.

–Suzanne… – Señora… – acompañó Paulette, pero, a una señal del paciente, ambos callaron.

– No importa lo que sea el cuerpo – prosiguió tranquilamente –, puede ser enterrado aquí, allí o en cualquier otro lugar. Sin embargo, lo alegramos, porque nos trae buenos recuerdos y un anhelo que nos une al lugar donde quedaron tantos seres queridos. Después deja de interesarnos, ya que, estudiando en la escuela de la vida, aprendemos tanto que un día estaremos tan lejos. En otra 'morada' del Creador, esos sentimientos mundanos, provenientes de la corteza terrestre, se desvanecen. Sin embargo, seguiremos recordando a quienes estuvieron cerca de nosotros y quizás guiándolos. ¡Alabado sea Dios!

– Duerme, querida – aconsejó Jean, ajustando las almohadas.

– Ve, cariño, educa a tu hijo. Encuentren al Dr. Girardán. Y tú, Paulette, mira, hazlo feliz. Adiós.

– ¿Adiós? – La voz de Jean sonaba consternada.

– Hasta mañana, cariño – levantando la mano, le acarició el rostro.

– Yo, recuerdo el roble. Déjame con mis doncellas. Vayan, tienen mucho de qué hablar, lo sé.

Jean la besó en la frente. Paulette, en las manos.

– Besa a tu hijo de mi parte.

– Si quieres te lo traigo para que puedas hacerlo.

– No mi querido. El pequeño duerme y yo también me voy a dormir.

Se fueron. En la enorme sala, Jean, con la mano derecha en la frente, reflexionaba:

– ¿Por qué se despidió con la frase "Adiós"? No entendí.

– Jean, el que menos entiende aquí, soy yo, una idiota – respondió Paulette –. Nunca había oído ni visto nada parecido. Un mendigo, ¿sabes?

– ¿Qué, Paulette?

– ¿Cuántas narices, labios y heridas con sangre tengo en mi bolso?

– Ahora, Paulette...

– No me dejaste traer la bolsa, pero mis herramientas de trabajo están ahí.

– ¿Para qué es eso? – Rugió Jean, sujetándola por los hombros –. Estás aquí, en paz y segura. Deja de recordar el pasado, entierra tus narices, labios, oídos, heridas, no sé qué más ¿Entiendes?

– Me estás lastimando – gritó.

– Lo siento – se disculpó dejándola ir –. Pero piénsalo, nota la diferencia desde el lugar donde vi ratas con este.

– Me di cuenta... me di cuenta enseguida. ¿Cómo voy a acostumbrarme de un día para otro? Extraño a mi gente, a mis amistades, incluso a robar. ¿Qué puedo tener de ocio en medio de semejante transformación? Escuché, especialmente esta historia sobre tu esposa. ¿Cómo quieres que reaccione?

– Paulette –y Jean la abrazó –lo siento. Caminemos un poco, creo que tenemos mucho de qué hablar – tomó a la joven del brazo y salieron de la casa, hacia el cuidado jardín.

– ¿Me conoces como Mira?

– No estoy muy seguro.

– No estás muy seguro, ¿cómo?

– Paulette, mi entrenamiento fue un poco, digamos, radical. Los santos, el Papa, la escuela católica, pero, por supuesto, teníamos derecho a soñar, no sueños fugaces, como todo el mundo, sino algo que, por mucho que nos rechace, nos deja alguna huella y, allí, bueno lejos de mis pensamientos, recuerdo a alguien.

– ¿Alguien?

– Sí, sentémonos en ese banco. Alguien que podrías haber sido tú. Confieso que toda la historia de Suzanne me recuerda... sin embargo, no puedo precisar quién. Si recordaras algo, quién sabe, ¿juntos podríamos armar este "rompecabezas"?

– Ya sabes, Jean…

– ¿Sí?

– Cuando te acercaste a mí, mostrándote tan caritativo y también afectuoso, quise robarte.

– Lo recuerdo. Luego tenías una nariz "comida por animales", en el lado izquierdo – Ella sonrió.

– Sí, así fue. Ya sabes, es nuestra arma para mover a los transeúntes.

– Sí, lo sé. En el Patio de los Milagros hay milagros todos los días.

– Es verdad. Pero fue en la Catedral de Nuestra Señora de París, en las escaleras, y no pude robarte nada, aunque mi mano sostenía tu bolso lleno de monedas. ¿Por qué? Vi en tus ojos tanta dulzura y una transmisión de cariño, de amor, que me impidieron completar lo que siempre hice. Ahora que lo pienso, Jean, creo en lo que dijo la señora Suzanne. De hecho, hay algo que nos une, que nos atrae. Pero, *mon chéri*, yo no quería que fuera así. Ser amante de un noble, es una cosa. Pero ser "al otra", con el permiso de la esposa, esto me conmueve mucho. Es hermosa, pobrecita, y no se merece esto. Pero, Jean, es ella quien quiere toda esa historia, tan sincera. ¡Oh! Jean, ayúdame – y abrazó al chico que la tenía entre sus brazos, haciéndola apoyar la cabeza en su pecho, acariciando su cabello.

– Tienes razón. Tenemos que buscar al Doctor Girardán. Él parece ser la clave de todo este misterio.

– Jean...

– Dime, *mon amour*.

– No deberíamos tocarnos, sabes, tengo verdadero respeto por tu esposa. Siento que la engañé y ella no se merece esto. ¿Hazme este favor?

– Paulette, Paulette, ¿sabes que yo también pienso lo mismo?

– Lo sé, estoy seguro.

– Bueno, también puedes estar seguro que ahora sé que te amo aun más – y besó la frente de la joven.

Doña Suzanne entregó su alma al Creador dos semanas después. Se fue sonriendo para su marido y para Paulette, sin el menor sufrimiento. Parecía – y era – que estaba feliz de abandonar este "valle de lágrimas", en busca de lugares mejores. Jean cumplió su último deseo: la depositó a la sombra del majestuoso roble y plantó una cruz que hizo con la madera del gigantesco árbol. Y, después de una sentida y dolorosa oración, acompañados únicamente por los sirvientes de la casa, regresaron a ella.

– Pobrecita – dijo Paulette, con el rostro sonrojado y mojado por las lágrimas – Jean la abrazó.

– No, pobrecita, querida.

– Digo esto porque sé cuánto sufrió y yo, querida, no valgo tanto.

– Paulette... – y la apretó con fuerza.

– Señor – Pierre se acercó, extendiendo un vaso a su jefe –. Aquí. Es un brandy caliente. Lo necesita – Jean recibió la copa, miró al viejo mayordomo y dijo:

– Gracias, Pedro. Toma uno también. Como yo, sé que lo necesitas.

– Dios la bendiga, señor – tartamudeó.

– Está feliz, Pierre.

– ¡Es verdad y ella siempre lo quiso señor y usted me dijo que no lo quería!

– Pedro...

– Perdón, señor.

– Sí, dije que sí, pero ya no pienso así.

–Yo se. Ella confió en mí para muchas cosas. ¿Qué hago ahora? – Y se secó las lágrimas que caían copiosamente sobre su rostro arrugado.

– Eres mi amigo. Siempre estarás con nosotros, tú y todos.

– Nos instruyó, ayer, en el baño – intervino María – que no había solución de continuidad. Que la señora ahora sería la señora Paulette y que la serviríamos como ella quisiera y así se hará, señora – y se inclinó, tomando la mano de Paulette y besándola. La muchacha, sorprendida por esta repentina prueba de sumisión, retiró la mano, tomó al criado por los hombros y, llorando, ambos se abrazaron.

– Todo será, querida, como si ella estuviera aquí – dijo – nada cambiará. Incluidas las habitaciones en las que vivió, que, insisto, sigan tal como están. Como si ella estuviera allí. Será un santuario, donde iremos a orar. No quiero que me quiten nada de lo que era suyo. Y lo quiero feliz, con flores, todo ordenado.

– Así será, señora.

✳ ✳ ✳

Esto es lo que pasó. Pero dijimos que el joven Jean fue entregado, para que fuera educado, al muy buen Dr. Girardán. Entonces...

Capítulo III
El "Brujo"

Jean, la hija de Planchet, el rey de los mendigos, se presentó al doctor Girardán. La calle Saint Germain, en las afueras de la ciudad, era pobre, con casas sencillas y pavimento de piedra irregular. Iluminado de noche por unas cuantas lámparas que apenas iluminaban el lugar. Allí vivían trabajadores, gente local que trabajaba en sus talleres, herrerías, etc. En esta calle, en una casa de ladrillo rojo, con una puerta y una ventana, en cuya pared un cartel indicaba – Dr. Girardán...

– Doctor – llamó a la puerta "nuestro" Jean, con el gran aro de hierro sujeto a la puerta. No pasó mucho tiempo antes que se abriera lo suficiente para permitir una cabeza redonda, completamente desprovista de pelo.

– ¿Que desea? – Resonó una voz retumbante, asustando a la joven.

– Perdón, vengo de parte de Planchet, buscando al doctor Girardán.

– ¿Planchet?

– Sí, el Rey de los Mendigos.

– ¡Oh! Sí, sí. Él te está esperando, jovencito. Entra.

Jean respondió, un poco sospechosamente. Esperó a que el hombre gordito manejara los candados y cadenas que aseguraban la puerta y lo siguió, caminando por un largo pasillo que conducía desde la habitación a una puerta abierta.

– ¡Señor doctor! – Llamó el hombre, escuchando la respuesta desde dentro:

– Sí, Lenoir, ¿qué quieres?

– La visita que estabas esperando.

El médico salió de la habitación en la que se encontraba. Llevaba un delantal atado a la cintura, naturalmente sucio por sustancias químicas. Jean miró esa figura alta y delgada, cuyos huesos faciales sobresalían de ella, detalle suavizado por los ojos brillantes, expresando inmensa amabilidad.

– ¡Oh! Joven, usted es hijo del amigo Planchet, sin duda.

– Sí, señor.

– ¡Mmm! Lenoir, tráiganos una taza de refresco.

– Sí, doctor – y el hombre se alejó –. El médico comenzó a examinar con la mirada al "niño", quien, desconfiado y distante, no lo miraba. Girardán sonrió. Su espeso cabello negro, echado hacia atrás, estaba sujeto con un anillo de cuero. Puso su mano sobre el hombro del visitante.

– ¿Cómo está, señorita?

– ¿Eh? – Y Jean dio un paso atrás –. Señor, soy un hombre.

– ¡Oh! ¡Un hombre con los senos casi desarrollados y a punto de tener su primera regla! Muy bien... si aun no lo has hecho.

– Señor...

– Cálmate, señorita. Tu secreto también será el mío.

Ella, un poco avergonzada, preguntó:

– ¿Mi padre te contó todo?

– Ven, ven, joven amigo, vamos a la sala, donde hablaremos mejor. Sin embargo, sabes, tu padre no me dijo nada. Me acaba de pedir que sea tu preceptor.

– ¿Y cómo te enteraste? – El médico sonrió.

– Mis amigos, a los que no ves, me lo contaron todo. Por tanto, ten confianza en mí, no te traicionaré.

Al llegar a la habitación sencilla, con muebles sencillos: una mesa, algunas sillas y un gran armario contra la pared, hizo que la niña se sentara. El fornido, pero amigable Lenoir regresó con vasos y un jarrón en una bandeja que colocó sobre la mesa.

– Gracias, Lenoir.

– Si lo necesita, llámeme doctor.

– *Oui* – y volviéndose hacia Jean, mientras llenaba uno de los vasos con el líquido rojizo.

– Jugo de frambuesa. ¿Gustas?

– Sí señor.

Una vez servido, continuó:

– Veo que tienes una hermosa espada en tu cintura.

– Sí, me la regaló mi tío Bochet.

– Y sé que sabes usarla por las ranuras de la funda, ya la has sacado unas cuantas veces.

– Es verdad. Necesitaba defenderme.

– Pero no mataste a nadie.

– No, señor, todavía no.

– ¿Todavía no? ¿Y tienes intención de hacerlo?

Se echó el sombrero a la espalda, atado al cuello con una correa de cuero, dejando al descubierto su cabeza adornada con un largo cabello negro, recortado justo debajo de la nuca, como lo usaban los jóvenes de la época. Sus grandes ojos marrones brillantes estaban coronados por cejas finas y pestañas grandes. Muy por encima de unos labios y un mentón bien definidos, una naricita graciosa, un poco respingona, que denota rebeldía y valentía. Llevaba una blusa blanca con mangas holgadas que le llegaban hasta las muñecas y un chaleco de cuero negro atado con cordones trenzados entre ojales de metal brillante. Pantalones negros hechos de cuero muy suave, sujetos a sus piernas, dentro de botas que llegaban casi hasta las rodillas y luego se doblaban hacia afuera. Un ancho cinturón sostenía la espada, sencillo pero muy bonito.

– Cuando usted pelea, doctor, lo único que piensa es en sobrevivir. Si para ello es necesario matar al oponente, que sea él, no yo.

El doctor sonrió levemente.

– Entiendo. Para defender la vida, o la de terceros, esto está permitido.

– *C'est ainsi.*[14]

– *Votre père* me pide que sea tu preceptor.[15]

– *Oui, mon précepteur, se vous accepter.*[16]

–¡Oh! *Avec plaisir, mademoiselle.*[17]

–¿Señorita?

– *Pardon*[18]... muchacho.

– Así es mejor.

El doctor Girardán se divertía íntimamente contemplando a aquella hermosa joven transformada en niño.

– ¿Puedes leer?

– No mucho, no tuve tiempo de estudiar.

– ¿Escribes?

– De la misma manera que lo que leo.

---

[14] Así es.
[15] Tu padre.
[16] Sí, mi preceptor, si acepta.
[17] Con placer, señorita.
[18] Perdón.

– ¿No tuviste tiempo? ¿Por qué? ¿Qué haces?

– Ayudo a mis padres y a la comunidad del Patio de los Milagros.

– Sí, sí– el doctor cruzó los dedos – ¿y en qué consiste esa ayuda?

– Bueno, a veces robo o cubro a mis amigos cuando hay peligro.

– Sé que sé. ¿Y tú también usas esas horribles heridas?

– No, eso es para profesionales y no me gusta.

– ¿Y qué te gusta más?

– Bueno – y se cruzó de brazos – subir por las enredaderas hasta un balcón, o una ventana, entrar en una habitación y llevarme las joyas.

– Jean – advirtió el doctor en tono serio –. No puedo ayudarte con estas cosas. Son tareas que no requieren estudio. ¿Qué haremos?

– Le dije a *mon père*, pero él insistió, ya sabes, está viejo, enfermo.

– Y quiere algo mejor para ti.

– Verlo, sí.

– Y tú, ¿no lo quieres?

– No me opondría pero, pensándolo bien, saber corregir, incluso ayuda. Puedo leer los edictos del reino, algunos documentos secretos...

Que te informan a dónde se están transfiriendo monedas...

– Sí.

– Jean...

– ¿Si?

– Hace cuánto que no te quitas este chaleco?

– Miró al doctor seriamente.

– ¿Por qué?

– Soy médico, niña, y eso lo veo, como lo usas tan apretado, se te hinchan las venas del cuello y eso es malo.

– Ahora...

– ¿Ahora?

– Si quieres seguir en tu vida de engaño y mentira, tienes que encargarte de ello. Ven aquí – se puso de pie, extendiendo su brazo para ella.

– Ven conmigo a mi consultorio.

– ¿Para qué?

– Ya verás.

Lo siguió, aunque a regañadientes, hasta la sala transformada en consultorio. Allí, entre estanterías con cristales, instrumentos y libros, en un rincón había un esqueleto y una cama baja y estrecha.

– Quítate toda la ropa y acuéstate.

– ¿Usted está loco?

– Bueno, un hombre no puede avergonzarse de otro – se burló.

– Pero sabes que ese no es el caso.

– Vamos niña, ¿quieres ayuda?

Dio un paso atrás y sacó la hoja unos centímetros de su funda.

– Eh, si no lo aceptas – dijo, señalando con los brazos – que así sea. Puedes volver a tu antro. No puedo ayudarte.

– ¿Qué tiene esto que ver con tener que quitarse la ropa?

– ¿Quieres saber?

– Por supuesto – y ella todavía estaba en una posición defensiva.

– Apestas.

– ¿Yo?

– Casi no soporto estar en tu presencia sin taparme la nariz con la mano.

– ¿Huelo mal?

– Como un zorrillo.

– ¿Hace cuánto que no te cambias de ropa?

– Bueno, me cambiaré el chaleco y la blusa.

– ¿Mes a mes o más? ¿Y los pantalones?

– No interesa.

– Pero eso es lo que importa.

– Pensé, doctor, que usted lo sabía todo.

– Tu padre acaba de pedirme que sea tu preceptor. No añadió nada más. Guardaré tu secreto, te lo aseguré. Solo quiero ayudarte a que lo mantengas más cómodo y sin riesgo de infección. ¿Accedes a obedecerme?

Envainó su espada y, mirando al médico a los ojos, respondió.

– Nunca he estado desnuda delante de ningún hombre.

– Perfectamente, pero soy médico, Jean, y solo quiero ayudarte. Conozco tu cuerpo como la palma de mi mano.

– ¿Mi cuerpo? – Gritó con los ojos muy abiertos.

– *Ma cherie*,[19] léase cuerpo; es decir, el cuerpo femenino, sus órganos, no el tuyo precisamente. ¿Te vas a desnudar o no?

– ¿Completamente desnuda?

---

[19] Mi querida.

– Totalmente.

– *Mon Dieu*.[20]

– Elige. O sí, y sobrevive para seguir engañando, pero en mejores condiciones, ¿o no engañarás a nadie más, porque morirás? ¿Cómo es?

Dudó, caminó un poco, pensó y finalmente decidió:

– Eres médico y un anciano como mi padre, pero aun así, tengo mi puñal en la mano... Acepto.

Sacó la daga de entre su chaleco, se liberó el cinturón con la espada y la dejó caer al suelo.

– Espera.

– ¿Qué?

El médico se dirigió a la puerta y llamó al criado Lenoir, a quien le dijo algo. Luego prosiguió.

– ¿Qué le dijiste a tu lacayo? – Preguntó, seriamente.

– Calma. Le pedí que trajera solo lo que necesito.

– ¿Y si lo sabe todo?

– Ya sabe. Lenoir es un buen hombre, es un vidente, como yo. Él es consciente de todo sobre ti.

– Pero...

– Cálmate. Aquí, dentro de esta casa, solo vivimos él y yo. Como ya habrás notado, la casa es grande, tenemos varias habitaciones. Es estrecha, lo sé, pero larga. Tengo tiempo para una consulta. A menos que sea una emergencia. Aquí usarás ropa de mujer, para que tu cuerpo pueda volver a reaccionar ante la opresión que sufrió.

– ¿Y si llega alguien?

---

[20] Dios mío.

– Nadie te verá. Solo quiero que te quedes con ropa adecuada durante diez días. De vez en cuando usarás tu ropa masculina. Aprenderás cómo hacerlo.

– No sé...

– Tu padre confía en mí.

– Seré su sucesor.

– No habrá sucesor.

Lenoir llegó con una enorme tina de madera en las manos. Entró, sin decir nada, la colocó al lado de la cama, regresó y pronto estaba de regreso con dos pequeños barriles – para él – en sus brazos. Los colocó en el suelo, quitó las tapas y vertió su contenido en la tina. Era agua caliente en uno, mientras el vapor inundaba la habitación. Se volvió hacia el médico y le preguntó:

– ¿Eso es todo, doctor?

– Solo eso, Lenoir, solo eso. Ella y yo haremos el resto.

El sirviente salió de la oficina y cerró la puerta tras él.

– Está bien, vamos, quítate toda la ropa.

Ya no se mostraba reacia. Comenzó a deshacerse de su ropa nuevamente. El médico se dirigió a un estante, cogió un ánfora, vertió parte de su contenido en la tina de agua caliente, luego se dirigió a un pequeño horno, que encendió, activando las brasas con unos trozos de hierro.

– ¿Listo?

Se volvió hacia la chica, completamente desnuda. Sin ninguna emoción, preguntó:

– Túmbate en la cama.

Ella obedeció. Luego comenzó el examen, con manos expertas. Con paños suaves empapados en pociones, limpió todo el cuerpo de la niña.

Luego lo masajeó por todas partes.

– Mira Jean, ya eres mujer y se te pegó toda la sangre de tu ciclo menstrual, que con el sudor y la suciedad podría provocarte una infección grave, sobre todo por la falta de baños. Tus senos casi se atrofiaron por la presión excesiva, lo que obligó a que tus venas se hincharan. No, no sucederías así a tu padre. Pero vamos, vamos ahora a la bañera.

Y con unas grandes tenazas arrojó al líquido unos trozos de hierro al rojo vivo.

– Comprueba la temperatura. Entra, toma esta esponja y frota fuertemente tus partes íntimas.

– Hace calor allí.

– Pero es soportable. Entra.

Así lo hizo, siguiendo las instrucciones del médico. En unos momentos, el agua estaba oscura.

– ¿Ves, señora del Patio de los Milagros, la tierra que trajiste de allí, pegada a tu cuerpo? Frótate más. Esperó unos minutos y volvió a dirigirse a ella:

– Ahora sal.

Ella obedeció. Quitó la tapa de la tina, lo que provocó que el agua fluyera por un canalón previamente dispuesto y que sin duda llevó el líquido sucio a las alcantarillas. Luego volvió a llenar la tina, metió dentro unos cuantos trozos más de hierro al rojo vivo y la hizo entrar. Vertió el contenido de una petaca en el agua y dijo:

– Moja tu cabeza y frota tu cabello.

Aceptó todo dócilmente. Ahora había perfume en el aire.

– Quédate ahí unos instantes – Se frotó el cabello, con una sensación agradable en todo el cuerpo, libre de suciedad.

– Levántate – prosiguió, con una enorme toalla en las manos –. Sécate. Te proporcionaré ropa.

– ¿Y la mía?

– Serán hervidas, ahora no puedes usarlas, incluidas las botas. Olían mal, cariño.

– Nunca lo sentí.

– ¡Y claro! Vivías con el mal olor, pero quien se te acercaba... – y el doctor se pellizcaba la nariz –. Enviaré a Lenoir a buscarte ropa adecuada, especialmente la interior, ¿dónde has visto alguna vez a una joven caminando solo con pantalones de cuero?

– ¿Y qué haré mientras tanto?

– Empezaremos las clases. Mantén esta toalla alrededor de tu cuerpo durante dos días y solo quítala para volver al baño. Y ungirás tu cuerpo con pócimas que yo te daré. Ya sabes cómo hacerlo. Ya no te avergonzaré más con mi presencia. Por cierto, ¿cómo te sientes?

– Más ligera, ¿realmente estaba tan inmunda?

– El certificado era del color del agua. Ahora, niña, vas a tomar un té caliente y luego vas a ir a tu habitación, donde vas a dormir un poco. Las esencias que puse en el agua te darán sueño.

– Nunca dormí durante el día.

– Pero ahora es necesario.

Él la conduce a una habitación amueblada con sencillez: una cama ya preparada, un aparador y un pequeño armario.

– Acuéstate y relájate... Cuando te despiertes ya tendrás tu ropa. No te preocupes por nada – y gritó – Lenoir, el té.

* * *

Jeanpaul, hijo de Paulette y Jean, ya de la misma edad que la hija de Planchet, se había convertido en un caballero. Instruido por profesores llegados de París, además de dominar varios idiomas, también era un excelente espadachín, ya que, en aquella época, todo caballero tenía que saber manejar una espada.

Llevándola simplemente como adorno, incluso podría serlo algo de oro, con diamantes incrustados en el mango. Sin embargo, la educación de un noble no estaría completa sin este importante detalle. Al fin y al cabo, en aquella época era un pasaporte para viajar por las calles de París y estar equipado con una espada. Cualquiera que supiera cómo manipularlo haría huir a los delincuentes. Al contrario, terminó derribado, desnudo y con el arma robada cuando no fue asesinado.

Jeanpaul había sido educado cuidadosamente. Jean, su padre, lo hizo asistir a la academia del Sr. Fontein, donde se impartían clases de las artes de defensa y ataque con espadas y pistolas. Este instituto fue el más famoso, si no el único, de su tipo. Cuando llegó allí, Jeanpaul ya lo sabía todo, solo necesitaba mejorar sus habilidades, logradas gracias a las enseñanzas de grandes maestros. Al mismo tiempo aprendió idiomas, ciencias y matemáticas. Era un estudioso interesado y sus profesores lo tenían en alta estima.

Alto, esbelto, rubio, de ojos oscuros y bulliciosos, era extremadamente dado a las aventuras. Disfrutaba de la caza en las extensas propiedades de su padre y de su abuelo que lo adoraban, el duque de Luzardo. Este último, ya en su septuagenario, siempre pasaba varios días en la finca de su único hijo, Solo para estar con su nieto. Y sistemáticamente, cuando estaba en París, iba a recogerlo en su carruaje. Jeanpaul lo idolatraba.

– Mañana iremos a Alençon – le advirtió su abuelo, cuando lo recogió en la Academia.

– ¿Mañana, abuelo?

– Sí, y muy temprano. ¿Por qué? ¿No quieres ir?

– No, no es eso.

– Bueno, tu padre te confió a mí, aquí en París. Terminaste el curso con matrícula de honor, te mereces unas vacaciones y tu abuelo también quiere volver a ver esos rincones; cazar, montar a caballo y, ¿no quieres ir?

– Abuelo, no es así. Precisamente mañana por la mañana tengo que cumplir una orden de mi padre. Necesito ir a la Rue Saint Germain.

– ¿Calle Saint Germain? – Preguntó sorprendido el viejo duque.

– Sí, abuelo.

– ¿Has oído hablar alguna vez de esta calle, Jeanpaul?

– No es una calle bonita, lo sé.

– Pero entonces, ¿qué te dijo tu padre que hicieras allí?– Visita al Dr. Girardán.

– *Sacré*![21] ¡Pero esto es una temeridad! Hay un caso en curso contra él, mi nieto. Puede ser quemado en la hoguera a petición del rey.

– Entonces tengo que darme prisa, de lo contrario no lo volveré a encontrar.

– Jeanpaul, ese hombre es un mago.

– No, abuelo, no lo es. Es un médico caritativo, atiende a todos. La abuela Suzanne lo amaba.[22]

–¡Oh! Hijo, Suzanne era una buena chica, pero también era la doctora Girardán, con faldas.

– Abuelo… Iré solo, a caballo, a esa calle mañana temprano.

– Te proporcionaré una escolta.

– No es necesario. Sé defenderme.

– *¡Sacré!* – Rugió el abuelo.– Eres testarudo como tu padre.

---

[21] Maldito.
[22] Así lo trataba el abuelo a doña Suzanne, primera esposa de su padre.

Así que no insistas.

– ¿Y cuándo iremos a Alençon?

– Mañana en la tarde.

– Menos mal. Yo lo arreglaré todo, verás los mosquetes españoles que compré. Son bellezas. Comeremos jabalí durante un mes.

– Al parecer, quieres terminar la raza.

– Y todavía traigo algo para el rey.

Al llegar al palacio del Duque, Jeanpaul se cambió de ropa, poniéndose una blusa de manga corta, sobre ésta un chaleco morado, unos pantalones cortos negros metidos en medias botas con cuero doblado y un cinturón con una hermosa espada; se puso una capa azul brillante sobre los hombros, la echó a un lado, se puso su sombrero de plumas y se fue.

– ¡*Mon Dieu*! – exclamó el abuelo al verlo ponerse los finísimos guantes de cuero.

– ¿Vas a casa del mago o a conocer a una dama?

– Bueno, abuelo, al fin y al cabo ¿soy nieto del duque de Luzardo o no? – El anciano sonrió satisfecho y le dio una palmada en el hombro.

– Ten cuidado con la espada. Solo quítala de la funda...

– ... para defender nuestro honor o el de los demás – completó Jeanpaul.

– Esto ya lo sé de memoria.

– Muy bien. Pero, ¿no irías mañana por la mañana?

– Verdadero; lo pensé mejor y concluí que, como el viaje era agotador, era mejor salir temprano – El duque no ocultó su alegría.

–¡Oh! – Exclamó frotándose las manos –. ¡Excelente! Pensaste muy bien.

Así que, mientras estás de visita, tendré todo preparado para que mañana temprano podamos viajar.

– Asegúrate de no olvidar nada, abuelo.

– ¿Quieres llamarme viejo, mocoso? Hazlo sin subterfugios – dijo señalando con el dedo a su nieto, quien sonrió.

– No, no, ni se te ocurra – y se dirigió a la puerta, la cual abrió rápidamente gritando – Hasta luego, viejo– y la cerró tras él.

– Malandrín, vuelve aquí, mocoso – escuchó gritar a su abuelo.

Fue al establo, eligió un hermoso animal al que mandó enjaezar, lo montó y emprendió al trote lento las calles de París, en dirección a la calle Saint Germain.

✷ ✷ ✷

En ese preciso momento, el doctor Girardán le habló a Jean:

– Bueno, con esta ropa, querida, pareces más un hombrecito. ¿No es así, Lenoir?

– Sí, doctor, sí. Solo falta una cosa.

– ¿Falta? Pero, ¿qué?

– Ahora, doctor, que se pase un papel o un paño en la boca… está con carmín.

– *Saint Dieu* – exclamó el médico, corriendo hacia la muchacha del delantal suspendido –. Limpia esos labios, Jean – se puso la mano en la frente – ¡Ah! Estas son las cosas que nunca te convertirán en un hombre.

– Pero fue tan poco…

– ¿Y esto de dónde sacaste?

– Lo robé en una de mis salidas.

– *Mon Dieu*! ¿Es el instinto femenino preponderante y soy cómplice, Dios mío?

– No volverá a suceder, lo prometo, tío.

– ¿Tío? – Gritó el médico.– Qué gran cosa. Para ser tu tío tendría que ser hermano de tu madre o de tu padre, no soy ninguna de esas cosas.

– Sí, tío.

– ¡*Mon Père*!

– Finalmente, ¿cómo estoy?

– Ahora un hombrecito – asintió Lenoir, con su gran voz –. Ya lo dije – gritó el médico, que, en el fondo, estaba orgulloso de su trabajo – y sin sonrojarse –. Vamos, ve al fondo y regresa.

Jean llevaba, para disimular mejor su busto, una camisa muy holgada, y debajo un corpiño que, si bien abrazaba bien sus senos, dejaba sin embargo espacio para ellos, sin perturbarlos; pantalones largos de lana muy gruesa y suave, rematados en botas altas que le llegaban casi hasta las rodillas; su pelo negro, cortado hasta los hombros y oculto por su sombrero de plumas, le daba un aire caballeroso.

– ¡No! – Gritó el médico.

– ¿No? ¿Qué hice mal?

– Baja el pie, cariño, el talón primero y mantén esas caderas quietas, no las muevas.

– Pero, ¿cómo?

– ¡No lo sé! Solo sé que así no es como un hombre camina y deja de mover los brazos.

– Pero siempre me moví así y nunca lo sospecharon.

– Quizás se sorprendieron y plantearon dudas que, por consideración a su padre, nunca expresaron. ¡*Dieu*! Anda, *petit*, anda, camina, golpea el suelo con los talones, infla el pecho. ¡No, no tanto! ¡Quita tu mano de tu cintura, sostén la empuñadura de tu espada! – ¡Oh! ¡Planchet! En ciencias aprendió rápido, incluso habla inglés. Está dispuesta, si es necesario, a entrevistar a cualquier noble, pero los modales... qué difíciles... y en las artes guerreras lo sabe todo. Empuña la espada como cualquier hombre. Sin embargo, ¿no sabes caminar como tal? ¿Fallé? – Pensaba él.

– ¿Cómo estoy?

– Lenoir, ¿cómo está?

– Una mujer vestida de hombre.

– ¿Qué? – Gritó, desenvainando su espada y avanzando hacia el enorme hombre, quien sonreía.

– ¡Repete! – Gritó y repitió Lenoir.

– ¡En guardia! – y apuntó la espada en su dirección.

– ¿Cómo? ¿Yo sin arma?

– ¡Arre! – exclamó devolviendo la espada a su vaina y arrojándose a los brazos del hombretón que la cargaba como a un bebé, acariciando su cabello negro.

– Soy una tonta, ¿no?

– Sí.

– So bruto – y se echó a reír.

– Vamos, tomemos un refrigerio. Por todos los dioses del Olimpo – dijo el Dr. Girardán – este trabajo mío supera la peor operación que he hecho jamás – y por Lenoir –, bájala, elefante. Esta chica nos hace parecer mamás.

– ¿Puedo salir? – Ella preguntó.

– Por supuesto – asintió el médico –. ¿No es para eso que te vestimos? Toma tu refrigerio y vete.

– Pero asegúrate de no andar besando o cortejando a ningún hombre – añadió Lenoir.

– ¡Pequeñito! – Gritó, sosteniendo la empuñadura de su espada –. Soy un hombre.

– ¡Ay Dios! – Susurró el doctor Girardán. Y alzando la voz – Haz esto, sí, pero no te enamores de una mujer, por favor.

– Lo haré – Gritó –. Ni siquiera sé qué estoy haciendo aquí, entre dos viejos decrépitos – y se dirigió hacia la puerta, mientras ambos reían. Entonces, alguien llamó a la puerta. Ella paró.

– ¿Quién será, tío? – Preguntó –. Tómalo con calma. Espera aquí.

– Quédese usted también, doctor. Yo contestaré – dijo Lenoir, acomodándose la ropa y la daga antes de dirigirse hacia la puerta.

– ¿Quién es? – Peguntó, antes de abrir.

– Jeanpaul, hijo de Jean de Luzardo, nieto del duque de Luzardo.

– Espere – Lenoir fue donde el doctor Girardán y le repitió lo que escuchó.

¡Oh! – Vitoreó, su rostro se iluminó, y a Jean – Ven, recibe esta visita.

– ¿Yo?

– Sin duda. Tienes buenos modales, eres educado, me escuchaste. No eres una niña.

– Ve... – y le dio una palmada en las nalgas a la chica. Ella fue, un poco sospechosa y, con Lenoir quitando los cerrojos de la puerta y parándose detrás de ella, la abrió. Y se enfrentaron, el hijo de Paulette con la hija de Planchet. Permanecieron unos segundos, ojos con ojos, y en sus cabecitas el relámpago, la chispa del pasado, como una luz fugaz, los hacía sonreír, el uno al otro, como si fueran conocidos; sin embargo, el motivo del momento pronto acabó con la primera impresión.

– ¡Hola! – Expresó Jeanpaul.

– ¿Sí? – Ella respondió.

–Caballero, me gustaría entrevistar al doctor Girardán – y se quitó el sombrero. Jean notó que los rayos del sol doraban el cabello rubio del muchacho. Se aclaró la garganta.

– ¿Quién es usted? – Preguntó, un poco avergonzado.

– Jeanpaul...

– ¿Eres su hijo?

– No, no, nieto. Entre, por favor – y se hizo a un lado para darle paso al joven, quien, sosteniendo su hermoso sombrero, entró.

– Vamos, te llevaré al doctor – y continuó.

El doctor fingió trabajar en su laboratorio, manipulando un vaso.

– Doctor, tiene visitas – anunció.

–¡Oh! Es el nieto del duque de Luzardo – dijo acercándose y secándose las manos en el delantal.

– Sí señor. Hijo de Juan de Luzardo.

– Lo sé, lo sé. Conocí a tu padre. Ven, joven, ven, vamos a la oficina – señala a la niña.

– Este es mi nieto, por afinidad, Jean.

–¿Jean?

– Sí. Tiene el mismo nombre que tu padre.

El joven le tendió la mano y ella se la estrechó.

– Un placer conocerte amigo. Mi nombre es Jeanpaul. Pero siempre me llaman simplemente Jean.

– ¡Que coincidencia! – Exclamó sonriendo.– Tres Jeans a la vez.

– Es verdad.

– Vengan, pasen a la oficina – invitó el médico, conduciéndolos a la habitación interior, donde los hizo sentarse.

– No te preocupes, joven. Es en esta sala donde mis pacientes esperan su turno para ser atendidos.

– No se preocupe, señor.

– Conocí a doña Suzanne, tu abuela, supongo.

– No, no fue. Pero yo lo considero así.

– Era una mujer encantadora. Y han pasado diecisiete años desde que falleció. ¡Cómo pasa el tiempo!

– Mi padre le envía saludos y mi madre también.

– Su amabilidad. Agradezco. Sé que su madre reemplazó a la señorita Suzanne para satisfacción de todos.

– Sí, claro – respondió, sin embargo sin quitar los ojos de Jean, sentado al lado del médico, con las piernas cruzadas y jugando con la empuñadura de su espada. Ella tampoco le quitó los ojos de encima –. Mi madre continuó el trabajo de mi abuela. Ella es muy querida por todos en la zona y continúa con el mismo cuidado.

– ¡Gracias a Dios! ¿Y tu padre?

– La sigue. Es un hombre excepcional.

– Ahora que terminaste tus estudios, ¿piensas regresar allí definitivamente?

– ¿Cómo sabes que terminé mis estudios? – Preguntó Jeanpaul sorprendido.

– Bueno, considerando el tiempo que estuviste en la Academia, tu edad y el hecho que ya terminó otro año escolar, es fácil de entender.

– Lo siento.

– Joven, un viejo como yo tiene experiencia en estas cosas.

– Señor – comenzó Lenoir, entrando a la habitación y saludando al visitante con una sonrisa –, ahora tiene una cita y el paciente ya llegó.

–¡Oh! Sí, sí. Debe ser el señor Silard... – y se puso de pie –. Por favor, joven, ponte cómodo. No tardaré. Mi nieto lo hace por mí a veces.

– No se preocupe, doctor. Estaré a gusto.

El médico se fue, dejando a los dos frente a frente. Se miraron, se movieron en sus sillas, carraspearon, hasta que Jeanpaul habló:

– ¿Estás estudiando, Jean?

– ¿Eh? – Ella estaba asustada.– Te pregunté si estudiaste, muchacho.

–¡Oh! Sí, sí.

– ¿Qué edad tienes?

– Diecisiete.

– Yo también.

– Nací el 8 de septiembre.

– ¡Vaya, qué casualidad! Yo también, y ¿en el mismo día?

– Sí, amigo, sí. Y mira, qué interesante: – mi nombre es Jeanpaul, todos me llaman Jean. ¡Tenemos diecisiete años y nacimos el mismo día!

Ella sonrió y descruzó las piernas.

– De hecho.

– Lo único que queda ahora es que nacimos al mismo tiempo.

– ¿A qué hora naciste?

– No sé.

– Ni yo – Ellos rieron.

– Eres muy amable, Jean. ¿Que estás intentando hacer? ¿Qué curso tomaste?

Ella se sintió avergonzada, pero logró responder:

– Lenguas, matemáticas y ciencias.

– ¿Vas a seguir la profesión de tu abuelo?

– No, no. Apenas sé hacer una venda.

– ¿Sabes usar una espada?

– ¡Oh! Yo lo sé, ¿y tú?

– Lo que sé es suficiente para defenderme.

– ¿Y qué piensas hacer ahora que has terminado tus estudios?

– Bueno, terminar no sería el término apropiado. Todavía hay mucho que aprender. Tú también, supongo. Por ahora estoy de vuelta en casa de mis padres. Quizás unirme al ejército del rey. ¿Quién sabe?

– Sí... eres rico, por lo que tengo entendido, nieto de un duque...

– Sí, pero ¿qué importa?

– Espero tomarlo algún día.

– Por supuesto. ¿Te gusta la caza? ¿Sabes disparar?

– Sinceramente, Jeanpaul...

– Solo, Jean.

– Entonces, de Jean a Jean, no, no soy muy bueno con las armas de fuego, pero me gusta cazar.

– ¿Nada?

– ¿Dónde, en el Sena?

–¡Oh! No, en la parte que pasa por la ciudad no, está sucio.

– Lo sé, sé nadar.

– ¿Juegas a la pelota?

– No, prefiero el bilboquet.

– ¿Bilboquet? – Y él se rio.

– *Diabolô*.

– Lo sé, lo sé – y siguió riendo.

– ¿Por qué te ríes?

– Lo siento, pero estos son juegos para niños o niñas – Ella se sonrojó.

– ¿Me llamas niña? – Preguntó cerrando los ojos.

– No claro que no. No te enojes. Lo siento, no quise ofenderte.

– Lo siento también. No hay razón para molestarme.

– ¿Consentiría tu abuelo que vinieras conmigo a Alençon?

– ¿Eh?

– Te invito a que vengas conmigo. Allí podremos cazar, pescar, montar a caballo, nadar e incluso batirnos en duelo para hacer ejercicio.

– ¿Me estás invitando, Jean? ¿Para ir a la casa de tu padre? – Instó, inclinándose hacia él, sonriendo.

– Sería genial tener un acompañante allí.

– ¡Ay! ¡Jean!

– Me encantaría hacerlo, Jean.

– Voy a hablar con mi abuelo, ¿y cuándo te vas?

– Mañana, mañana temprano. Hasta entonces serán unos diez días, pero contigo el viaje será más divertido.

– ¿Quién va contigo?

– Mi abuelo.

– ¿El duque?

– Sí. Es un buen viejo, te gustará y le gustarás a él.

– Puede que no lo apruebe.

– Si no, no iré – Ellos rieron.

– ¿Mañana temprano?

– Sí, muy temprano. Si vas, pasaremos a recogerte.

–¡Oh! ¡Sería tan bueno!

– Habla con el doctor Girardán. Te ayudaré a convencerlo. No correrás ningún peligro.

– Además, se acerca el cumpleaños de ambos.

– Es cierto. Es el 20 de agosto. Dentro de diez días estaremos en Alençon. Nuestro aniversario será una fiesta.

– ¡Y cómo!

– ¿Dónde viven tus padres?

–¡Oh! Ellos son pobres.

– No importa. Espero que no tarde mucho.

– No te preocupes. Él volverá enseguida.

Hablaron durante más de media hora, hasta que regresó Jean. Estaba sonrojada y se reía mucho.

– ¿Entonces? – Preguntó Jeanpaul.

– Él accedió – y abrazó al médico.

– Bien ,bien. ¡Qué hermoso, querida! Sin embargo, ten cuidado.

– Yo me ocuparé de Jean – dijo Jeanpaul, poniendo su mano en el hombro de su "amigo."

– Muy bien. Hablamos y hablamos y te olvidaste de decirme el verdadero motivo de tu visita, joven – recordó el dueño de la casa.

– Perdón, doctor – fue una simple visita de cortesía, a pedido de mis padres. Me pidieron que transmitiera al doctor, renovándoles, sus sentimientos de amistad y aprecio.

– Prepararé una carta que te pediré que le entregues a tus padres. ¿Entonces el viaje es para mañana?

– Muy temprano, señor.

– Estaremos listos.

– Pues bien, me vuelvo a casa de mi abuelo. Le daré la buena noticia... y a Jean... Y tú vas a desoxidar esta espada. Allí tendrá utilidad.

Siempre nos batiremos en duelo.

– ¡*Oui*, señor! – Ella asintió, con una apariencia de reverencia – Él sonrió y extendió su mano, la cual fue estrechada.

– ¿Estás temblando? – Preguntó.

–¡Oh! Es natural – dijo el médico –, es la emoción.

– Hasta mañana, Jean. Y levántate temprano –. Y salió.

– Levantarme temprano – dijo dejándose caer en la silla y quitándose el sombrero y desabotonándose la blusa –. Ni siquiera voy a dormir. Girardán se rio y, agachándose, agarró la pierna de la niña para quitarle las botas.

– ¿Feliz?

– Mucho. Pero temeroso.

– ¿Te gustó el chico?

–¡Oh! ¡Que agradable! Me dejó la impresión que lo conocía desde hacía muchos años. ¡Es bonito!

– ¡*Mon Dieu*! – Exclamó el médico.

– ¿Qué pasa?– ¿Dónde has visto alguna vez a un chico enamorarse de otro?

–¡Oh! ¿Tú viejo y yo soy un niño?

– ¿Él sabe?

– No, no. Sí, va a ser difícil.

– No puedo hacer nada. Solo avisa, ya que quieres realizar esta pantomima.

– ¿Y qué me aconsejas?

– No dormir en la misma cama, no ducharse juntos.

– Ahora, abuelo, ¿y yo haría esto?

– Aquí es donde residirá tu mayor dificultad.

–¡Oh! – gimió –. ¿Qué haré?

– Tuviste tu ciclo menstrual hace quince días. Faltaban quince días para el siguiente. Como estás sana, intenta recordar que tu propio metabolismo te lo hará saber. Entonces sabrás que no harás ciertas cosas, como nadar, montar a caballo o practicar con la espada u otros juegos. Y ten mucho cuidado para que no vean la sangre menstrual.

– ¡Qué difícil es ser mujer! – Exclamó llevándose la mano a la frente.

– Tu estúpido padre fue el responsable de esto. Por cierto, ¿cómo está?

– Para ser un anciano, bastante bien. Bochet es el que ya no se levanta. Cuando regrese ocuparé el lugar de mi padre.

– ¡*Mon Dieu*!

– Fui preparado desde pequeño para llevar a cabo esta misión, doctor.

– Hija, disfruta de tu amistad con el joven Jeanpaul y olvida estas tonterías.

– No puedo – respondió convencida, mientras se deshacía del chaleco. Sus pechos juveniles rebotaron.

– Espera, voy a buscar tu ropa – y el doctor se alejó dejándola acomplejada.

– Tuve la impresión que ya conocía al chico.

Se desabrochó los pantalones, estirando sus torneadas y fuertes piernas. El Dr. Girardán continuó con la ropa de mujer.

– Ve a tu cuarto. La tarde está llegando a su fin, date una ducha. Lenoir te llevará el agua.

– ¡Baño, baño! – Ella se quejó.

– Así es, y no olvides hacer lo mismo en Alençon. Ahora voy a preparar tus maletas.

– ¿Qué maletas?

– Compré la madera, la presto. Pongamos todo lo que es tuyo.

– ¿Los vestidos también?

– No, no. Solo lo necesario y vestimenta de hombre. Fue bueno haberlo comprado. Utilice blusas de brocado únicamente en ocasiones festivas, si corresponde. El resto son para uso diario. Y nunca olvides que debes usar ropa interior. Y el chaleco. Después escribiré la carta a los padres de Jeanpaul. Ve, ve a la bañera. Lenoir ya llevó el agua.

– ¡Vaya, tanto baño!

– Ve, chico – y se dispuso a darle una paliza. Ella corrió.

– ¡Jesús! – Exclamó –, en lo que me metí. ¡Un pobre viejo como yo! ¡Oh, si supiera que Jeanpaul es su compañero de viaje en tantas encarnaciones! ¿Por qué tengo que saberlo todo? Lo siento, mis amigos invisibles, no era mi intención quejarme. ¡Que sea!

✳ ✳ ✳

– ¿Qué euforia es ésta, nieto? – Preguntó el viejo duque cuando vio al joven irrumpir en su oficina, quitándose el cinturón con la espada y arrojándolo sobre un sillón, con el rostro abierto por una sonrisa.

– ¿Qué pasó? ¿Qué milagro realizó el viejo mago para disipar el mal humor de la luna? Y no me llames viejo.

– ¡Oh! Abuelo, encontré a alguien...

– ¡*Voilá*! Debe ser hermosa, ¿hija de qué duque? ¿O marqués? ¿Sería un barón o un conde? ¿Rubia?

– ¿Qué es esto, abuelo?

– No acabas de decir...

– ¿Que encontré a alguien?

– ¿Y entonces?

– Ella no es una mujer, abuelo.

– ¿No? Bueno... – y el duque lo miró serio.

– Es un muchacho de mi edad, nieto del Dr. Girardán.

– Ahora, mira, no sabía que el mago tenía un nieto.

– Por afinidad.

– Y entonces, ¿por qué toda esta euforia? Debe ser un lamebotas, naturalmente.

– Abuelo, no juzgues antes de conocer al chico.

– ¿Saber? ¿Y lo conoceré?

– Por supuesto. Lo invité a venir con nosotros a Alençon.

– ¿Qué? – El duque se levantó rápidamente.

– Eso es lo que escuchaste.

– ¡Oh! Naturalmente, compartirás la dirección del carruaje con nuestro cochero. ¿Sabes cómo tratar con los caballos? ¡La tuya es una buena idea!

– No es nada de eso, abuelo. Es un amigo, no un sirviente. Estudia, es inteligente y muy educado.

– Nieto de un mago.

– Después que lo conozcas tendrás otro concepto. Es un buen hombre, trata con cariño a todos esos pobres, y al muchacho, te gustará conocerlo – Y viene con nosotros.

– Irá.

– Ya no quieres estar con tu abuelo.

– No es eso, debes saber que los jóvenes quieren la compañía de los demás y ambos tenemos la misma edad.

– No hables más – asintió el duque –. Entiendo muy bien. Cabalgarás, cazarás, nadarás, pescarás con él.

– Y contigo, duque loco. No hay mejor cazador en el mundo que tú... – y se arrojó en brazos de su abuelo, quien, avergonzado y conmovido, lo acogió. Después, ambos se reían y hablaban de lo que iban a hacer.

– Está bien, ¿y cuándo recogeremos a este mocoso?

– Mañana.

– ¿Estará despierto? Saldremos antes del amanecer.

– Incluso pienso, abuelo, que esta noche no dormirá.

– ¡Será posible!

– Abuelo, tuve la impresión exacta que ya conocía a este chico.

– Pero, ¿cómo? No existe la más mínima posibilidad.

– Lo sé, y eso es lo que me intriga. Su nombre es Jean, nació el mismo día que yo.

– ¡Oh! ¡Así que la celebración en casa de tu padre será doble! ¡Qué bien! Por el camino compraremos algunas cajas más de vino, vino Morriet, el mejor de Francia.

– No es necesario. Mi padre debe tener el sótano lleno. Pero quería regalarle esto a mi amigo.

– ¿Pensaste en algo?

– Una espada y un par de pistolas.

– ¿No tiene una espada?

– La tiene.

– ¿Y entonces?

– Es vieja, de esas que usan los soldados.

– Ah. Pero no te preocupes. Tengo unas espadas preciosas, como sabes. Simplemente elige una que se adapte a tu nuevo amigo. ¿Cuánto mide?

– Un poco menos que yo.

– No será un problema. Vamos, vamos a las armas. Creo que tengo todo lo que tu amigo podría necesitar.

En la sala de armas, los estantes protegidos por puertas correderas de cristal, varias espadas y más florines, dagas, puñales, con sus atractivos estuches al lado, además de innumerables pistolas y mosquetes – dijo el duque:

– Tú eliges lo que quieras – Jeanpaul caminó por la habitación, examinando las hermosas armas. Finalmente, se detuvo frente a una de ellas.

– ¿Podría ser esta?

–¡Oh! ¡Por supuesto, pero ella es tu hermana gemela!

– Por eso mismo.

– Escogiste bien. Está fabricada en acero puro de Damasco. La vaina, como la tuya, tiene incrustaciones de oro. Y mira el travesaño y el cristal.

– Lo sé, ¿no es igual que la mía?

– Es verdad. Lo limpiaré y lo guardaré en el estuche. Espero que tu amigo sepa cómo usarlo.

– Estoy seguro.

– Sí, realmente parece que lo conoces desde hace mucho tiempo.

– ¿Y las pistolas?

– Te sugiero que tomes estas, que también son iguales que las tuyas. Ligeras, cañón corto, llave de chispa única. No niegan el fuego.

– Así será.

– Llévate también esa daga, como regalo de mi parte.

–¡Oh! ¡Abuelo!

– Si todo lo que tomas es igual a lo que tienes, complétalo con el puñal. Es idéntico al que tienes.

SEGUNDA PARTE

Capítulo I
Lo Inesperado

Temprano en la mañana, el carruaje, conducido por dos hermosos caballos y dos caballos más de montar, atados a la parte trasera, se detuvo frente a la casa del Doctor Girardán. Ni siquiera fue necesario tocar la puerta. Se abrió y apareció Jean. Jeanpaul ayudó a su amigo a recoger sus pertenencias, pasándoselas al cochero, quien las ató al techo y las cubrió con una gruesa lona. El doctor apareció en la puerta.

– No se preocupe doctor, Jean regresará sano y salvo.

– Lo sé, muchacho. Y aquí está la carta para tus padres.

– Ven a conocer a mi abuelo – llevó al médico hasta la ventanilla del carruaje –. Mi abuelo, el duque de Luzardo– presentó.

– Un placer – y el duque le tendió la mano, que fue estrechada por el médico.

– Que Nuestro Señor Jesucristo, el Hijo de Dios, le haga buen viaje, señor – deseó.

– Gracias– agradeció, algo fruncido, la forma en que los nobles de aquella época trataban a los plebeyos.

– ¿Puedo hacer una recomendación?

– ¿A mí? Bueno, a tus puedes. ¿Cuál?

– Evite las masas. Consuma mucha fruta, especialmente manzanas y carnes sin grasa. No utilice bebidas fermentadas. Y que las carnes queden muy bien asadas, con las verduras Solo una vez al día.

– ¿Y por qué me cuentas esto?

– Al adoptar esta dieta, ya no tendrás la gota que tanto te atormenta y que tanto mantienes en secreto.

– ¡Interesante!

– Haz esto, Duque. Es un consejo médico. Si lo sigues estarás libre de esta enfermedad intermitente que tanto te molesta, ¿verdad?

– ¿Quién te informó que tengo gota? – Preguntó en voz baja para no ser escuchado e inclinándose hacia el doctor.

– Lo veo en tus ojos, haz esto y que tengas un buen viaje. ¿Memorizaste mi receta?

– Buen viaje, señor. Recomendaciones para tu hijo.

– Abuelo, aquí está mi amigo – gritó Jeanpaul, introduciendo a Jean en el carruaje. Exclamó el duque –. ¡Es un joven apuesto! – Jean se sonrojó, estrechando la mano del abuelo de su amigo.

– Gracias.

– Se parece a ti, excepto que tiene el pelo negro.

– ¡Oh! ¡Vaya, me gustaste a primera vista!

– Gracias – repitió ella en voz baja.

– ¿Nos vamos, abuelo?

– Sí, vamos.

Saludaron al doctor y a Lenoir y el carruaje trotó por los irregulares adoquines de la calle Saint Germain, hasta salir de la ciudad por la puerta norte y tomar la carretera de Alençon. El cómodo vehículo tenía asientos acolchados, muy mullidos, uno delante del otro. Al frente, de espaldas al cochero, estaba el duque. Frente a esto estaban sentados Jean y Jeanpaul. Para ella todo era nuevo. Nunca salieron de París, no conocía el campo, las carreteras, otros pueblos o ciudades. Y no ocultó este detalle. El acompañante tuvo el placer de explicarle todo sobre los lugares que visitaron.

– ¿Cuándo llegaremos allí?

– Bueno, si aun no hemos empezado a viajar – observó el duque.– ¿Estás ansioso, joven?

– Confieso que sí, señor. Nunca tuve la oportunidad de viajar.

– Es así mismo. Aprovecha y míralo todo. Si tienes hambre, tenemos un refrigerio. Sin embargo, como me levanté temprano y ya no tengo tu edad, voy a dormir un poco. ¿Puedo?

– Bueno, abuelo, siempre haces esto. Ve, duerme, no te molestaremos a ti ni a tu amigo. Al mediodía almorzaremos en una posada cerca de Versalles. Después continuaremos hasta casi la noche, parando en Dreux, donde dormiremos. A partir de entonces, no habrá lugar para pasar la noche. Tendremos que hacerlo ya sea en el carruaje, o bajo la luz de hogueras. No sé si te gustará.

– Es fascinante, Jeanpaul.

– ¿Eres aventurero, como yo?

– Por supuesto.

– Tenemos dos caballos ahí atrás – y señaló la parte inferior del vehículo.

– Los vi.

– De vez en cuando dejamos allí el carruaje y cabalgamos. ¿Lo apruebas?

– Totalmente.

– ¿Estas con sueño?

– Nunca me había levantado tan temprano.

– Sé honesto. ¿Has dormido?

– Casi nada.

– Así lo pensé. Ve, relájate. Tú con los pies en mi cabeza, yo, lo mismo. Vamos a dormir un poco. Arrullados por las sacudidas del carruaje, pronto se quedaron dormidos.

✳ ✳ ✳

Mientras tanto, el rey Francisco se enfrentaba a problemas de Estado. Sus relaciones con Carlos V[23] fueron siempre belicosas. Sin embargo, Gaudí, ciudad natal de este último, se rebeló contra él, lo que le llevó a pedir permiso a su archienemigo y rival para pasar por Francia para conseguir sus objetivos. El caso fue llevado al parlamento y pronto entre los pares surgió uno que no estaba de acuerdo:

– Señores, aunque obediente al rey, no concibo esta amnistía, permitiendo el paso por nuestras tierras al mayor enemigo de Francia. ¿Por qué no va directamente a tu destino? Si pelea con Solimán y el rey ya ha hecho ciertas aquiescencias con él. ¡Un hereje! No podemos hacer nada. ¡Ahora Carlos V viene a pedirnos paso libre para ir a sofocar una rebelión en Gaudí! Estoy en contra. Y llevo mi desconfianza al rey.

Sentado, con las piernas sueltas y acariciándose la barba, Francisco se limitó a escuchar. Cuando vio al orador regresar a su silla, dijo:

– Lautrec tiene ciertas razones. No esperaba nada más. Es un gran estratega y nadie más sería nombrado comandante de los ejércitos. Sin embargo – y se puso de pie – recibiremos al séquito de Carlos V en París. Su ejército estará contenido en la periferia. Con él aquí no habrá peligro. Le permito venir. Lo recibiré con los honores de un gran estadista. Al fin y al cabo, solo está de paso. Por favor responda al emperador Carlos V con mi permiso. Será un

---

[23] Rey de los Países Bajos de 1506 – 1555. Emperador Germánico de 1519 a 1556. Enemigo de Francisco I

invitado de Francia. ¿No entiendes que sería nuestro rehén si tuviera otras intenciones? – Y abandonó el trono.

Afuera se le acercó su hermana Margarita.

– Hermano...

– ¿Qué? – Preguntó con dureza.

– Tiraste al suelo el orgullo de Lautrec.

– Ahora no me molestes.

– Es un hombre de hierro.

– Lo sé – se volvió hacia su hermana –. Y también sé que la soldadesca lo odia. No lo respeta. Piensa que solo con la fuerza se puede solucionar todo. No lo admito. Carlos V será nuestro invitado y mientras esté aquí será tratado como a un jefe de Estado. Y tú, organízale un itinerario turístico.

– ¡¿Yo?!

– ¿Por qué la sorpresa? ¿Quién más? Y ahora.

– Estás amargado.

– De hecho lo estoy. Quiero casarte y tú lo rechazas. Vivimos en una situación difícil, que requiere una unión entre los reinos.

– Esto puede esperar.

– Eso es lo que estoy haciendo.

–Está bien. ¿Qué le gusta a tu "amigo" Carlos V?

– Iglesias, mucha comida, fiestas.

– ¿Y mujeres?

– Bueno, hermana, esto se hará en un abrir y cerrar de ojos. Eso es lo que no falta, y con un gesto de molestia se fue, dejando pensativa a su hermana.

* * *

Cuando el cochero se detuvo, frente a la posada Dos Cisnes, tuvo que despertar a los tres pasajeros. Tenían que almorzar. Cuando abrió la puerta, salieron nubes de polvo del interior del vehículo. El duque, levantándose con dificultad, acabó despertando a los dos jóvenes.

– Vamos, idiotas, ¿saben simplemente dormir? – Y tosió –. Los dos se levantaron, un poco asustados. Jeanpaul preguntó a su compañero:

– Estabas en mis sueños.

– Y tú estabas en el mío – y se miraron fijamente por segundos –. El duque, saltando ya, gritó:

– Vamos, sinvergüenzas, vámonos, el señor Thomas nos está esperando. Al baño todos.

– ¿Baño? – Preguntó Jean.

– Sí, Jean. El señor Thomas tiene una cascada en la parte trasera de la casa. Es un lugar hermoso, agua pura. Desnudémonos y entremos en esa hermosa lagunita. Mi abuelo y yo hacemos esto todo el tiempo. ¡*Voilà*![24] – Y le dio una palmada en la espalda a Jean –. Y ella pensó –, ¿y ahora qué?

El dueño de la posada, bajo y gordo, con un enorme sombrero que ocultaba casi todo su cuero cabelludo, vestido con esa blusa blanca, más bien marrón, y unos shorts de terciopelo que abrazaban sus espinillas en los extremos, era todo sonrisas. Al fin y al cabo, el duque era uno de sus clientes más importantes. El establecimiento era sencillo, íntegramente de madera, de dos plantas, construido completamente con materias primas del bosque. Tenía un gran pórtico que la rodeaba, una gran sala, dividida en dos; una de ocio, lectura; y la otra, para las comidas, disponiéndose mesas para tal fin. En la parte superior estaban los dormitorios.

---

[24] He allí.

–¿Que es ese ruido? – Preguntó Jean.

– Bueno, *mon petit* [25]– Informó el duque –, es el ruido de la cascada Thomas. Es lo mejor que tenemos aquí. Este ruido como lo llamamos es como una canción de cuna. Lo verás de cerca cuando te sumerjas en esas aguas claras y con olor a bálsamo.

– *Merci*[26], señor duque, *merci* – dijo Thomas, recibiendo el equipaje, pero solo el que contenía ropa lista para usar.

– Vamos, Jean, subamos a cambiarnos de ropa. Vamos a nadar. Se llevó las manos a la garganta y tosió ligeramente.

– ¿Que tiene?

– No lo sé, Jeanpaul. Creo que el polvo del camino me afectó la garganta, ¡hasta tuve escalofríos!

–¡Oh! ¡Ahora mismo, Jean!

– Lo siento – se disculpó, forzando su voz a sonar ronca.– Sabes, no estoy acostumbrado a viajar. Oh, lo siento mucho.

– ¿Tienes fiebre?

– No, todavía no, pero no me atrevo a entrar a esa laguna. El agua debe estar muy fría.

–Es verdad. Hablaré con Thomas. Mientras mi abuelo y yo nos bañamos en la laguna, tú te lavarás en la habitación con agua caliente. Y envuélvete el cuello para evitar más problemas. Te aviso que, hasta que lleguemos a casa de mi padre, no nos quedará otro baño que salpicarnos un poco de agua en la cabeza. Por tanto, limpia todo y usa ropa más ligera, ya que el resto del viaje será más largo.

– Lo sé, haré lo que dices.

– Vamos, muchachos – escucharon llamar al duque.

---

[25] Mi pequeño.
[26] Gracias.

– Vamos, abuelo – y por Jean – ve, cualquier habitación a la que entres será tuya. Hablaré con Thomas y conseguirá agua caliente.

– ¿No te vas a cambiar de ropa?

– Por supuesto.

– ¿En qué habitación? – El chico sonrió.

– No necesito. Llevo mi ropa a la cascada. Me la quito y me sumerjo desnudo. Yo y mi abuelo. Thomas recoge la usada y las lleva a lavar, secarlos al fuego y listo.

– ¡Ah sí!

– Te perderás algo inolvidable. Pero, a cambio, lo disfrutarás –, volvió a llamar el duque.

– Ya voy, abuelo. Ve, Jean, no te preocupes, tu agua estará en la habitación pronto – y se alejó para encontrarse con su abuelo. Habló con él y con el posadero y se fueron detrás de la posada.

– ¡Bien, bien!– dijo el duque –. ¿En el mejor momento tu amigo enferma?

– Abuelo, es comprensible, el chico nunca salió de París. El polvo...

– Sí, sí, pero ¿qué es esa tez tan ligera? Solo hay que insistir para acostumbrarse.

– Cuando regrese, estará acostumbrado. ¿Cambiemos de tema?

– Te ganaré en natación, muchacho testarudo – Jeanpaul sonrió.

– A ver si alguna vez me ganas, viejo duque.

–¿Qué? – Reaccionó el abuelo – ¿Viejo duque? Espera, trapo, cuando te pille – y corrió tras el joven. Mientras tanto, Thomas le había proporcionado todo lo que Jean quería: agua tibia e incluso le ofreció una infusión de hojas, recomendando:

– Después del baño, hijo, haz gárgaras con esta infusión. Es un remedio sagrado para la garganta.

– *Merci*, mi amigo Thomas.

– Estoy siempre a tus órdenes. ¿Quieres algo especial para comer?

– Ahora, lo que los demás coman, yo también lo comeré.

– *Pardon*. Sin embargo, siempre comen jabalí asado, con verduras. Si el niño, con dolor de garganta, quiere pollo, verduras...

– *Merci*. Cualquier cosa que coman está bien para mí.

– Cuando el duque regresa, normalmente se queda aquí de tres a cinco días. Entonces sí, tenemos tiempo para mejorar siempre el servicio. De camino a Alençon, nunca sé cuándo sucederá. Perdón por la falta de comodidad.

– Ahora, señor Thomas, ¿se están quejando?

– No, no. Pero, como es la primera vez que nos visita una persona tan amable...

– Esta todo bien. Me voy a dar un baño, luego bajo y hablamos.

– Sí. Cualquier necesidad llámame.

Jean entró en la habitación. Cerró la puerta, le puso llave, se apoyó contra ella y suspiró. Pronto se desenredó de los hilos de su blusa. Luego arrojó el cinturón de su espada sobre la cama, se quitó la blusa y el chaleco y quedó libre. Después, instintivamente se masajeó los pechos, en serio. Se desabrochó los botones del pantalón, A se los quitó; luego las botas, dejando solo los shorts. Fue hacia su maleta, una especie de alforja, y sacó otro par de pantalones cortos y una blusa nueva. Finalmente sacó el último traje, lo examinó y entró con él en la tina. Las pastillas de jabón hechas con resinas perfumadas estaban al alcance de la mano. Estaba pensativa mientras se lavaba.

– ¡Qué difícil es ser mujer! Sería muy fácil estar allí en el lago. Pero seguiré adelante. Después de todo, voy a ser el Rey de los Mendigos. ¡Oh! ¡Jeanpaul, parece que te amo! ¡Oh! ¡Dios!

Después de bañarse, con cuidado, ya que Jeanpaul había dicho que en adelante sería difícil volver a bañarse, lavó toda su ropa, la escurrió, se vistió y bajó las escaleras. Solo llevaba unos pantalones de cuero muy finos. Llevaba una blusa azul de manga corta con el infaltable chaleco debajo. Encontró a Thomas poniendo la mesa.

– ¿Entonces? – Preguntó, todavía forzando la voz. –. ¡Oh, señor! Creo que tendrás que esperar mucho tiempo. Esos dos, cuando llegaron aquí y fueron a la laguna cascada, se tomaron su tiempo. Pero, ¿no te pusiste nada alrededor del cuello?

–¡Oh! – Exclamó –, ¿sabes que lo olvidé?

– Espera. Tengo un pañuelo de mi difunta esposa, ¡que Dios descanse su alma! – Ella me lo dio. Yo lo traeré.

– No se preocupe, señor.

– Nada, espera, ponte cómodo.

Jean permaneció en silencio, mirando la sencilla habitación de la posada en medio del bosque. Nunca había salido del Patio de los Milagros, o mejor dicho, de las afueras. Todo era diferente. No le importaba más salir de noche y robar, trepar entre las enredaderas, hasta algún balcón de una residencia noble. Después de todo, su comunidad necesitaba vivir y ella era la heredera del reino. Al mismo tiempo que reflexionaba, también le vino a la mente la farsa que estaba viviendo. Al mismo tiempo, comenzó a sentir que amaba a Jeanpaul. ¿Qué hacer?

– Aquí tiene, señor – dijo Thomas, todo sonrisas, con el pañuelo de lana rojo en la mano –. Considéralo un regalo. Por favor.

– *Mon père* – exclamó al recibir la pieza.

– ¿Tu padre?[27]

–¡Oh! ¡Me acordé de él! Utiliza siempre uno como éste. Ya es viejo.

– Soy más feliz. Póntelo y ve, muchacho, a encontrarte con tus amigos.

Quién sabe, tal vez vuelvan pronto.

– ¿Tienes prisa?

– No, no, es que el chico va a viajar tanto… cuanto antes se vayan, mejor para todos. Mira, preparé una botella con esa receta para la garganta. Lo llevarás contigo.

– Merci, m'sieur.[28]

– No es nada. Ve, mira lo que te estás perdiendo, pero qué aprovecharás a cambio. Ve – mientras Thomas prepara todo.

Ella se fue. Había un camino de tierra entre la vegetación. Se guio por el sonido de la cascada. Aun no había llegado y ya podía oír reír a Jeanpaul y a su abuelo. Se acercó y, justo después de una curva, se encontró con un paisaje impresionante. El agua clara y espumosa caía desde arriba, unos siete metros, formando un pequeño lago entre las enormes rocas. Para quienes nunca habían salido de la ciudad, fue un espectáculo conmovedor. Estaba embelesada. Y celoso de aquellos dos que nadaron. Se tiraron agua unos a otros, completamente desnudos. Se escondió detrás de un árbol espeso y observó durante algún tiempo. Como estaban desnudos, ella no quería dejarse ver. Entonces decidió dar un paseo por el bosque. Todo era nuevo para ella. Así permaneció durante algún tiempo. Cuando regresó, los dos ya habían regresado a la posada. Se apretó la bufanda alrededor del cuello y entró.

---

[27] Mi padre.
[28] Gracias, señor.

– Bueno, bueno, ¿entonces saliste a caminar? – Preguntó el duque, quien se secaba el cabello con una toalla grande y esponjosa – ¿Por qué no fuiste a la laguna?

– Yo estuve allí, señor. Pero no quería perturbar su diversión.

– ¿Estas mejor?

– Esto pasará. Es solo la garganta. ¿Dónde está Jeanpaul?

– Fue a cambiarse. Llenemos nuestra barriga y sigamos adelante.

Pronto todos estaban almorzando. Jean, de vez en cuando, se aclaraba la garganta, fingiendo tener dolor de garganta. Pero comió, ya que nunca había visto una mesa así, llena de delicias que ni siquiera conocía. Y comió bien. A toda prisa, el duque, levantándose, se acercó al señor Thomas y le preguntó:

– Prepárate, Thomas, el famoso. Quiero todo lo que pusiste sobre la mesa, ya ves, a nuestro visitante, aunque le dolía la garganta, le gustó.

– Bueno, señor duque, ya está todo con su cochero y, si alguno come como él...

– ¿Y dónde está?

– Ah, comió mucho antes de ir a la cascada. Aun duerme. Después de todo, el viaje es largo y había que descansar.

– Sí, lo hiciste bien.

– Lo llamaré. El refrigerio ya está ahí en el carruaje.

– Ahora nos vamos a dormir.

– ¿Nosotros, quiénes, abuelo? – Preguntó Jeanpaul –. Nosotros...

– Abuelo, duerme tú. Iremos adelante a lomo de nuestros caballos.

–¡Oh! ¡Sí, sí! ¡Y quiero ser como dos jóvenes!

– Eres joven... sin embargo, ¿cómo comes, eh?

– ¡Tira–trapos! – Rugió el duque, sacando algunas monedas de su bolsillo y colocándolas en la mano de Thomas, recomendando: – Voy a traer un jabalí para ahumar. Tú lo prepararás y nos quedaremos aquí diez días.

– ¿Un solo jabalí, abuelo mío? En un día comes todo – observó Jeanpaul.

– Ahora, no interfieras. Traigo diez, o más, ¿a ti qué te importa? Adiós Thomas y gracias por todo.

– No olvide, señor – le dijo el posadero a Jean – hacer gárgaras con la botella que le di. Adiós.

– Pero ¿cómo vamos a ir sin el cochero?

– ¡Oh! Espera... y fue a llamar al conductor del carruaje, que; sin embargo, ya se acercaba.

– ¿Vamos? – Gritó el duque por la ventana.

– Sí, señor, estoy listo.

Ya era más del mediodía cuando se marcharon. Al principio hablaron, pero luego notaron que el duque comenzó a bostezar, momento a momento, para luego quedarse dormido.

– ¿Ves, Jean? No puede soportar mucho. ¿Somos nosotros?

– ¿Que tenemos?

– ¿Te sientes bien para montar a caballo o te sientes mal de la garganta?

– Lo haré – pensó –. Si estaba fingiendo, todos ya lo habían aceptado. Ahora; sin embargo, había llegado el momento de demostrar su valía como hombre.

– ¿Vamos entonces?

– Por supuesto, pero ¿no vas a detener el carruaje? – Jeanpaul sonrió.

– No, salgamos por la puerta, subamos al techo, bajemos por la parte trasera, tiremos de las riendas de los caballos y saltemos a la silla. Siempre hago esto.

– ¡*Mon Dieu*! –Ella exclamó.

– Bueno, es fácil. Sujétate de la brida del caballo y salta, girando tu cuerpo para caer hacia adelante sobre la silla y simplemente desatar las riendas, somos libres. ¿Vamos?

– No sé si pueda.

– ¿Cómo no?

Jeanpaul, me duele la garganta.

– ¿Y qué tiene que ver la garganta en esto?

– Bueno, nunca me permití tales acrobacias.

– ¡Oh! Es verdad. Le pido al conductor que reduzca la velocidad. Tu saltas. Yo hago lo que siempre he hecho. Desato los dos caballos y voy con ellos a tu encuentro. ¿Bien?

– Sí.

Jeanpaul asomó la cabeza por la ventanilla y pidió al cochero que redujera la velocidad. Hecho esto, se volvió hacia Jean:

– Ahí tienes, Jean. Salta.

Abrió la puerta, miró por un momento al suelo que pasaba rápidamente. Tuvo que saltar. Y lo hizo, con éxito, corriendo unos metros. Vio a Jeanpaul salir por la puerta, subir ágilmente al techo del carruaje y dirigirse hacia la parte trasera del vehículo, que había aumentado su velocidad –. ¡Laurier! – Exclamó caminando.

Al llegar a esa parte, Jeanpaul se levantó y rápidamente saltó a la silla de uno de los caballos que llevaba atado atrás. De hecho, tuvo que hacer un giro en el aire para aterrizar en la silla. Desató las cuerdas que ataban a los animales al vehículo y se dio la vuelta, llevándose el de Jean con él. Sonriendo, se detuvo junto a la chica.

– Vamos, caballero – dijo sonriendo.

– ¿Todos los locos están locos como tú?

– Vaya, qué tontería. Vamos, monta.

Afortunadamente para ella, de vez en cuando montaba a caballo por las orillas del Sena. Pero estaba lejos de ser una buena amazona. Montó.

– ¿A dónde iremos?

– ¿Tienes tus pistolas?

– No, solo la espada. ¿Por qué?

– Solo precaución. Vamos, vamos a adelantar al carruaje – y azuzó a su montura, alzando el galope. Ella lo siguió. Adelantaron al vehículo en el que dormitaba el duque y pronto desaparecieron en el camino de tierra, entre los árboles. Cabalgaron libremente durante unos diez minutos, felices, bromeando unos con otros. A veces, Jeanpaul iba delante de ella y era objeto de su admiración: miraba fijamente su cabello brillante, ondeando al viento.

– ¡Vamos – gritó – ¡montas como una niña!

Pensó para sí: "¡Ah, si supieras cuánta razón tienes!" – Hizo correr al caballo, emparejándolo con su amigo.

– Montas bien, pero me recuerdas al capitán Belle Rose.[29]

– ¿Belle Rose? – Sonriendo, explicó:

– Dicen que esa figura existió. Valiente, excelente espadachín. Solo que…

– ¿Solo que?

– Era una hermosa señorita.

– Bueno…– exclamó ella, avergonzada. Al darse cuenta, se disculpó.

---

[29] *El Capitán Belle Rose*, uno de los romances del autor espiritual.

– *Pardon*. No te enojes. Solo bromeaba.

– ¿Y realmente existió este personaje?

– No lo sé, ciertamente son historias. Dese pequeña oí hablar de ella – y cambiando de conversación –. Te gustan los perros, ¿no?

– Te encantará Diana.

– ¿Qué edad tiene ella?

– La madre Diana murió a la edad de catorce años. La actual, su hija, tiene, creo, dos años. Es terrible.

– ¿Como? ¿Feroz?

– No, no. Juguetona, simpática, aunque valiente. Ella ama a mi padre.

– Debió sentir mucho la muerte de la otra, ¿verdad?

–¡Oh! ¡Incluso le erigieron un mausoleo! Y para no olvidarla nunca, le puso su nombre al bebé – Se reunieron con sus monturas, uno al lado del otro, a un trote lento y hablaban animadamente, cuando oyeron un ruido más adelante.

– Escucha... parece que un coche viene hacia nosotros.

– Es verdad – estuvo de acuerdo.

– Mantengámonos al costado del camino.

Pronto apareció un carro enorme cubierto por un toldo raído. Dos hombres iban delante y dos más estaban sentados en el asiento del pasajero del vehículo. Cuando vieron a los dos jóvenes, el carro se detuvo. Los dos caballeros se acercaron lentamente.

– Destraba la espada, Jean – aconsejó el joven, y fue inmediatamente obedecido.

Eran hombres groseros, feos y sucios. Sin embargo, cada uno tenía una espada en el cinturón. Uno de ellos, gordo, con un gran bigote, se adelantó y preguntó en voz alta:

– ¿Están perdidos, señores?

Su compañero, más delgado pero más fuerte, soltó una pequeña risa.

– No, señores, no estamos perdidos.

– ¿Y que estás haciendo aquí?

– Precedimos al carruaje de mi abuelo.

– ¡Oh! ¿Viene un carruaje? ¡Qué bien!

– No entendí.

– Tendrás que pagar la tasa del Monasterio.

– ¿La tasa del Monasterio? ¿Qué monasterio?

– Saint Michel.

– Bueno, Saint Michel está tan lejos de aquí y no se sabe que los monjes tengan cobradores.

– Sí, señor. Y tienes que pagar. Mire, nuestro carro está lleno de pagos: pollos, cerdos, harina, etc.

– ¿Qué están recolectando en el camino?

– Así es.

– ¿Y qué pago quieres de nosotros?

– Como no tenéis aves, ni cerdos, ni harina, el oro nos hace bien.

– ¡Oh! – Jeanpaul se rio.– ¿Sabe esto el abad de Saint Michel?

– No tenemos que dar explicaciones. Esa espada tuya es muy hermosa. Se vería mejor en mi cinturón. La aceptaré como pago – y él saltó del animal, acompañado por el otro. Jeanpaul sonrió, miró a Jean y ambos se levantaron de un salto, con las espadas ya desenvainadas.

– ¡Oh! ¿Quieres entonces mi espada? Vengan a buscarla, rufianes.

Los hombres se detuvieron sorprendidos. Luego, el hombre corpulento sonrió, se alisó el bigote, bromeando:

– ¡Bueno, bueno, si no son dos gallinas peleando!

– Y con espuelas esperándote, sinvergüenza.

– Vamos con esto, José – gritó uno de los que quedaban en la carreta –. Tenemos prisa.

– Cálmate – rugió el hombre nombrado – esto no tardará mucho – y desenvainó su espada, al igual que el otro.

– Les vamos a cortar las crestas, gallinas – y atacó. Jeanpaul detuvo el golpe. El otro avanzó hacia Jean, que buscaba más espacio. Lanzó una estocada que fue esquivada.

– Vamos, sinvergüenzas, vámonos – instó Jeanpaul. Y para Jean –, mantente de espaldas a los árboles, Jean – el acero chocó y los dos ya no jugaban, porque vieron que habían engañado a los dos niños. Todo lo que intentaron fue recibido con la debida fuerza y tuvieron que hacer todo lo posible para detener los golpes. Fue entonces cuando Jean confesó:

– Jeanpaul… ya estoy cansado.

– ¡Cansado! ¿Qué quieres decir, Jean?

Con lo que dijo instintivamente, se volvió un poco descuidada, casi siendo golpeada por la espada del atacante. Pero ella pensó rápidamente, atacando al hombre con furia.

– ¿No me llamaste Capitán Belle Rose?

– Entonces, ¿el capitán está "cansado"?

– ¿Que planeas hacer?

– Como ves, son dos sinvergüenzas. Terminaré el mío pronto.

– Sí, señor. Hazlo.

Los dos atacantes estaban sudando y al ver que se habían topado con dos dignos espadachines, ya mostraban miedo, combinado con el pobre manejo de la espada que poseían.

Usaban la espada en su vida diaria para asustar, sin conocer la técnica de cómo utilizar la noble arma.

– ¡Allá! – Gritó uno.

– ¿Qué pasó, Jean?

– Creo que una abeja le picó el brazo a nuestro amigo – respondió la chica, mientras su oponente, soltando su arma, sujetaba el hombro que había sido atravesado. Jean lo pateó fuera del camino y, rodeando la punta de la espada cerca de la cara del hombre herido, continuó:

– ¿Quieres una afeitada apurado o un poco más?

El hombre gimió, la sangre pasó entre sus dedos y bajó por su brazo inmovilizado. Se volvió hacia Jeanpaul y le dijo:

– La capitana Belle Rose ha terminado. ¿Y tú?

– Eso es, Jean – y detuvo un golpe alto, girando su cuerpo, dejando que la espada del bigotudo se deslizara contra la suya, golpeándolo en el muslo. Otro grito y la sangre brotó.

– Ya está, Jean, se acabó. ¡Qué pena!

Ante esto, los dos hombres que manejaban el carro, al ver a sus dos amigos fuera de combate, saltaron del carro y corrieron hacia adelante. No tenían espadas, solo bastones gruesos.

– Oye, Jean, dos más.

Cuando estaban así, apareció el carruaje.

– ¡Aquí, abuelo mío!– gritó Jeanpaul. El duque no dudó en preguntar. Saltó rápidamente.

– Jacob, el mosquete, ¡rápido!

El cochero arrojó el arma que había cogido y luego la amartilló, avanzando hacia los agresores, quienes se detuvieron.

–¿Que está pasando aquí? – Preguntó.

– Estos bribones intentaron robarnos.

– ¿Robo?

Jeanpaul sacó una pistola de su cintura y apuntó a los dos hombres.

– ¡Suelten los bastones!

Ellos obedecieron, temerosos.

– Dicen ser del Monasterio de Saint Michel. Nos estaban cobrando el óbolo del abad.

– ¿Qué? Sí, son criminales. Entonces, ¿el abad de Saint Michel tendría harapos a su servicio? Malhechores, eso son. ¿Y te atacaron?

– Sí, pero mira el resultado. Jean tomó uno sobre su hombro. El otro, yo, en la pierna. Y estos dos cargaron con sus bastones.

– ¿Estás bien?

– Claro.

– Bueno, trapero, para el carro, rápido – y para el cochero – Jacob, trae cuerdas.

Los hombres estaban fuertemente atados al carro. El duque miró su contenido y, tomando un cerdito, declaró:

– Éste será el óbolo del duque.

– ¿Te lo vas a llevar, abuelo?

– Pues, cuando lleguemos a la posada, se convertirá en un hermoso asado – gritó el cerdito.

–¡Oh! No señor, pobrecito, es tan pequeño, déjelo ir – pidió Jean.

– ¿Soltarlo? Si lo hace, será presa fácil de los animales salvajes y será depositado nuevamente en el carro – regresó al carruaje, tomó una hoja de pergamino con sus armas presas y escribió:

– *Señor provost. Estos hombres son ladrones de caminos. Arréstelos.*

Lo firmó y lo pegó al carro. Luego lo movieron, poniéndolo en condiciones de seguir, y continuaron su viaje.

– El carro viene detrás de nosotros, abuelo – dijo Jeanpaul, al lado del carro.

– Así es. Los caballos saben que regresan a su lugar. Solo terminarán sumidos en la desesperación. Y serán arrestados. Sin embargo, es demasiado pesado para alcanzarnos. ¿Vas a seguir montando? ¿Por qué no subes y descansas un poco? Vayamos más rápido o la noche nos pillará en el camino y no quiero eso.

– Sí, es mejor – Jeanpaul hizo una señal al cochero, quien detuvo el carruaje. Desmontaron, ataron los dos caballos a la parte trasera del vehículo y ambos subieron.

– ¿Estás realmente bien?

– Sin duda, abuelo. Y, como la esgrima, aquí está nuestro *Capitán Belle Rose*... – dijo el chico, golpeando a Jean en la espalda.

– ¿*Capitán Belle Rose*? – El duque se sorprendió.

– Es una broma, abuelo.

– Este capitán era una leyenda. La fantasía me pasó cuando era niño.

– Sabes, mi padre me lo contó.

– Entonces, el chico realmente sabe cómo usar una espada.

– ¡Y cómo, abuelo! Inmediatamente puso al criminal fuera de combate.

– Sí, pero si no hubiera llegado a tiempo los otros dos te hubieran dado una buena paliza con el palo.

– Lo cual no es nada. Mi pistola estaba lista para la acción.

– Enviaré un emisario a Saint Michel y le contaré todo al abad. Veremos, si esos buitres utilizan su nombre para abastecerse de las pertenencias de los aldeanos pobres.

– ¿Cansado, Jean?

– No es normal.

– ¿Y la garganta?

– ¡Oh! ¡Me quema mucho!

– Pronto llegaremos a la posada. Te darás un buen baño, comeremos y luego dormirás hasta las cinco de la tarde, cuando continuaremos nuestro viaje.

Capítulo II
Amigos Jean y Jeanpaul

En París, la población estaba asustada y el ejército estaba en alerta. Las tropas de Carlos V permanecieron acampadas en las afueras de la ciudad, mientras el Emperador era recibido en palacio, con todos los honores. Se organizaron recorridos y visitas a iglesias, palacios, etc. Y como siempre fue el estilo de Francisco I, las veladas se sucedieron. El pueblo; sin embargo, solo dio un suspiro de alivio cuando Carlos V abandonó la ciudad con sus tropas.

– ¿No crees que fue una imprudencia permitir tal visita? – Preguntó Margarita.

– No me parece. Que gaste sus tropas. Y encima con Sulimán – lo amonestó –. Cuanto más débil se vuelva, mejor para nosotros. Ahora, querida hermana, creo que voy a pasar un tiempo en el campo. Cazar un poco me vendrá bien.

– ¿Qué pasa con el mago?

– ¿Qué mago?

– El médico, Girardán.

– Ahora, hermana mía, deja en paz al pobre.

– ¡Nunca! – Ella rugió –. Lo quiero en la hoguera.

– Tengo mucho de qué preocuparme, mi querida hermana –. Hizo la lista de invitados y se fue.

El odio de la hermana del rey hacia el Dr. Girardán, quedó ligado a su negativa a un pedido descarado y oscuro. Un aborto. Entonces estalló un odio loco hacia el buen médico, que ayudaba a atender a los necesitados en la zona pobre de París. Pero ésta es una historia que ya ha sido contada en el libro anterior.[30] Volvemos, por tanto, a los pasajeros del carruaje, que llegaron, sin más contratiempos, a la tierra del padre de Jeanpaul.

El vehículo entró por el enorme portón que abrieron dos sirvientes y rodó por un camino pavimentado, que atravesaba un extenso y bien cuidado césped, hasta detenerse frente a las escaleras que conducían a la residencia. Allí ya estaban el dueño de la casa y su esposa, sonriendo, y un pequeño ejército de asistentes. Tan pronto como el vehículo se detuvo, el joven abrió la puerta y saltó al suelo, corriendo hacia sus padres que esperaban, con los brazos abiertos y los rostros iluminados por amplias sonrisas.

– ¡Mi padre, mi madre! – Gritó abrazándose y siendo abrazado y besado por sus padres.

– ¡Hijo mío! – Exclamó Paulette conmovida –, eres un hombre.

– Entonces, ¿cómo fueron tus estudios?

– Como siempre, padre, como siempre, tu hijo fue el primero de la clase.

– ¡Oh! ¡Me alegro!

– Padre – dijo mirando a la gente que estaba allí –. No veo a Pierre – y miró seriamente a su padre.

– No te preocupes. Pierre ya es octogenario y está enfermo. Pronto lo verás en su habitación.

– ¡María! – Exclamó el niño arrojándose en los brazos de una de las sirvientes, quien lo abrazó sonriendo y llorando.

– *Mon petit* – dijo María.

– ¿*Mon petit*? Soy un hombre, María.

---

[30] *El Amor es Eterno*, del mismo autor espiritual.

– Sí, sí, lo sé. Ya no podré bañarte.

Todos rieron, Jeanpaul saludó a todos y luego, volviéndose hacia el carruaje, gritó:

– ¡Grand pére![31] Viejo duque, ¿todavía duermes?

Se escuchó una maldición, la puerta del carruaje se abrió y el duque, ya saltando al suelo, gritó:

– ¿Viejo Duque? Ya verás cuando te pille, mocoso engreído – y echó a correr tras el joven que se había refugiado detrás de su padre, que reía divertido.

– Padre mío, te ves genial – se abrazaron.

– ¡Paulette! Siempre exuberante como las flores del campo, la saludó el duque, abrazándola y besándola –. Hay que poner grilletes a este mocoso. No pierde la oportunidad de llamarme viejo.

– ¡Oh! ¡Mi padre, mi madre! – Dijo solemnemente el chico – la pareja lo abrazó – Tengo una sorpresa – y se dirigió al vehículo – Bájate, Jean.– Ella obedeció.

–¡Oh! ¡¿Quién es?! – Preguntó Paulette, admirando al extraño.

– Es un amigo. Es nieto del Doctor Girardán.

– ¿Girardán? ¡Qué bien! – Y avanzaron hacia Jean, quien hizo una cuidadosa reverencia a doña Paulette, besándole la mano. Posteriormente saludó al noble señor de Luzardo.

– Es un placer, joven, tenerte en nuestra casa.

– ¿Nieto del doctor Girardán?

– Por afinidad, señora.

Paulette examinó los rasgos del niño tan minuciosamente que lo hizo sonrojar.

---

[31] Abuelo.

– Entonces, ¿mamá? ¿Amor a primera vista?

– No lo dudes, es un joven hermoso.

– Y valiente. Ahuyentamos a cuatro delincuentes que nos robaron.

– ¡*Mon Dieu*! – Y Paulette se puso las manos en el pecho.

– ¿Qué dices hijo? ¿Te robaron?

– Bueno, Jean – dijo el duque –. Cuatro delincuentes.

Uno de ellos no podrá utilizar su brazo durante mucho tiempo; el otro no podrá caminar.

– ¿Se batieron en duelo? – Preguntó Jean con la boca abierta.

– No, papá, solo entrenamos.

– ¡Oh! Quiero escuchar todo.

– Ahora no. ¿No ves que recién llegamos? Dinos que llevemos nuestro equipaje. Hablaremos después.

– Señora – dijo Jean, sacando un rollo de pergamino arrugado de su chaleco y entregándoselo a Paulette – ésta es una carta que le envía el doctor Girardán.

–¡Oh! – Y recibió la misiva.

– Lo leeré más tarde. Gracias. ¿Cómo te llamas, joven?

– Jean, señora.

– ¡Vaya, qué casualidad! Mi marido también. Y mi hijo Jeanpaul.

– Y nacimos el mismo día, madre.

– Buenos augurios. Pero vamos, entremos.

– ¿Y Diana, padre?

– ¡Oh! Está hermosa. Digna de su madre. Entonces la verás.

– Mamá, quiero otra cama en mi habitación. Jean se quedará conmigo. Sí naturalmente, hijo.

Jean bajó la cabeza.

– ¿Y ahora? – Ella pensó. Paulette, pícara como siempre lo había sido, notó el cambio en el rostro de Jean. Subieron las muy cuidadas escaleras de mármol, con guías rojas, que contrastaban con el blanco de los escalones.

– Te mostraré la habitación en la que te hospedarás.

– ¿No es la mía?

– Por supuesto, pero tu amigo no la conoce. Y es posible que necesite limpieza.

Llegaron al pasillo, bordeado de puertas, hasta un amplio balcón que formaba un espacioso salón. Paulette abrió una puerta. Entraron. Una habitación amplia, con una cómoda cama en el centro, armarios de caoba, luminosa. Colgados de las paredes había algunos trofeos de caza y una estantería llena de libros para completar la decoración. Un gran ventanal, que se abrió, dejaba ver los jardines al fondo de la majestuosa finca.

– Aquí estamos. Simplemente agrega otra cama y listo. Bueno, estaré tranquilo. Tus pertenencias llegarán pronto. Tengo que dar algunas órdenes.

– Hasta luego, mamá.

Como intuida, Paulette se sacó el pergamino del pecho y entró en la habitación que había pertenecido a doña Suzanne y que se conservaba intacta. Allí, sobre el tocador, todavía estaban los frascos de medicinas y los efectos personales de aquella sufrida mujer. Incluso sus zapatillas se podían ver al lado de la cama. Paulette trataba esa habitación como un santuario y acudía allí cuando quería meditar o cuando sentía melancolía. Frente a un gran cuadro que representa a la ex ama de casa, estaba sentada en una elegante mecedora. La luz del día iluminaba la habitación, entrando a través de las diáfanas cortinas. Rompió el sello del pergamino y empezó a leer. Y su rostro cambió cuando sus ojos recorrieron el texto. Puso su mano sobre su pecho. Leyó y releyó la carta. Después; la dejó caer sobre su regazo y se quedó mirando el retrato.

–¡Oh! Doña Suzanne, ¿qué hago? Ciertamente Dios quiere algo de mí, ya que el azar no existe. Cuando miré al niño, sospeché que era una niña.

Mis ojos de mujer y de madre no me engañan. Pero, ¿dónde está la certeza? ¿Y ahora, señora Suzanne? ¿Qué hago?

De repente, el suave aroma de las flores silvestres llegó a sus fosas nasales.

– Este perfume – murmuró, levantando su cuerpo en la silla –, era su favorito. Doña Suzanne – preguntó– ¿está usted aquí? ¡Por favor! – Y empezó a llorar, con los ojos cerrados –. En ese momento, sintió una suave presión en su frente, como si una mano invisible la tocara. Permaneció inmóvil. El perfume se desvaneció en el aire. Abrió los párpados. Una flor cubierta de rocío yacía sobre la cama. Se levantó y fue a la cama. Era un lirio enorme. Con cuidado, lo recogió. Sonrió –. Estuviste aquí – dijo alegremente –. Gracias señora.

Levantó la cabeza, se recompuso y salió rápidamente de la habitación, yendo a llamar a la habitación de su hijo. El equipaje ya estaba allí. Jeanpaul se había quitado la camisa y se disponía a hacer lo mismo con los pantalones. Desde la ventana, Jean fingió contemplar el paisaje.

– Jean – llamó, entrando.

–¡Madre! ¿Qué pasa? – Preguntó ciñéndose el torso con una toalla que recogió de la cama.

– Hijo, tu amigo Jean no puede quedarse contigo en esta habitación.

– ¿Bueno, por qué no?

– Es que – y buscó una excusa – es que ya no tenemos cama.

– ¿Y en las otras habitaciones?

– Están atornillados al suelo.

– Ahora, mamá, desenrosca una.

– No, Jeanpaul– intervino la niña –. ¿Por qué dar trabajo? ¿Cuánto me cuesta quedarme en otra habitación?

– Ahora podríamos hablar, hacer planes para cazar; al fin y al cabo, hablamos de temas que no podemos discutir abiertamente.

– Vamos, Jean – dijo Paulette – deja que este gruñón se cambie de ropa. –Bien, bien. Vas, pero bajo protesta – rugió –. Cámbiate de ropa y vamos a bañarnos.

– Esto lo hará en el dormitorio, hijo.

– Ahora...

– La garganta, Jeanpaul... – Jean mintió.

– Ve, ve, antes que te desafíe a duelo.

– ¿Y quién ganaría? – Preguntó en tono de broma.

– Sí... como mucho empataríamos.

Paulette llevó a Jean a una habitación contigua a la de su hijo. Ordenó que le trajeran sus pertenencias y, sentándose en la cama, con la puerta cerrada, dijo sonriendo:

– Ahora, ¿puedes desvestirte, hija!

– ¿Hija?

Paulette, mirándola riendo, exclamó:

– ¡Ah, Planchet! ¡Qué tonto! ¡Qué intrascendente!

– ¿Planchet?

– Por supuesto, tu padre.

– Señora....

– Ven aquí, siéntate a mi lado, niña – Ella obedeció.

– ¿Entonces?

– ¿Entonces qué?

– ¿Esperas, como tu padre, engañar a todos? ¿Hasta cuándo?

– Señora, yo...

– ¿Amas a mi hijo...?

Ella le lanzó una mirada de reojo.

– Sé que lo amas, pero estás obligada por un juramento. Ven aquí, loca – y atrajo a la niña hacia su pecho. Jean empezó a llorar.

– Llora, llora, está bien.

– ¿Qué hago ahora?

– Nada. Te ayudaré, aunque sé que si mi Jeanpaul supiera la verdad, te amaría, cosa que ahora no puede admitir, porque para él eres un hombre.

– Señora, ¿cómo sabe todo esto?

– Es una larga historia.

– ¿Conoces a mi padre?

–¡Oh! Señorita, puede apostar.

– Pero...

– Tu padre siempre fue un sinvergüenza, aunque en el fondo un buen hombre. Planchet y su más querido asistente, el tonto de Bochet.

– ¡Señora! – Exclamó Jean sorprendido.

– Yo pertenecía a esa comunidad, niña mía.

– ¿Al patio?

– No solo el patio, sino a las alcantarillas. El rey de los mendigos, Planchet, era un gran amigo mío. Cuando nació mi Jeanpaul, tú también naciste. Pero tu travieso padre siempre tuvo hijas y necesitaba un heredero. Sin embargo, lo que me nació fue un hombre, pero como tenía fama de que "solo hacía mujeres", ni siquiera se molestaron en revisar a mi bebé.

– Jeanpaul, ¿es mi hermano?

– No, no, cálmate. Planchet tenía fama de gran semental y pronto le atribuyeron mi maternidad.

– ¿Sabías todo?

– No, solo me enteré del nacimiento del hijo de Planchet. Pero pronto me fui de allí. Solo ahora lo entiendo todo. El doctor Girardán me lo hizo saber en la carta que trajiste.

– ¡Oh! ¿Y qué hará usted, señora?

– Cálmate. Ya he empezado a actuar. Te saqué de la habitación de mi hijo.

– ¿No se lo vas a decir?

– No, no voy. Lo harás tú misma algún día. Si lograste engañarlo a él y a los demás, hasta entonces, veamos si puedes continuar con el engaño por mucho tiempo. Corriste demasiados riesgos. Podrías perder a Jeanpaul.

– ¿Cómo, señora?

– Es un hombre, puede enamorarse de una chica, ya que para él eres de su mismo sexo.

– ¿Qué dices? – Ella permaneció pensativa por un momento y luego declaró:

– Le hice un juramento a mi padre.

– Juramento irrazonable, qué irrazonable era su idea. Piensa bien. Ahora voy a pedir agua caliente. En la carta les desean a ambos un feliz aniversario. Les traeré algunas cosas que solo usamos las mujeres. Veamos cómo te va. Vamos, niña, deshazte de esa ropa. Por la noche, antes de irte a dormir, te daré un buen masaje, tal como me pidió el médico.

– Gracias señora.

– Es tu responsabilidad. No sé nada. Piénsalo bien, ya que amas a mi hijo. Solo hay que perder, o todo para ganar. Volveré pronto... – y se fue. Sola, en la habitación, se sentó en la cama, mientras se quitaba las botas y se ponía a pensar. Efectivamente, le faltaba el cariño más grande de Jeanpaul. A veces quería confesarle todo, pero luego se acordaba de su pueblo, que también fue engañado por su padre. Pensó que si Planchet moría, su pueblo no tendría un líder inmediato, hecho que resultaría en un verdadero caos para el Patio de los Milagros. Los mendigos, sin un liderazgo que guíe sus pasos, comenzarían a actuar por su cuenta y esto seguramente provocaría la muerte de muchos. Un contingente de soldados bien armados bastaría para exterminarlos. Y esta masacre no se produjo antes, debido al estricto control que ejercía Planchet, evitando excesos. Y el padre estaba al final de su existencia. Y todos sabían que tenía un sucesor. No, no podía extrañarlos. Por otra parte, amaba a Jeanpaul. Fatalmente, lo perdería si no le confesaba su condición de mujer. Reconoció que estaba pasando por un verdadero dilema.

Entonces, alguien llamó a la puerta, despertándola de sus pensamientos. Se levantó para contestar. Allí estaba Paulette, con dos amas. Una de las sirvientas llevaba en las manos una gran palangana esmaltada y las otras dos grandes ánforas llenas de agua. Paulette llevaba consigo toallas mullidas. Entraron.

– Espero que este baño caliente te haga sentir mejor la garganta, hijo – dijo.

–¡Oh! Señora, no debería haberse molestado.

– No es nada. Ya puedes bañarte tranquilamente.

Las criadas salieron de la habitación, sonriendo a quien pensaban que era un niño. Paulette se sentó en la cama y la observó desnudarse. Ella la ayudó a quitarse el chaleco. Jean, vestido solo con sus pantalones cortos ajustados, le sonrió tímidamente a la dama.

– ¡Qué desperdicio, hija mía! – Exclamó –. ¡Eres linda! ¡Oh! ¡Planchet! ¡Te mereces una gran paliza! Anda, báñate. Luego ponte una blusa muy holgada en la parte delantera.

– Jeanpaul me está esperando para ir al lago a nadar.

– Yo me encargaré de impedir que lo haga, pero no sé hasta cuándo, traviesa. Y ponte la bufanda. Recuerda que tienes dolor de garganta.

– No lo he olvidado, señora.

– Pasado mañana es tu cumpleaños.

– Y el de Jeanpaul también – y frunció el ceño.

– ¿Qué pasó?

– No tengo nada que darle.

–¡Oh! ¡Encontraré una manera! No te molestes. Haremos una pequeña fiesta. Ahora ve, báñate.

Algún tiempo después, ya en el porche de la casa, en la parte delantera, Jeanpaul parecía ansioso.

– Mamá, ¿dónde está Jean? ¡Cómo se demora!

– ¡Nieto, espera! El niño, además de tener la garganta enferma, no es como nosotros. Vendrá pronto.

– Pero, abuelo, ¿están esperando los jabalíes?

– ¡Ah, travieso! Sé dónde encontrarlos, cálmate.

– Tendremos que irnos sin él.

– No es necesario – dijo Paulette –. Aquí está el joven que llega.

Jeanpaul corrió hacia él.

– ¿Qué pasa, Jean? Si no te sientes bien, lo entendemos. Pero realmente quería que fueras a cazar con nosotros.

Jean sonrió.

– ¿Y te dije que no iría?

– Pero te tomaste tu tiempo.

– No estoy en casa. Tuve que empacar mis pertenencias.

– Y te perdiste el baño.

– Por ahora no puedo.

– La garganta.

– Sí. Pero, ¿quién me da un arma? Después de todo, ¿vamos a cazar o no? – Y le guiñó un ojo a Paulette.

– Bueno, todo resuelto. Suelta a los perros. ¡Vamos! – rugió el duque. Jean – hijo del duque –, montado en un hermoso caballo negro, gritó:

– Vamos todos, viejo duque.

– ¿Qué? ¿Tú también, hijo antinatural?

– Abuelo – llamó Jeanpaul.

– ¿Sí?

– ¿Ves que no es solo tu nieto quien te llama el viejo duque? – Y espoleó su montura.

– ¡Rebeldes! – Rugió el duque con aire indignado –. ¿No era suficiente un hijo y ahora un nieto? ¡Paulette, Paulette!

– ¿Sí, mi suegro?

– Tú tienes la culpa, voy a matar a uno y al otro.

– Los vas a matar, pero – y levantó el dedo índice – ¡trae las pieles, viejo duque!

–¿Qué es esto? ¿Tú también? ¿Es una trama? ¡Arrogante! ¡Todo lo que queda ahora es que Jean se una al trío! – E inclinándose sobre la silla, besó a Paulette.

– Me las pagan.

– Vamos, suegro, eres mejor cazador que ellos.

– Y tú tendrás tu castigo, doncella.

– ¿Cuál?

– Solo como lo que hacen tus manos. Tendrás que trabajar. Si alguien lo toca, no lo come.

Ella sonrió.

– Guía Jean. Con cuidado, viejo.

– Vamos muchacho. Sé un hombre como el duque.

La saludaron con la mano y se alejaron al trote, siguiendo a Jeanpaul y su hijo. Éstos, ya muy por delante, cabalgaban uno al lado del otro.

– Hijo, me gustó mucho el amigo que trajiste.

– ¡Oh! Padre, nunca me había encariñado con alguien en tan poco tiempo.

– Sabes, me siento necesitado.

– Es verdad. Es un niño pobre, ni siquiera conocía a sus padres. Quería llevarlo hacia ellos, pero noté que me estaba evitando. Tú sabes cómo es. Sin embargo, estábamos hablando de astronomía, conocimientos generales, matemáticas y él respondió.

– Lo sé, hijo, pero noto en él cierta cautela, como si estuviera siempre en guardia, una timidez...

– ¡Oh! Papá, deberías haberlo visto luchando contra los criminales. Pensé que era muy bueno con la espada, pero Jean es igual o mejor que yo. Es valiente, el chico. Confieso que tuve miedo por él cuando se produjo el robo. Pero durante la pelea perdí el miedo. Él realmente sabe cómo usar una espada.

– Es un chico hermoso. Quién sabe, ¿tal vez necesite un empujón para entrar en la Academia Militar?

– ¡Ay, padre! Deja la Academia a un lado. Realmente no la quiero...

– ... y por derecho serás capitán.

– Padre, estoy en paz.

– Pero Francia está a punto de ir a la guerra. Y nuestro monarca, aunque es un gran estadista, no es un estratega: se unió a Solimán, el hereje.

– Lo sé, lo sé, pero todo esto es para tender una emboscada a Carlos V.

– ¿Y es acaso Carlos V un bufón de la Corte?

– ¿Y esto nos interesa, padre?

– ¡Pero claro, Jeanpaul! Somos franceses.

– No, no lo dejé claro, ¿esto importa ahora? ¿Y los jabalíes? Mira, el "viejo" ya viene con Jean – El padre sonrió y detuvo su montura.

– El "viejo" – dices –. Este hombre nunca envejece. Siempre será un niño... setenta y ocho años.

– ¡Oigan, idiotas! – Gritó el duque mientras se acercaba –. Vamos a cazar. Si no llevo un jabalí para que Paulette lo trate, lo cocine y lo ase, yo seré el asado.

– ¿Otra apuesta, padre mío?

– Ella, como su hijo, me llamó el viejo duque.

– ¿Y?

– Y le prometí traerle un jabalí, para ella, Solo para ella, para destriparlo, desollarlo, hervirlo y asarlo. Y lo hará, palabra de duque.

– ¿Qué dices, Jean?

– Es una disputa familiar, señor – respondió la joven –, aunque es divertido, no puedo tomar partido.

– Lo estás haciendo bien, muchacho. Realmente es una pelea antigua, pero créanme, hasta el día de hoy mi padre solo trae perdices o pavos salvajes. Paulette nunca se molestó en hacer lo que él decía con un jabalí.

– ¿Qué? Con estos mosquetes de España no me quedará ni un solo jabalí. Y ella lo tratará, pero lo hará, muy bien. Y si lo dudas, no lo comerás – y la montura avanzó, seguida por los perros de caza, que corrían rápidamente, pero todavía sin sentir el olor de la caza.

– Puro alarde, Jean – dijo Jeanpaul, uniéndose a ellos –. Sin embargo, alguna vez fue un gran general y es adorado en la Corte por su actitud siempre decisiva a favor de las criaturas pobres y necesitadas.

– ¿Sigue activo?

– Aunque ya no tanto, sí. Simplemente no tolera al rey.

– ¿Cómo así?

– Francisco es entregado a las fiestas y, en medio de grandes decisiones, se detiene y sale a cazar, dejando todo en manos de sus ministros. Su hermana y su madre le ayudan mucho. Él sabe; sin embargo, lo que hace, pero mi padre no lo admite. El rey, para él, tiene que estar al frente de todo. Y, como quizás sepas, Francia no es tan segura. El carácter aventurero del rey preocupa mucho a la población.

– Papá, dejemos la política para el balcón, pronto. Lo que nos importa ahora es no dejar que el abuelo cace jabalíes.

– ¿Por qué?

– Bueno, entonces mi madre no tiene que tratarlo, según los términos de la apuesta.

– Es verdad, hijo – asintió el padre –. ¿Y cómo lo hacemos?

– Tú y él irán por un lado. Yo y Jean, por el otro.

– Bien. Sabes las reglas.

– Sí – y volviéndose hacia Jean – solo dispararemos caza baja o alta. Nunca en dirección horizontal.

– Entiendo – dijo la niña –. Podríamos herirnos el uno al otro.

– Es esto.

Llegaron al borde del bosque. El duque se unió a ellos.

– ¿Entonces?

– Tú, padre mío, a la izquierda. Jeanpaul y Jean, a la derecha. Tienes la corneta?

– Por supuesto, hijo.

–¿Y tú?

– Si padre.

– Al toque terminó la caza. Lleva a tus perros. Nosotros, los nuestros. Solo matas lo que podemos comer.

– ¡Y buena caza! – Gritó el duque.

Se separaron. Jeanpaul y Jean entraron en el bosque, hasta cierto punto, cuando el chico, deteniendo su montura, desmontó, gritando:

– Vamos, Jean.

– ¿Como? ¿Paramos aquí?

– Sí. Los caballos, en esta parte, solo nos estorbarían. Dejémoslos atados con una cuerda larga para que pasten. No hay peligro para ellos.

Iremos a pie. ¿Tienes las pistolas? '

– Y cargadas.

– ¿El mosquete?

–: Listo.

– Entonces ten a mano pólvora y municiones. Nunca dispares cuando yo disparo.

– ¿Por qué?

– Si disparamos juntos, tendremos que volver a cargar. Y, si es necesario, uno puede defender al otro. ¿Lo entiendes?

– Sí.

– Entonces, si disparo, aunque falle, no dispares. Espera hasta que cargue nuevamente y entonces el siguiente tiro será tuyo.

– Lo entiendo, amigo.

– A ver si eres tan bueno tirando como esgrimiendo. Y ojo que tenemos que evitar que el "viejo" haga que mi mamá quiera preparar el jabalí.

– Sí.

– ¿Y la garganta?

– ¡Oh! – Y puso su mano en su cuello.

– Estoy mejorando.

– Menos mal. Escucha, los perros ladran.

– Lejos.

– ¿Que quieres? Tenemos que correr hacia los ladridos. Pero no son estos signos todavía los que han encontrado la pieza. Vamos, corramos para que no se alejen demasiado.

– ¿Y si por aquí viene la caza?

– No aparecerá.

– ¿Como sabes?

– Los perros pasaron por aquí, Jean, y no encontraron nada.

– ¡Ah, sí!

– Vamos. Curva tu sombrero sobre tu frente para proteger tus ojos de las ramas. Apurémonos – Y hubo dos disparos en dirección a los perros que ladraban. Llegaron a verlos cuando, de repente, corrieron por el bosque.

– Ahora sí, mi querido Jean. Olían caza mayor. Ponte sebo en las espinillas. Volvamos – Y a partir de ahí fue un despegue constante con velocidad precisa, entre la vegetación, teniendo que ponerse a veces botas hasta la rodilla, para seguir el ritmo de los perros. Jean estaba sudando, sentía dolor en la parte superior del cuerpo, apretado por el chaleco, pero no se rindió. Siguió a Jeanpaul. Los ladridos se hicieron más insistentes y fijos.

– Lo acorralaron – dijo.

– ¿Qué?

– Solo puede ser un jabalí. Siempre van en grupos. Pero, atacado, uno ofrece resistencia para que los demás huyan. No hables. Guarda tu aliento. Corre.

Finalmente llegaron al lugar. Los tres perros, ladrando furiosamente, mantenían un bello ejemplar de jabalí junto al tronco de un árbol. El animal, resoplando, cavaba la tierra con sus patas delanteras, mirando fijamente a los perros. Enormes colmillos sobresalían de sus mandíbulas y gruñía amenazadoramente, todo erizado.

– Mira – dijo Jeanpaul, amartillando el mosquete y apuntando. Lentamente.

– ¡Dispara!

Bajó el arma.

– No, tú eres el visitante. Disparas.

– Pero...

– Rápido, Jean. No estará a tu disposición.

Jean se llevó el arma al hombro, apuntó y disparó. La bestia gruñó, se puso de rodillas y luego cayó a un lado.

– ¡Bravo! – Gritó Jeanpaul, abrazando a su "amigo." . ¡Buen tiro!

– Salvamos el honor de tu madre – dijo, cargando el arma nuevamente.

– Es verdad – y se acercó al animal sacrificado. Jean quiso tocarlo cuando gritó:

– ¡No, no, Jean!

– Él está muerto.

– Primero, tenemos que estar seguros. Nunca te acerques a un animal de este tamaño sin antes asegurarte que esté muerto. Incluso herido de muerte, el instinto de conservación da al animal fuerzas para un último ataque que podría ser fatal.

Seguros que el animal estaba efectivamente muerto, le ataron las patas y Jeanpaul se lo puso sobre los hombros.

– Este es el peor momento de la caza: cargar el cadáver.

– Yo te ayudo.

– No es necesario. Tu garganta.

Al regresar, escucharon dos disparos a lo lejos.

– ¿Mataron a otro?

– ¿Quién sabe? Jean, hay dos candados en la corneta.

– ¿Eh?– La corneta, tócala. Dos veces.

Jean lo intentó y solo consiguió hacer bocanadas.

– ¡Oh, señor Dios! – Rugió Jeanpaul.– Sostén el cadáver sobre mis hombros y dame la corneta – ella obedeció y del instrumento salieron dos notas altas y una baja.

– Ahí tienes, Jean. Ahora vamos. allá

– ¿Estás enojado?

– ¿Yo? – Sonrió el niño –. No, hasta que saliste bien. ¿No mataste al jabalí?

– Podrías haber sido tú.

– Olvídate de este detalle. Somos un equipo.

– Solo espero que el abuelo no cace un jabalí.

– Y. Sería muy desafortunado. Pero ya veremos.

Llegaron a los caballos. Jeanpaul ató el jabalí a la montura de Jean, diciendo:

– Gloria al cazador. Vamos *mon ami*, corramos, porque si matan a alguien, la gloria, en realidad, es del que llega primero.

Y galoparon barranco abajo, con los perros ladrando detrás, demostrando la misión cumplida. Llegaron temprano. Entregaron la pieza, los perros fueron llevados a la perrera. Doña Paulette trajo refrescos y los dos se sentaron en el porche, esperando.

– Jeanpaul, hijo mío – le dijo su madre – se sorprenderán.

– Mamá, los honores son de Jean. Él fue quien disparó al jabalí.

– ¿No trabajamos en equipo? ¿Y no fuiste tú quien me dejó disparar? El honor es nuestro.

– Ya vienen, señora – advirtió un criado.

– ¡Oh! Espero que no traigan otro jabalí.

Cuando desmontaron, cada uno con un pavo salvaje en la mano, llegaron al porche con cara de vencedores – al menos el duque –, que se adelantó levantando al enorme pájaro por las patas:

– ¡Buena caza! Cenaremos pavos.

– ¿Por qué piensas así, abuelo? – Preguntó Jeanpaul, sentándose y con las piernas estiradas:

– Bueno, no veo qué cazaste.

Jean padre salió hacia su esposa, desconfiado y la abrazó, notando en sus ojos que algo había sucedido, y esperó.

– ¿Escuchaste la corneta, abuelo?

– Sí.

– ¿Escuchaste nuestro disparo?

– Sí. ¿Escuchaste el nuestro?

– Sí, lo escuché, entonces...

– ¿Y qué, mocoso?

– Entonces, señor duque – dijo Jean, levantándose, doña Paulette no quiere limpiar el jabalí.

– ¿Qué jabalí? – Se quejó el duque –. Ahora, "viejo" duque – dijo Jeanpaul, levantándose y corriendo detrás de sus padres, a quienes abrazó –, el jabalí que Jean mató.

– ¿Qué? – Rugió.

– El disparo que escuchaste... ¡BOOM! –, y el jabalí cayó. Tocamos la corneta. Poco después escuchamos dos disparos, ¡dos pavos! Y ni siquiera sé si disparaste a uno o mi padre disparó a ambos.

– Todavía mato a este chico, Jean. Esto es una revolución, es una falta de respeto, un levantamiento. ¡No puedo soportarlo! – Y todos se rieron, incluido él.

– ¿Qué usaste entonces, joven, para matar al jabalí?

– Lo hice, señor. Y, si me permiten todos, ¿quieren decir qué harían, en relación con la señora Paulette, si fueran el cazador que disparó a la bestia?

– Bueno – y el duque se rascó la cabeza.

– Él habla.

– Ella limpió, destripó, cocinó y asó.

– Bueno, es todo lo contrario.

– ¿Cómo?

Doña Paulette intervino:

– El jabalí, que debe pesar unos treinta kilos, está en la cocina.

– Ahora...

– Hará, señor, todo lo que usted quería que ella hiciera – dijo Jean.

– Ahora, hijo de la grandísima, ¿vienes aquí a dictar normas?

– No hay reglas que dictara mi amigo. Tú los estableciste. Ve, abuelo, cuida la caza y cocínala bien.

–¡*Sacre Coeur*! – Y volviéndose hacia Jean –. No me gustas y este hijo mío parece no tener objetivo.

– ¡Es verdad! – dijo Jean – padre –. Le disparé al primer pavo, lo maté. Mientras tardaba un poco en amartillar el mosquete español, rápidamente cargué el mío y disparé el segundo.

– Me gustó saberlo.

– Mi arma se atascó. ¡Qué demonios! Voy a la cocina, traperos – Al pasar, acarició el cabello de Jean.

Por la tarde, todavía temprano, Jeanpaul fue a visitar al viejo Pierre. Le acompañaron sus padres, el duque y Jean. El anciano criado, acostado en una espaciosa cama, los recibió con ganas de levantarse.

– Oye, Pierre, cálmate. Levantarse, ¿para qué?

– Señor– se expresó, con voz temblorosa –, me siento un inútil aquí en esta cama.

– Bueno, viejo, quien esté aquí vale la pena.

– ¿Quién, señor?– Y giró su rostro de un lado a otro, pero sus ojos no podían ver bien.

– Yo, Pierre.

– ¿Eh?

– Yo, mi viejo.

– ¡Oh! El niño Jeanpaul. ¡Oh! ¡Dios! ¡Qué alegría!– Exclamó, tomando entre las suyas las manos del joven –. ¡Oh! Doña Suzanne, aquí está – Los presentes se miraron, continuó el paciente –, aquí está, ¿la trajo usted, mi señor Jeanpaul?

– ¿Quién, mi buen Pierre?

Paulette intervino:

– No, Pierre, todavía no. No cumplirá los dieciocho hasta mañana.

—¡Oh! – Y sin soltar la mano de Jeanpaul –. Lo sé, lo sé, pero la señora Suzanne dijo que había encontrado su espíritu afín. No creo entenderlo, estoy enfermo, débil.

– Trajo a un amigo, Pierre.

– Un amigo. Siempre es bueno tener un amigo. ¿Dónde está él? A una señal de Jeanpaul, Jean se acercó.

– Está aquí. Toma su mano – Jean dejó que el anciano tomara su mano derecha, sin soltar la del niño. El anciano se quedó un rato pensativo, luego habló –. Hija, cuídalo. Se aman.

Jeanpaul miró a Jean, sonrió, pero ella permaneció seria. Nuevamente intervino Paulette:

– Descansa, Pierre. Ella cuidará de él, te lo prometo – y apartó sus manos de las del viejo.

– Intente dormir, Pierre – le aconsejó al señor de Luzardo– y salieron de la habitación.

– ¡Pobrecito! – Comentó el duque –. No digas más nada.

– Es verdad, tomó a Jean por una mujer joven. Perdónalo, Jean.

– No tengo por qué perdonarlo. En su estado es comprensible.

– Así es – añadió Paulette –. Quería ver casado a Jeanpaul.

– Es verdad.

– De verdad, en tu condición, senil, es una pena que todos nosotros, con la edad, tengamos que pasar por esto – comentó el duque.

– Todo lo que nace debe morir algún día – exclamó Paulette.

– Sí, lo sabemos, pero nunca nos acostumbramos.

Bajaron al vestíbulo, ampliamente iluminado con enormes velas, dispuestas en varios candelabros y se quedaron allí un rato hablando, comentando la caza, rondando el uno al otro.

– ¿Qué te pareció el jabalí, abuelo?

– Bueno...

– ¿Solo bueno?

– Me gusta más cuando cazo yo mismo.

Jeanpaul se rio.

– ¿De qué te ríes, bribón?

– Entonces – continuó el muchacho –, te llevará mucho tiempo comer algo que te guste – Todos se rieron–. Idiotas.

El duque acabó riéndose también.

Luego se puso de pie, estirándose y anunció:

– Bueno, la caza fue agotadora. Voy a retirarme. ¿Qué tal un paseo por la mañana?

Uno a uno salieron de la habitación. Un criado empezó a apagar las velas. Jeanpaul fue a su habitación y su padre también. Con el pretexto de dar algunas órdenes, Paulette fue a la cocina, se quedó un rato y luego se dirigió a la habitación de Jean. En el momento exacto en que se abrió la puerta y ella entró, el señor de Luzardo apareció en su puerta, viéndola entrar al cuarto de Jean.

– ¿Qué está pasando?– Pensó, receloso –. Entró, sentándose en la cama, pensativo. Jean se había quitado toda la ropa y Paulette comenzó los masajes prescritos por el doctor Girardán.

– Pobrecita – se lamentó – corriendo riesgos así, sin necesidad. Tu pecho, incluso tu ombligo, está hinchado a causa del chaleco. Mañana pondré otro que no perjudique la circulación – Después de unos quince minutos, se despidió de la joven y se fue. Entró a la habitación y encontró a su marido sentado en una silla grande.

– ¿Sin dormir, querida? – Preguntó.

– ¿Y tú?

– Cayendo...

– No me parece.

– ¿Por qué?

Jean de Luzardo se levantó bruscamente y se expresó enojado:

– Te vi entrar a la habitación del joven Jean. Y durante el tiempo que estuviste allí, no dejaba de preguntarme qué estaban haciendo – Paulette se puso seria.

– Vamos, dilo – casi gritó, con dureza.

– Le di un masaje – dijo con calma.

– ¡¿Qué?! – Se exasperó, tomándola del brazo.

– Cálmate, Jean. Estás hiriéndome.

– Explícate, Paulette.

– Sí, no hay nada más que hacer. Ven, siéntate y te lo contaré todo – El marido obedeció, desconfiado y expectante.

– Jean, querido, es una niña.

– ¿Como? – Juan de Luzardo se sobresaltó –. ¿Qué dices?

Luego, Paulette comenzó a informar a su marido de toda la situación. Luego se dirigió a un armario, sacó el pergamino y se lo entregó.

– Lee – preguntó, trayendo un candelabro con una vela. Así lo hizo, frunciendo el ceño.

– ¡Dios mío! – Él exclamó.

– Y tú, desconfiando de mí.

– Perdona, perdona.

– No haces mal.

– ¿Y ahora qué, Paulette?

– Eres una persona más para saber la verdad.

– Ahora entiendo la suya, me refiero a ella, de manera distantes.

– Así es.

– ¡Planchet está loco! ¡Pobre niñita! ¿Qué haremos?

– Por ahora mantendremos el hecho en secreto. Veremos qué pasa. Y Pierre...

– ¿Qué le pasa a Pierre?

– "Hija, cuídalo...", ¿recuerdas? – hizo la referencia, tomándole la mano.

– Lo recuerdo, sí.

– ¡Dios! Y pensé que era un tonto. ¡Él lo consiguió! ¡Pero, ¿cómo?!

– Lo intuyó, querido.

– ¡Solo puede ser!

– ¿Ves ese lirio en el vaso de agua?

– Sí.

– ¿Cómo quedó en la cama de doña Suzanne, si cuando entré en la habitación, con este pergamino, estaba vacía? Apareció de repente. Sentí su presencia en ese momento.

– ¡Pobre Suzanne!

– ¡Pobre! Ella es feliz y a su manera intenta comprendernos, ayudarnos.

– Ayúdanos ahora con qué hacer con la señorita.

– Eso es lo que también pregunto. Será mejor que nos vayamos a dormir.

Al día siguiente, mientras desayunaban, Jeanpaul le preguntó a Jean, vestida con una llamativa blusa de encaje blanca, muy holgada; su cabello negro, justo debajo de su nuca, brillaba, bien cuidado:

– ¿Vamos a montar a caballo?

– Por supuesto que lo harán – dijo el duque asintiendo por ella.

– ¿Cómo te decides por el niño, mi padre? – Preguntó el señor de Luzardo, cortando una fruta.

– Ahora, ¿esto ya no se decidió ayer?

– Jean no vendrá hoy – anunció Paulette – La niña la miró sorprendida.

– ¿Puedo saber por qué? – Preguntó Jeanpaul.

– Sí, claro hijo, mañana es tu cumpleaños, como sabes, el suyo también lo es. Y vamos a darle la bienvenida a algunas personas. Jean, al no estar preparado para el evento, me pidió ayuda para elegir algo de ropa en el pueblo.

– Ahora, Jean, olvídate de esto. Solo los aldeanos vienen aquí, ninguno de ellos notará nada. Si todavía estuviéramos en París...

– Está decidido, niños – añadió el señor de Luzardo –. Su madre me consultó y aprobé la idea. Al fin y al cabo, al tener tu edad, también te ayudará a elegir tu regalo.

– Qué regalo, papá...

– Además – continuó Paulette – tiene que ponerse Aun más guapo, ya que aquí estarán las hijas de nuestros vecinos.

– ¡Oh! Pronto vi que había una mujer en el medio.

– Y el viaje se puede posponer hasta pasado mañana. Irás con tu abuelo.

– ¿Es de tu gusto, Jean, hacer lo que estos dos quieren? Jean sonrió.

– Sí, Jeanpaul. Esto es una emergencia.

– Entonces, que sea como quieras. Lo haremos, ¿no, abuelo?

– Pero claro, comprando ropa, ¡bah!

– Bueno, antes de irnos, ¿al menos podrías prestarme a Jean?

– ¿Qué vas a hacer?

– Presentarle a una gran amiga.

– ¡Oh! ¡Diana!

– Lo hiciste bien.

– Muy bien.– Debe ser una hermosa *chienne*.[32]

– Entonces – concluyó el duque – mientras tú la llevas a la perrera, yo iré a los establos y enjaezaré nuestros caballos. ¿Y deberías llevar el mosquete?

Quién sabe, tal vez algún precioso jabalí se cruce en nuestro camino.

– ¿Lo único que piensas es en comer, abuelo?

– No, no, pero ya sabes...

– Mi padre preparará un mosquete. De esta forma no tendrás que regresar del establo. ¿Verdad, padre?

– Por supuesto, hijo. Saldrá de aquí completo.

– ¿Completo, padre?

– El jabalí sigue desaparecido. Si pensó en dármelo mañana, me quedaré sin regalo. Vamos, Jean, dejemos que este viejo se jacte.

– ¿Qué, mequetrefe? Fidalgote, ven, te reto a duelo. Elige tus armas, mocoso – rugió, en tono de broma, el duque, mientras se ponía de pie.

– ¿Elijo armas?

– Sí, muchacho rebelde.

---

[32] Perrita.

– Bueno, yo elijo, jabalíes – y se fue, tirando de Jean.

– ¡Vuelve, trapo!

– Cálmate, padre mío.

– Señora, doña Paulette, todavía voy a dejar descansar a este hijo tuyo. El bribón no respeta a un duque como yo y tú, María, ¿de qué te ríes?

– Señor", dijo María, llevándose ambas manos a la boca.

– Que señor, ni medio señor, venga aquí, tenga su pedazo de tentación, o mejor dicho, toda la tentación. Tu nombre ya es María, imagínate si fuera Magdalena – María, desconfiada pero sonriente, se acercó.

– Vamos, acércate, mujer.

Cerca de ella, le rodeó la cintura con los brazos, la hizo inclinarse y le habló al oído, lo suficientemente alto como para ser escuchado:

– ¿Queda algo del jabalí de ayer?

María se echó a reír, acompañada de los demás.

– Eso queda, señor duque, eso queda. ¿Lo quiere?

– Un poco – y explicó a los presentes – Soy un carnívoro por excelencia. Estas frutas no me quitan el apetito.

– Lo traeré, señor.

– No, María, no lo harás. Pídeles que te traigan a ti, perteneciente a la familia, María.

– Doña Paulette... – gimió.

– Paulette tiene razón, María. Le pides a uno de nuestros asistentes que te traiga lo que deseas.

– Bueno, cuando tú lo decidas, ya no tendré apetito – se quejó el duque.

– Señora, lo guardé y solo yo sé dónde está... Ya sabía que él – y señaló al Duque– lo iba a pedir. Así que desde ayer reservé una pieza, ya con antelación.

– ¡Allá!

– ¡Y él, naturalmente, lo sabía!

– ¡Por las llagas de Cristo! – Respondió el duque –. Está bien, María, vete.

Cuando la mujer se fue, el señor Luzardo se volvió hacia su padre, que había estado meditando, y le dijo:

– Dime cuánto te gusta esta criatura, padre mío. ¿Por qué la pretensión?

– ¿Qué?– Se cambió, sacudiendo la hermosa peluca que se había puesto, y golpeando sus puños, en cuyas manos estaban listos un cuchillo y un tenedor, sobre la mesa, haciendo tintinear los platos –. ¿Quieres jugar con el Señor? ¿Duque Antonio Dambrose de Luzardo? ¿Par de Su Majestad Francisco I?

– Es cierto, señor duque – añadió Paulette –, ¿confiesa o no?

– ¿Es esto una tortura? ¿Por qué torturar de esta manera el estómago de un hombre hambriento? Déjenme, al menos, probar un poco del refrigerio que les pedí, señores – habló como si estuviera entre sus pares franceses, en Palacio –. Después, con el hambre saciada, hablaremos del caso. ¿Bien?

– Dejémoslo, cariño.

– Realmente no hay necesidad de hacerlo – dijo Paulette, besando la frente de su marido.

– ¡Quédate ahí, glotón!

– ¿Me vas a dejar sola, en las garras de esta mujer que vino a buscarme el jabalí?

– Sí. Paseemos un rato por el jardín.

Se fueron. Por el amplio y bien cuidado jardín, de la mano, comenzaron a caminar, al principio en silencio, hasta que el señor de Luzardo rompió el silencio:

– Cariño, ahora, después de lo que dijiste, veo lo hermosa que es.

– Es natural. Antes no le hacían mucho caso porque pensaban que era un hombre.

– Es verdad. ¡Este Planchet es realmente estúpido!

– Ni tanto. Quería liberarla de la promesa. Ella no lo aceptó.

– Quizás lo acepte ahora.

– No creo. ¿Por qué piensas eso?

– Conociendo a Jeanpaul y amándolo, ¿qué te queda por hacer?

– No lo sé, cariño. Parece querer suceder a su padre pase lo que pase... parece una obsesión, Dios mío.

– Y nosotros, tenemos que ser cómplices.

– Aun así. Hoy entra, si aun no ha entrado en su ciclo menstrual. Ya lo tengo todo preparado, según las sugerencias del doctor Girardán. No debería esforzarse demasiado.

– Y se iba a cabalgar.

– Así es. Fue providencial que dijeras que ella iría conmigo al pueblo.

– Y fue.

– Bueno, ya sabes, efectivamente iremos.

–¿Vas a ir?

– Sí, necesito algunas cosas para ella. Y el regalo para Jean Paul.

–Yo ya tengo el mío.

– ¿El caballo árabe?

–Ése. Con todos los arneses plateados.

–Es bonito.

– Por eso lo escondí.

– ¿Y el de ella?

– Jeanpaul ya los tiene.

– ¿Puedes saber qué es?

– Una espada como la suya, un puñal como el suyo y un par de pistolas.

– Bi–ídem – completó Luzardo.– Todo ofrecido por mi padre.

–¿Cómo sabes?

– Ahora, Paulette, cuando se trata de armas hermosas y ricas, mi padre tiene que estar en el medio. Naturalmente, Jeanpaul le habló del cumpleaños de su amigo y él, por supuesto, inmediatamente pensó en las armas.

Paulette sonrió, divertida.

– Eso es todo. Nuestro Jeanpaul nos lo dijo. Y, efectivamente, los regalos son preciosos.

– Pero, para la niña…

– Por ahora es un niño – y estrechando la mano de su marido, apoyando la cabeza en su hombro, mientras caminaban –. ¡Ah, Planchet! ¡Viejo astuto! ¡Tenía tantas ganas de verlo ahora! Y tira esas orejas grandes.

– ¿Cual? ¿Los reales o los sangrientos que usa?

– Jean...

– ¿Tendrías el coraje de volver allí?

– Por supuesto, como espero hacerlo algún día.

– ¿Cómo? – El marido se sobresaltó.

– Todo tiende a terminar algún día, cariño. Quién sabe, tal vez traiga algunos para trabajar con nosotros.

– ¿Qué?

– Bueno, son frutos del entorno donde viven. Ver nuestras tierras, del lado norte, son vírgenes, sin que podamos explorarlas por falta de gente. Fundaremos un pueblo, cada uno con un pequeño terreno.

– Sueños, mi amor.

– Era el sueño de doña Suzanne.

– ¿Por qué siempre la llamas doña Suzanne?

– ¡Oh! Querido – y apretó Aun más la mano de su marido –, tenía mucho miedo cuando me trajiste aquí. Eras casado, y yo tu amante.

– ¡Oh! Doña Suzanne... ¡qué corazón!

– Ella te lo contó todo.

– Sí, dijo, pero después temblé, no de miedo, pero sí me sentí culpable, al fin y al cabo, normalmente ella no se merecía eso y se convirtió en mi amiga por el poco tiempo que vivió.

– Aun vive, querido. ¡Y como! Siempre la siento. Y tienes que entrar en su habitación, Jean. Ella está ahí.

– ¿No vas siempre?

– Me voy, ahí no cambia nada. Sus zapatillas están dispuestas en consecuencia, de modo que, cuando una persona se acuesta en la cama, cuando se levanta, sus pies la encuentran inmediatamente. Su ropa, sus joyas, todo, todo es como si ella estuviera ahí. Esa habitación es acogedora. Deberías ir allí, Jean.

– Voy a ir. No te preocupes.

Se sentaron en un banco frente a un pequeño lago, donde nadaban patos y gansos.

Mientras tanto, Jeanpaul y Jean, en la perrera, liberaron al hermoso perro de pelaje negro brillante de un cautiverio forzado y confortable. ¡Que alegría! Ella saltó tan pronto como vio al niño. Jean se alejó, temeroso.

– Cálmate, Jean. Es solo amor. Déjala olerte y pronto será tu compañera.

– ¡Qué hermosa!– Exclamó Jean, mientras la perra corría y ladraba, saltando nuevamente sobre su dueño.

– ¡Para! – Gritó –, y ella se sentó sobre sus patas traseras, obedientemente,

– Dale a mi amigo tu mano para que la bese y besa la suya.– Ve, Jean, sin miedo y pide su pata.

Jean se acercó un poco asustado y preguntó:

– Diana, la pata, mi beso– y el perro le tendió la pata, ella la besó, luego le lamieron la cara. Fue el intercambio de besos.

– ¡Estimada! – Gritó Jeanpaul.– ¡Ven! – Y se escapó, seguida de ella.

– Jugaron unos minutos.

– ¿Qué tal?

– ¡Es bonita! ¡Y qué dulce es!

– También sabe ser valiente – y acarició la parte de atrás de las orejas del perro.

– Ella va con nosotros hoy, en el paseo, es una pena que no puedas ir – Jean bajó la cabeza.

– ¿Que tienes?

– Nada, nada. Eso es lo que la señora Paulette había prometido...

– Cálmate. Todo bien. Mañana es nuestro aniversario. Y las vecinas que seguro vendrán, ya verás, ¡son preciosas! Michelle es una rubia encantadora. Ella me quiere mucho. Françoise, una morena espectacular. Tendré miedo...

– ¿Miedo? ¿De qué?

– Que ambas te prefieran a ti antes que a mí.

– Jeanpaul... si ni siquiera las conozco.

– No lo sé, Jean... pero, dame uno, ¿vale?

– ¿Cuál de las dos?

– Me gusta mucho Michelle; a mis padres también.

– Entonces ella es tuya. No me gustan las rubias.

– ¿Estás enojado?

–¿Yo? ¡Oh no! Es que tienes que ir a tu paseo y ya es tarde. Voy a salir con la señora Paulette. ¿Vamos?

– Claro. Ven, Diana, vámonos a casa.

El hermoso animal se escapó, deteniéndose ocasionalmente a esperar.

– No puedo vivir sin ella – dijo el muchacho.

– ¿Ella? ¿Michelle o Françoise?

– Pues, Jean, Diana.

– ¿No es mucho amor para una perra?

– No lo sé, es mejor un amigo perro que varias amigas perras.

– ¡*Mon Dieu*! ¿Qué dices?

– *Pardon*, me acordé del Tribunal.

– Mira, tus padres.

–¡Oh! ¡Estaban saliendo! – Diana corrió hacia los dos.

– Diana va con nosotros, padre.

– ¿Con nosotros? – Se sorprendió, el señor de Luzardo, mientras acariciaba al perro.

– Sí, yo y el abuelo.

– ¡Oh! ¡Sí, sí! Ella necesita ejercicio.

– Y padre, aunque ella está muy cómoda en esa perrera, quiero que la liberen de ahora en adelante.

El señor de Luzardo miró a Paulette y asintió:

– Está bien, lo que quieras. Pero verás, ella nunca fue maltratada.

– Ahora, papá, no se trata de eso. Es solo que ella está lejos de todos.

– Lo sé, hijo, lo sé.

– Incluso puedes dormir en mi habitación.

– Pero ella se encarga de toda la propiedad.

– No, ella es parte de ella. Los mastines hacen el trabajo de guardia.

– ¡Pero a ella le sirven!

– Lo sé. A partir de ahora tendrán que prescindir de ella. ¡Después de todo, ella es una dama!

– ¡Oh! Hijo, haces lo mismo que tu padre con la otra Diana.

– Mi abuela Suzanne la amaba.

– Es cierto, pero gritó cuando ella saltó sobre su cama.

– Lo sé. Pero Solo por diversión. ¿No me acosté a veces con Diana? – El señor de Luzardo negó con la cabeza.

– Sí, sí, esto pasó. A veces iba a la habitación y estaban Suzanne y Diana abrazándose. ¡Dios mío, Diana mía!

– ¿Y la señora Suzanne? – Preguntó Paulette.

–¡Oh! Por supuesto, no quería hacer comparaciones. Hablamos de perros.

– Lo sé, amor, lo sé.

– Mañana, Jean, nuestro Jeanpaul te llevará a los dos mausoleos que más quiero.

– De doña Suzanne – aclaró Paulette.

– Y el de Diana – completó Jeanpaul –. ¡Vamos, trapo! – Gritó el duque, guiando por las riendas a dos hermosos caballos –. Deja que estos débiles jueguen al *diábolo*.

– ¡Vamos allá!

– Ve, Jeanpaul. El viejo está enojado.

Jeanpaul miró a Jean. Bajó la cabeza, con ganas de gritar que también quería ir, que era mujer. Pero guardó silencio.

– Hasta luego, Jean – se despidió.

– Ve, Jeanpaul. Voy a comprar tu regalo de cumpleaños.

–¡Oh! Pero, tonto, ¡ya traje el tuyo de París!

– ¿Qué?

– Abuelo, díselo.

– No digas nada. ¿No es mañana su cumpleaños?

– Vamos, mocoso, no soporto sostener más a estos animales. Montaron y se alejaron al galope, con Diana corriendo detrás. Jean empezó a llorar; el señor de Luzardo la abrazó.

– ¡Niña, hermosa niña!

– ¿Eh? – Se sobresaltó.

– Él lo sabe, Jean.

– Pero, señora Paulette...

– Me vio entrar a tu habitación y sintió celos. Tuve que revelarlo todo.

– *¡Mon Dieu!* – Y abrazó al señor de Luzardo contra su pecho, dejando que sus lágrimas cayeran a torrentes –. ¿Qué hago? Amo a Jeanpaul. Ayúdeme por favor.

– Olvida este tonto juramento, Jean.

– No puedo, no puedo. Mi padre me necesita.

– Te liberó, cariño.

– Lo sé, señora Paulette, pero en el fondo quería que un hombre fuera su sucesor. ¿Y ahora decir alto y claro que soy mujer? Mi padre no se merece esto. Seguiré adelante.

– ¿Aunque perdamos a Jeanpaul?

– No sé responder – y ella rompió en llanto convulsivo y su cuerpo se ablandó, Jean de Luzardo la llevó en brazos.

– ¡Pobrecita!– Exclamó, caminando hacia la casa. María corrió, servicial, con otros sirvientes.

– Nada, María. El niño sufre de la garganta. Este polvo.

– ¡Oh! ¡Tomo algunas bebidas!

– Lo sé, vamos, lo llevaré a su habitación. Esta todo bien.

– María, prepara un té caliente y llévalo a su habitación.

– Así lo haré, señora.

En la habitación, acostado, bajo el cuidado de Paulette y su marido, Jean empezó a dar signos de recuperarse. Y empezó a llorar de nuevo.

– Dios mío – dijo Juan de Luzardo –. ¿Por qué, hija mía, es todo esto? Quiero contarle todo a Jeanpaul.

– No, señor – gritó ella, levantándose a medio camino de la cama y tomándole las manos –. ¡Por favor no!

–Cálmate. No le diré... y a la esposa –. Aflójele la ropa – dijo. Paulette pasó el resto del día yendo y viniendo a la habitación de Jean. La niña sintió calambres derivados de su estado femenino. Por la tarde regresaron Jeanpaul y su abuelo. Trajeron algunas perdices. Diana, llena de plumas, que se le pegaban al pelaje.

– Hijo...

– Padre, mira qué perdices más bonitas trajimos.

– Naturalmente, los mataste.

–No.

– ¿No?

– No tomé mi mosquete.

– Entonces, ¿fue mi padre?

– Bueno, en cierto modo, fue… con la ayuda de Diana.

– ¡Buitre! – Rugió el duque.

– ¿Hay balas o mordeduras en estas aves?

– Papá, papá, nada de peleas. Estos pájaros fueron útiles.

– ¿Por qué?

– Hijo, tu amigo Jean tenía dolor de garganta.

– ¡Ahora!

– Ha estado acostado hasta ahora. Una sopa de perdiz seguro que lo aliviará.

– ¡Qué chico más complicado, este amigo tuyo, Jeanpaul! – Exclamó el duque –. ¿No cuentas con él para nada?

– No es así, abuelo. Luchamos juntos contra los ladrones, ¿recuerdas? Y eso. Pero...

– Papá, olvídalo. Él es nuestro huésped y lo mínimo que podemos hacer es brindarle consuelo. A ver si lo entiendes.

– Entiendo. Pero no me llames ¡"viejo" – respondió señalando con el dedo.

– No, no, abuelo, no llamó viejo a su viejo padre – y salió corriendo.

– Todavía mato a este mocoso – y a su hijo –. ¿Cómo está el chico?

– Está bien ahora.

– Mañana es la fiesta.

– Sí, padre – y pasó su brazo por los hombros del duque –, es mañana.

– Estás preocupado, lo siento. ¿Qué pasa?

– ¿Recuerdas la fecha en que murió Suzanne?

– Bueno, hijo, por supuesto. Simplemente no podría estar aquí.

– Lo sé, papá, lo sé. ¿Qué fecha fue?

– Bueno, el ocho de septiembre, no hay forma de olvidarlo.

– Y el cumpleaños de Jeanpaul y Jean es precisamente el ocho de septiembre.

– ¡Oh! Hijo – y el duque lo abrazó –. ¡Te entiendo! Firma dos momentos extremos en tu corazón: alegría y tristeza.

– Más o menos.

– Hijo mío, Suzanne, esté donde esté, sé feliz, contenta y quiere que nosotros también seamos felices. Levanta la cabeza. Vamos al pueblo, hablamos con el párroco y ordenamos que se celebre una misa.

– No, no. Ve a buscarlo y nosotros iremos al roble. Allí él dirá las oraciones que yo no puedo.

– ¡Seguramente iré temprano, hijo mío! Alégrate. Tienes un hijo que, si no de mi querida nuera Suzanne, fue aceptado por ella. Y mira la belleza de celebrar, el día en que ella entregó su alma al creador, el cumpleaños de tu hijo. ¡Oh! Quién sabe, tal vez estará sentada en una nube, mirando y aplaudiendo en esta fiesta.

– Padre...

– Por cierto, ¿Paulette fue a la villa con Jean?

– No, no fueron.

– Entonces, ¿no le compraron regalos a mi nieto?

– ¿Y Jean?

– Le dará a Jeanpaul uno de los nuestros, como si fuera suyo. Es un secreto, viejo.

– ¿Viejo? ¿Tú también? – Juan de Luzardo sonrió.

– Bueno, el mocoso se llevó los pájaros.

– Vamos papá. Tú te bañas y cenamos.

– Tengo hambre y estoy cansado.

La noche había caído mostrando, en un cielo despejado, una enorme luna llena. En el porche conversaban Jeanpaul, su madre y María.

– Tienes dieciocho años, Jeanpaul. Estás formado. ¿Qué vas a hacer ahora?

– Todavía no lo sé, mamá. Estoy pensando en unirme a la brigada del rey.

– ¿Quieres ser soldado?

– Eso más o menos.

– Entonces tendrás el rango de capitán.

– Lo sé. Capitán y nieto del duque.

– ¿Tendrás tiempo para decidirte y cómo está nuestro doctor Girardán?

– ¡Oh! ¡Mamá, el buen doctor es incomprendido! De hecho, hay un caso en su contra. Creen que es un brujo.

– ¿Brujo? ¿Doctor Girardán?

– Mi abuelo está más pendiente de los detalles que yo, pero es verdad.

– ¡Pobre Dr. Girardán!

– ¿Y tú, María, cuando te casas?

– ¿Yo?– Y la sirvienta le puso las manos en el pecho –. ¡Vaya, Jeanpaul, ya estoy vieja!

– ¿Y? Sin embargo, mi abuelo nunca te quita los ojos de encima.

–¡Jeanpaul! – Exclamó sonrojada –. ¿Qué dices?

– ¿Lo ves, María?

– ¿Qué, señora?

– Nada se le escapa al hijo mío.

– Doña Paulette...

– No eres tan mayor.

– Señora...

– ¿Siempre tendré que advertirte que no me llames señora?

– Mira, ahí viene Jean – advirtió Jeanpaul, poniendo fin a la discusión.

Jean estaba en el porche. Vestía una exuberante blusa aterciopelada, mangas largas, ajustada en las muñecas, pantalones blancos que le llegaban hasta debajo de las rodillas y zapatos negros con una placa alta en la mitad del pie.

– ¡Buenas noches! – Saludó.

–¡Oh! Jean, ¿cómo estás?

– Mucho mejor.

– Excelente. Esperamos a que mi padre y mi abuelo cenaran.

– Lo siento, no tengo hambre.

–¡Oh! ¡Pero vas a tomar caldo de perdiz con verduras! – Dijo Paulette.

– Señora...

– Sí, lo harás, y luego vete a la cama. Después de todo, mañana es un gran día, hay que ser fuerte.

– Y las niñas estarán aquí – observó Jeanpaul– Michelle y Françoise... son hermosas.

– ¿Cuál de las dos prefieres? – Preguntó Jean sentándose –. Michelle es hermosa, pero no te preocupes, Françoise no es nada que desear. Te gustará.

– Eso espero – dijo mirando de reojo a Paulette y cruzando las piernas.

– Quién sabe, ¿tal vez salgas de aquí casado?

– Lo dudo, Jeanpaul, lo dudo – respondió ella.

Llegaron el duque y su hijo. Estaban hablando animadamente.

– Paulette, le decía a su marido que es mejor comer aquí cuando yo esté aquí: jabalí, perdices, ciervo.

– ¡Vaya, qué pretensión! – Reaccionó Paulette, ante el rostro sonriente de su marido.

– Eso es muy pretencioso, abuelo mío – intervino Jeanpaul – Bueno, mira: nos comimos el jabalí que mató Jean. En cuanto a las perdices...

– ¿Qué pasa con las perdices?

– Hasta donde yo sé, Diana era la principal cazadora.

– Vamos, mocoso. Cual Diana. Entonces, ¿qué gatillo apretó?

Diana, sintiéndose el blanco de la discusión y escuchando su nombre, ladró dos veces, levantando la cabeza, con las orejas aguzadas.

– ¿Lo ves? Ella reclama la mitad. Sí, deberías darle una.

– Ahora, ¿ya lo viste? ¿Una perra comiendo perdices por encima de un duque?

– Viejo duque...

– ¡Bribón! – Y, como siempre, terminaron riéndose. Se sirvió la cena y disfrutaron de una agradable conversación. Después, sentados en el porche, siguieron hablando, hasta que Paulette se adelantó con firmeza:

– Jean, ya deberías irte a dormir. No tuviste un buen día. María te traerá unas infusiones que te vendrán bien.

– Es verdad – se puso de pie –. Buenas noches.,

– Buenas noches, Jean. Que duermas bien, porque mañana es nuestro día – Ella sonrió y se fue.

– Mamá – dijo Jeanpaul – eres tan cariñosa con Jean, tanto cariño...

–¡Oh! ¡Hijo! ¿Y no se suponía que así fuera? Después de todo, él es tu amigo y nuestro invitado.

– El bribón está celoso – añadió el duque.

– Estás celoso, abuelo. Es solo que ella lo trata casi matemáticamente; no se ve bien que un chico sea mimado así.

El señor de Luzardo intervino:

– Tu madre es así. Ella deseaba tanto tener otro hijo que te hiciera compañía.

– Por lo que sé, ella quería una niña.

– Es cierto. Y quién sabe, tal vez lo haga.

– ¿Cuarenta y dos años? No me parece posible.

– ¿Quién sabe? Bueno, me voy a retirar. Mañana tendremos mucho trabajo.

– Es hora de dejar reposar el viejo cadáver.

– Él mismo es viejo y no le gusta que lo consideremos así.

Apareció María, procedente de la cocina, con un jarrón de cristal en una bandeja.

– Espera, María. Dámelo, lo tomaré. El duque quiere hablar contigo.

– Señora...

– ¿Yo? – Preguntó el duque sorprendido.

– ¿No es eso lo que nos dijiste? Siéntate, María. Habla – Y se fue con su marido.

– ¿Por qué hiciste esto?

– Bueno, tu padre solo vigila a María. A ver si tiene valor delante de una mujer. Llamó suavemente a la puerta del dormitorio de Jean, mientras su marido se dirigía al de ellos. La puerta se abrió y ella entró. Jean llevaba un camisón.

– Entonces, señorita, ¿cómo está?

– Bien, ya no sentí dolor.

– Toma el té. Y duerme.

– Gracias, señora Paulette. Y perdóname por las molestias que le estoy dando.

–¡Oh! Señorita– y la abrazó– vete a dormir. Que Dios te dé un buen y hermosos sueños.

Se durmió.

A primera hora de la mañana se produjo un gran revuelo general. La cocina estaba casi cerrada. Algunos sacrificaban cerdos, otros faisanes y gallinas. Paulette y María dando órdenes y también trabajando. El duque, vestido en bata, se acercó a la puerta y rugió:

– ¿No se puede dormir tranquilo en esta casa? De lo contrario, me quedaré en París.

– Bueno, quédate, suegro – asintió Paulette, entregándole una pierna de faisán asada.

– Entonces no me quedaré más. Fue el mejor buen día que he recibido en mi vida – observó alegremente, mordiendo el jugoso muslo del pájaro.

– ¿A qué hora te vas a la cama?

– Temprano, justo después que te fuiste.

– ¿Y por qué María tiene esas ojeras?

– ¿Eh? Asegúrese de respetarme, señora – respondió torpemente.

– ¡Viejo duque!

– ¿Qué?

– Voy a hablar con tu hijo.

– Ahora, deja de decir tonterías. Solo hablamos un poco.

– ¿Solo…?

– Simplemente, sí, alcahueta. Hablaré con mi hijo, bruja.

– Ven aquí, dame...

– ¿Dar qué?

– El muslo del faisán. No comerás más.

– Ahora, hermosa criatura, diosa del Olimpo, este viejo duque te adora, más aun, esta ave del paraíso que me ofreciste, doña Luzardo – Paulette no pudo soportarlo, soltó una carcajada, mientras el noble se alejaba mordiendo el muslo.

– Hasta pronto, belleza. Pero luego hablaremos. Voy a traer sobre ti la Santa Inquisición, ya lo verás.

– Ve, ve.

✳ ✳ ✳

En París, más precisamente, en la clandestinidad, la historia era diferente. Planchet estaba muy enfermo. Sentí que se acercaba el final. Y quería ver a su "hijo." Sin su fuerte pulso, todo estaba en completa confusión. Safeth, un turco que había encontrado allí alojamiento, tomó las riendas de la comunidad, ejerciendo, con su maldad y fuerza, las funciones de Rey de los Mendigos. No era muy querido, solo era tolerado por su fiereza y amenazas, e incluso había eliminado a algunos. Poco a poco fue tomando control de todo. Era un alborotador. Todos le temían. Planchet murió, más de dolor por lo que le contaron sobre Safeth, y prometió que esperarían a que llegara su hijo para volver a poner orden en el grupo. Safeth sonrió. Completamente calvo, con sus casi cien kilos repartidos en una altura de casi dos metros, presumía:

– Ahora bien, ¿qué hará conmigo un chico de dieciocho años? Que venga.

Planchet había enviado un mensajero al doctor Girardán para contarle lo ocurrido y pedirle que avisara a su hijo. El médico, a solas con Lenoir, reflexionó:

– ¿Qué hacer?

– Advierta al chico, maestro.

– ¿Qué chico, hombre? Es una niña, ¿no lo sabes?

–¡Oh! Es verdad. Aun así, tenemos que advertirle. Su padre muere.

– Esto es una realidad allí. Sin embargo, si ella viene, ¿qué hará este dictador turco? Temo por ella.

– Si eres amigo del nieto del duque…

– ¡Oh! Lenoir, ¿quién irá a Alençon?

– Puedo mirar, doctor. Los vendedores ambulantes de la plaza Saint Denis.

– Sí, ve a ver si encuentras uno.

No solo en el Patio de los Milagros la situación era tensa. La propia Francia vivía bajo el signo del miedo. Resulta que Enrique VIII [33] de Inglaterra y Francisco I querían, a toda costa, sacar a Carlos V de la lucha por el trono imperial, tras la muerte de Maximiliano. Su objetivo era poner fin a la preponderancia de los Habsburgo en Europa. En Madrid, la noticia fue la más desconcertante, si no inquietante. Los principales pares del reino deciden negociar sus votos con el mejor pagador. Entonces, envían

---

[33] (1491 – 1547) Rey de Inglaterra de 1509 – 1547. Fundador del Anglicanismo.

recado que Francisco ya ha ofrecido una fortuna en oro. Inmediatamente, Carlos manda llamar a sus asesores. Candidato a emperador, no contaba con el aspecto financiero del asunto. No había dinero en sus arcas, pues el oro procedente de las tierras recién descubiertas era muy escaso. Fue entonces cuando un gran estadista, Gattinara, anunció que había una solución.

– ¿Cuál es la salida? – Preguntó Carlos V.

– Los banqueros – Jacó Fugger de Augsburgo, que dirige una cadena de bancos.

– Es interesante esta idea tuya. Pero, ¿puedes decirme cómo vamos a reembolsar la suma astronómica que necesitamos?

– Señor, los banqueros no quieren dinero tirado por ahí.

– ¿Y qué quieres entonces?

– Una concesión de Su Alteza.

–¿Cuál?

– Derechos de propiedad y soberanía sobre el puerto de Amberes.

– ¿Qué?– Gritó el monarca.– Éste es nuestro puerto principal. Si acepto, tendrán todo nuestro control en sus manos.

– Tómelo o déjelo.

– No tengo otra alternativa. Tengo que asegurar el poder sobre Europa.

– Los banqueros de Augsburgo financiaron dos tercios de la cantidad perdida. Lo que quedó, Carlos, con gran sacrificio, lo tomó de las arcas de la nación, pagándolo a los principales electores. Y no hubo ninguna dificultad. Reunidos en una gran mesa, comienza la votación, que pronto finaliza con la elección de Carlos como Rey de España, Emperador de Roma y Dignatario Supremo del Sacro Imperio Romano Germánico, tomando el nombre de Carlos V. Las campanas suenan, contando al mundo los grandes noticias.

En Francia, al recibir la noticia de Frankfurt, Francisco quedó poseído. La rivalidad entre los Habsburgo y la dinastía Valois se remontaba a muchas generaciones. Con la elección de Carlos V al imperio, Francia quedó rodeada por el enemigo. Al norte, el país de Flandes; al este, Alemania; al sur, España. Y con una sola autoridad: los Habsburgo. Así amenazada, Francia comenzó a prepararse para la guerra.

✸ ✸ ✸

En la magnífica propiedad de los Luzardo ya estaba todo preparado para la fiesta. Las inmensas arañas de cristal, adornadas con grandes y gruesas velas, comenzaron a encenderse. El porche se había transformado en sala de estar. Había una mesa larga cubierta con un mantel de lino blanco brillante, sobre la cual se colocaban los cubiertos. Varias sillas con mullidos cojines estaban repartidas por el porche. El duque, vestido de punta en blanco, con un precioso abrigo cosido con hilo de oro, un sombrerito en la cabeza, pantalones de terciopelo azul hasta las auténticas peras de cabrito, una enorme cadena de oro con su insignia, y en su cintura una maravillosa espada con una empuñadura con incrustaciones de piedras preciosas. Todos los homenajes rendidos a él estaban expuestos en su pecho, demostrando que era un hombre del reino. Apareció en el porche, petulante, con la cabeza en alto, miró, caminó de un lado a otro, se acarició el bigote y luego se dirigió a la cocina.

– ¿Qué quieres aquí? – Preguntó María.

– ¿Eres el primero en cambiarte de ropa?

–¡Oh! ¡Diosa! Mientras los otros invitados no vienen, ¿por qué no te cambias de ropa también?

– Vaya, mi suegro – le gritó Paulette – estamos trabajando. Iremos juntas para ponernos hermosas: yo, por tu hijo; María, para ti. ¿Lo entiendes?

María se rio entre dientes. El duque, naturalmente, no quiso afrontar la evidencia y la evitó, encontrando una salida:

– Y Jeanpaul y Jean con las chicas que están por llegar.

– Suegro, anda, me parece que llega el primer carruaje. Vete por favor.

– Ya voy, ya voy.

Efectivamente, se acercaba un pequeño carruaje, conducido por un solo caballo. El mayordomo bajó servicialmente las escaleras, abrió la puerta y, con aire solemne, ante el asombro del duque que estaba solo en lo alto, anunció:

– El Conde de la Croix y excelentísima su esposa, Milene de la Croix, con su hija Françoise.

– ¿Eh? – Gritó el duque.– ¿Me estás presentando a los invitados?

– Señor duque de Luzardo – continuó el mayordomo – El Conde de la...

Para, para, Santelmo. Lo sé... son nuestros vecinos – gritó, frente a la gran cara del mayordomo.

– Lo sé, lo sé, el conde... ven, sube.

– Señor, debería ir a la reunión...– intentó Santelmo.

– ¡Cállate, sinvergüenza! – Reaccionó en voz baja.– ¿Qué voy a bajar? Son más jóvenes que yo, sube y detén esto. No estamos en París. Ve, ve a la cocina. ¡Bah! ¿Salgo de ahí para no someterme a etiquetas y me las repites?

–¡Oh! ¡Señor Conde! Puedes subir. Mi gota me impide llegar allí, mintió.

– Lo siento por este pobre viejo – y abrió los brazos –. Mi hijo y mi nieto llegarán pronto.

Apareció Jeanpaul, vestido de blanco. Gorro de plumas del mismo color. La blusa, que a la cintura formaba una visera hacia arriba, pasaba a unos pantalones cortos del mismo color, con una enorme cadena de oro a la cintura, sobre la que se ceñía una majestuosa espada, en una vaina negra, con incrustaciones de oro. Sus botas, que brillaban tanto y reflejaban la luz de las velas, parecían espejos negros.

– Señores – saludó, besando la mano de la condesa, y luego se dirigió al conde de la Croix, con el mismo respeto:

– Señor conde, ¡cuánto tiempo ha pasado!

– Chico... – ¿Chico?

– Lo siento, hoy cumples dieciocho años, eres un hombre.

– Correcto, señor conde. Tome asiento. Pronto mi padre estará aquí. Mientras tanto, mi abuelo le atenderá. ¿No es así, abuelo?– Y miró a su abuelo con cara fea.

– ¡Oh! Sí, señor conde de la Croata...

– Croix, abuelo, por favor – corrigió Jeanpaul.

– ¡Ah! ¡Aquí se acaba el tiempo, perdóname! Ya ni siquiera sé con quién estoy hablando, conde de Crota...

– Croix, abuelo.

– Sí, sí, señor conde de la Croix. Hace mucho que no te veo. Sabes, ayer maté cinco jabalíes y dieciocho perdices.

– Abuelo...

– Bueno, dos jabalíes.

– Abuelo, voy a buscar a Jean. ¿Recordaste el presente?

– Pues si ya lo tengo ahí, en ese estante.

– Abuelo, no mientas, pero hazlo; Quiero a Michelle, no, Françoise, ¿entiendes, viejo tonto?

– ¿Qué?

– Cálmate, es mi cumpleaños.

.– ¿Y?– Junto a los regalos que le trajimos a Jean, quiero incluir a esta morena.

– ¿Françoise?

– Claro. Mantenlos ahí.

– ¡Oh, oh, señor Dios!

– Asegúrate de entender, abuelo – y volviéndose hacia la pareja.

– Perdóname. Estaba hablando con mi abuelo sobre algo sobre la fiesta. Pónganse a gusto.

Jeanpaul corrió hacia su madre que entraba en la habitación.

– Madre...

–¡Oh! ¡Hijo! ¿Qué pasa?

– Jean... ¿Dónde está Jean? Françoise ya llegó, tengo que presentársela.

– Hijo, sabes que no pasó bien la noche. Espera. Estará allí en minutos, lo prometo. Vuelve y cuida de tu abuelo. Vete.

Paulette no entró en su habitación. Fue directamente hacia Jean, llamó a la puerta y se anunció:

– Soy yo, Paulette.

– Está abierta – la puerta se abrió.

La niña saltó sobre su cuello, llorando.

– Estimada...

– ¿Qué hago, qué hago?

– Cálmate, niña, sé fuerte. Después de todo, es solo su culpa.

– Nunca imaginé pasar por una situación así.

– Y vas a tener que superarlo. Vamos, termina de vestirte. Una de las familias invitadas ya ha llegado.

– ¿Quién está ahí? ¿Michelle o Françoise?

– Françoise.

– Allá...

– Bueno, tienes que salir con ella. Jeanpaul está ansioso por que tú aparezcas. Tu ropa es la misma que la de mi hijo. Simplemente no uses la espada.

– ¿Bien por qué? Sin ella me siento desnuda.

– Pronto sabrás por qué.

Ayudó a la niña a armar los detalles de su traje, le acomodó el sombrero de plumas en la cabeza, la miró y, sin contenerse:

– ¡Qué desperdicio!

– Vamos, vamos, señora Paulette, o no podré salir.

– Simplemente vas. Voy a la habitación a cambiarme.

– Pero...

– Ve, Jean.

Respiró hondo y se dirigió hacia el porche. Jeanpaul lo vio llegar, sonrió ampliamente y fue a su encuentro.

– ¡Cuánto tardaste, amigo! ¡Estás hermoso!

– "Y estás hermoso, mi amor" – pensó.

– Ven, te presentaré a nuestros invitados.

Françoise, con su vestido fluido, con un corpiño muy ajustado que perfilaba su pecho bien formado, tenía su cabello negro rizado en elegantes trenzas que caían sobre su espalda y sus hombros. Los inmensos ojos negros brillaban en el encantador rostro, formando un hermoso conjunto.

– Estos, el matrimonio del conde de la Croix.– Jean besó la mano de la matrona, hizo una reverencia al conde, quien le correspondió y añadió:

– Es un gran placer.

– Y ésta es la hija, Françoise.

– Encantada, señorita– dijo Jean, tomando la mano de la joven por la punta de sus dedos y llevándola a sus labios.

El señor de Luzardo apareció con Paulette. Estaban vestidos elegantemente. Fueron a unirse al grupo. Se sirvió vino y se sentaron a conversar.

– Excelente vino – comentó el conde.

– Viniendo de usted, señor, es un privilegio, ya que es un gran conocedor de vinos.

– Es un Morriet, ¿no?

– Precisamente.

– Es una pena que el duque de Morriet ya no sobreviva. Y su hijo Felipe, no se interese por cultivar las viñas.

– Lo conocí una vez en París. Es un joven apuesto.

– Así es, pero muy arrogante. Casi mata al hijo del duque, Colby.

– Lo supe. Dicen que es un espadachín imbatible.

– Y lo es. Aprendió del señor Fontein y del fundidor Cellini.

– Excelentes profesores. Pero mira quién llega.

Un carruaje acababa de detenerse delante de la casa. Jeanpaul salió rápidamente y bajó las escaleras. Jean se dio cuenta e instintivamente bajó la cabeza.

– Es el marqués de Ville.

Jeanpaul abrió la puerta del carruaje y ofreció la mano a la dama del marqués, que bajó, luego a su marido y luego a su hija, una rubia de inusual belleza. Los ojos de Jeanpaul brillaban y Jean, desde arriba, observaba todo.

– Cálmate, cariño – advirtió Paulette en voz baja. Se dio vuelta y, al encontrarse con la señora, le dijo:

– No puedo soportarla.

– ¿Qué querido? – y la llevó a un rincón apartado.

– No puedes soportarlo más, ¿qué?

– Jeanpaul derritiéndose por esa descarada.

– ¡Jean! – Se quejó Paulette – ¿Eres hombre o mujer?

– Soy mujer y lo sabes.

– ¿Y Jeanpaul es consciente de ello? ¿Los demás también? Esto es una estafa, Jean, vas a perder a Jeanpaul. Te dio a Françoise porque no la quiere, ¿entiendes? Se quedó con Michelle y te presentó esa. Él no sabe que eres una chica mucho más bonita que esas cazadoras de dotes. Sin embargo, tú sigue siendo intransigente. Aun hay tiempo. Quítate la ropa de este hombre en el medio de la habitación. Mi esposo y yo te protegeremos y nos encargaremos de todo. Mi hijo te amará.

– No puedo.

– Entonces, hija, mira y consúmete de celos. No puedo hacer nada.

– ¿Me llevarás a mi habitación?

– No, no, recuerda que tienes regalos que dar, otros que recibir. Siga, caballero Jean. ¿Jean de qué?

– Jean... ¿del Patio de los Milagros?

– ¡Jean!

– No tengo apellido, solo Jean.

– Es... Jean de...

– ¿De qué, señora?

– ¿Y yo qué sé? Estoy buscando, buscando un apellido.

– Entonces...

Paulette se tomó la barbilla, pensó y luego su rostro se iluminó.

– Jean... Jean de Susanpierre.

– ¿Susanpierre?

– ¿Y porque no? Susan, de Suzanne, y Pierre, de nuestro querido Pierre.

– Pero...

– ¡Vaya, señor Jean de Susanpierre! Y actúa con propiedad.

– Tiemblo solo de mirar a estas ansiosas criaturas.

– Vas a salir con una.

– Y ella nunca olvidará a Jean.

– ¿Qué vas a hacer?

– En cierto modo, lo mismo que le hace un hombre a una mujer.

– ¡Jean!

– ¿Y no es eso lo que esperan?

– ¡Jean!

– Los asustaré, si es posible, a las dos.

– Mira, niña – Jean sonrió.

– Mantén la calma. No tengo nada que lastime.

– Este lenguaje de cloaca no me gusta.

– ¿No eras de allí?

– Sí, pero me fui.

– Sí, me fui y vuelvo allí.

– Niña – se exasperó Paulette –, al menos me respetas.

–¡Oh! ¡Dios! Sí, la respeto, señora Paulette. Pero estoy viviendo una farsa, ¿no es así? Y tengo que alejar cada vez más a los pretendientes de Jeanpaul – se lamentó Jean, haciendo pucheros.

– No llores, sigue, finge como quieras.

– ¡Si tuviera mi espada!

– ¿Matarías a todos?

– No, no es eso. Ya dije que me siento desnudo sin ella.

– Vamos, señorita, antes que le dé una buena paliza delante de todos.

Es la espada que quieres, ¡vamos! – Y la empujó.

– ¡Jean! – gritó Jeanpaul, cuando las vio llegar.

– ¿Siempre estás ahí?

– Tu madre me pidió que la ayudara.

– Mira, ella es Michelle.

Lanzó una mirada ausente a la hermosa rubia, inclinándose profundamente ante ella sin; sin embargo, parecer tan educada como debería. Tanto es así que la manita del visitante, comprendida, no fue tocada.

– ¡Hola! – exclamó con indiferencia, volviéndose hacia Françoise que se había acercado.

– ¿Vienes conmigo, Françoise? – Preguntó ofreciéndole el brazo, lo cual fue aceptado.

.– Hasta luego, Jeanpaul – Lo miró, sonrió, sin darse cuenta de nada.

– Por supuesto, vete.

Pero Paulette, pícara y vigilante, aplaudió, atrayendo la atención de todos.

– Señores, mi suegro me pidió que les informara que ya es hora de entregar los regalos a los dos cumpleañeros – y me los indicó. El duque de Luzardo, en esos momentos, atacaba un buen trozo de pechuga de faisán, con una enorme servilleta sobre el pecho.

– ¡Padre! – Lo llamó Jean.

– ¿Eh?

– Alguien te llama.

– Bueno, no estoy para nadie, hijo. Di que estoy durmiendo.

– ¡Suegro! – Resonó la voz de Paulette.

–¿Eh?

– ¿Vas a repartir los regalos o acabar con los faisanes?

– Pero ¿cómo puedo deshacerme de los faisanes si aun no me he comido ni uno entero? ¿Qué pasa? – Respondió limpiándose los dedos con la servilleta.

– El conde y yo hacemos los honores.

– El conde está del otro lado, mi suegro.

–¡Oh! ¡Así que me dejó en paz!

– Solo que no, con los faisanes.

– ¿Qué quieres, oh nuera antinatural, para interrumpir la comida de un viejo duque hambriento?

– Los regalos...

– Ahora sé que los presentes son nuestros vecinos.

– Los regalos, viejo, de Jeanpaul y Jean.

– Los regalos, ¡ah! ¡Sí, sí, lo entiendo!

– ¡Mi padre!

El duque se enderezó, golpeó el suelo con los pies, sonrió y se dirigió a la antesala, regresando más tarde con un criado, sonriendo, dejando algunos paquetes envueltos.

Bueno, es un honor para mí pasarlo a manos de un nuevo amigo de la familia, Jean de...de...

– De parte de Susanpierre, viejo – le susurró Paulette.

– De... Jean de Zarzaparrilla...

Hubo risas generalizadas. Y el duque lanzó un grito de dolor cuando Paulette le pellizcó.

– ¿Que pasó?

– Jean de Susanpierre, suegro – dijo en voz alta.

– Lo siento, el Duque es un eterno bromista. Lo siento, Jean.

– De nada, señora.

– Toma, hijo mío. Es todo tuyo. Ábrelo... y le entregó un hermoso estuche de cuero a Jean. Ella lo sostuvo, bajo la atenta mirada de Jeanpaul, y abrió el estuche llevándose ambas manos a la boca, en un gesto femenino, pero que solo Paulette entendía.

.– ¡Qué hermoso!– Exclamó, sacando la hermosa pieza del estuche, sujetándola y manipulándola como si estuviera en una pelea – ¡Que belleza! – Repitió.

– ¡Igual que el tuyo, Jeanpaul!

– Lo sé amigo. La elegí para ti.

– Gracias. Muchas gracias.

Paulette dio un paso adelante y ciñó la cintura de la muchacha con su espada.

– ¿Ves? Ahora tienes una espada.

– Entendí.

Y gritó el duque.

– ¡Aun hay más! – Y le entregó al "niño" dos estuches nuevamente.

– ¡Dos pistolas! – Y abriendo el otro –. ¡Un puñal! Jeanpaul, ¿está todo igual a lo que tienes?

– Insistí... mi abuelo y yo.

Estaba muy emocionada, casi traicionándose a sí misma. Paulette, sosteniéndola en un brazo, dijo:

– Calma. Aquí está mi regalo y el de mi marido para ti. Y aquí, tu regalo para Jeanpaul.

Abrió el pequeño estuche. Había un camafeo de oro con incrustaciones de piedras preciosas y su nombre grabado: "Para Jean, con mucho amor." Abrazó a Paulette, quien le susurró:

– ¡Cálmate! – Se acercó a Jeanpaul y le entregó el otro maletín pequeño. Éste lo abrió. Era un duplicado del suyo, pero escrito: "Para Jeanpaul, con mucho amor."

– Bueno, *mon ami*– y estuvo a punto de llorar, pero su "ángel de la guarda", Paulette, llamó la atención:

– Ahora, el regalo del padre al hijo.

– ¿Qué, papá? – Preguntó Jeanpaul, expectante.

El señor Luzardo llegó hasta la barandilla del porche y gritó:

– Puedes venir, Álex.

Todos corrieron hacia la barandilla. Y vieron al sirviente Alex llevando de las riendas a un magnífico árabe castaño, todo negro, adornado con una elegante silla y un arnés plateado.

– ¡Padre!– Exclamó alegremente Jeanpaul, mientras abrazaba al señor de Luzardo.

– Es hijo de Tigger, el semental árabe del duque de Morriet.[34]

– ¿De Nantes?

–Sí. Lo dejé en la finca del conde de la Croix, quien lo ha cuidado hasta ahora.

– Fue un gran placer, *mon ami*.

– ¡Oh! ¡Papá, no era de noche y lo montaría enseguida! – Y volviéndose hacia Jean –, mañana, Jean, vamos a montar. Te doy la prioridad de montarlo antes que yo.

– En absoluto – respondió ella.– Yo voy contigo, pero lo montas tú mismo. Y tú.

---

[34] Personaje de *El Amor es Eterno*, del mismo autor.

– Jean...

– Amigo, entiendo tu cortesía. Sin embargo, rechazo tal honor y si Françoise acepta mi invitación, naturalmente, con la aprobación de la familia, saldremos a caminar juntos. ¿Qué dices, Françoise?

– Acepto, Jean.

– Aprobado – asintió el padre.

– ¿Y qué hago? – Preguntó Jeanpaul.

– Bueno, sal con tu semental – continuó Jean.

– ¿Solo?

– ¿Y Michelle? Ella miró a sus padres.

– Sí, puedes ir – asintió el padre.

– ¿Entonces?

– Entonces, vámonos todos.

– ¿Y yo? – Preguntó el duque.

– ¿Tú, mi abuelo?

– ¿Y por qué no? Podría haber cogido mi nuevo mosquete español.

– No vamos a la guerra, abuelo.

– Pero ¿y si aparece un jabalí?

– Jean lo mata por ti, con tu mosquete español.

– Este niño no tiene modales.

– No – respondió el señor de Luzardo riendo de placer –, mi padre saldrá conmigo. ¿Qué queremos los viejos interfiriendo con los jóvenes?

– Es verdad – convino el marqués– cuando éramos jóvenes y, por cierto, el señor de Luzardo puede considerarse así.

– Amabilidad, señor. Tengo más de cuarenta.

– Y nosotros a los sesenta hicimos tantas cosas. Ese fue un buen momento. Hoy todo ha cambiado. Parece que el mundo ya no es así.

– Está mejorando, querido marqués – dijo el conde.

– No hace mucho España descubrió nuevas tierras y Portugal no se quedó atrás. Ahora ha encontrado y explorado inmensas regiones, lo que nos brinda un gran consuelo a medida que el mundo se vuelve más pequeño y más poblado.

– En cierto modo estoy de acuerdo, pero pienso en nosotros, aquí en Francia, eternamente en guerra entre Habsburgo y Valoises. ¿Hasta cuándo?

Por lo que he oído, nuestro monarca está declarando la guerra a Carlos V.

– Señores – dijo el señor de Luzardo – por regla general evitamos hablar de política en nuestra casa. Cambiemos de tema. Tendré preparadas vuestras habitaciones. Se quedarán con nosotros esta noche. ¿De acuerdo? Nuestros hijos ya no están aquí.

De hecho, los jóvenes no estaban a la vista.

– Es verdad – comentó el Duque –. Solo quedamos nosotros.

– Tú también puedes salir, suegro – sugirió Paulette.

– ¿Cómo?

Ella se acercó a él.

– María siempre te está mirando. Anda, viejo, anima a la pobre.

– Si no fueras mi nuera, ordenaría a la Santa Inquisición que te prendera fuego, bruja.

Jean caminaba con Françoise y, un poco separados, Jeanpaul y Michelle Jean no se quitaban los ojos de encima. Tanto es así que llamó la atención de su acompañante, quien preguntó:

– ¿Qué te pasa, Jean? ¿Estás molesto por algo? No hablas, ni siquiera quites los ojos de tu amigo.

–¡Oh! ¡No es nada! – Mintió Jean, forzando una sonrisa y estrechándole la mano de la joven.

– Háblame de ti. ¿Qué haces?

– Estudié. Ahora, como Jeanpaul, todavía no sé qué hacer.

– Según me contó mi padre, Francia se está preparando para la guerra.

– No lo sé, no escuché nada.

– ¿Y tus padres?

– Mi padre tiene un establecimiento comercial – mintió.

– ¡Oh! ¿Y cuál es la actividad?

– Bueno, joyas, relojes, pulseras, todo tipo de mercancías (en cierto modo, no le faltaba la verdad). Se supone que pronto estaré a cargo de su negocio.

– Déjame tu dirección. Te buscaré en París en verano.

– Con todo placer. Espero un mensajero de mi padre en cualquier momento si me necesita – mintió, sin saber; sin embargo, que un señor corría hacia él, a instancias del doctor Girardán.

– ¡Es una pena que nos encontremos recién ahora!

– Yo siento lo mismo – y mirando la cerca de al lado, vio a Jeanpaul ceñir a Michelle por la cintura y tirar de ella para besarla. La sangre se le subió a la cabeza y gritó:

–¡Jeanpaul!

Éste, asustado, soltó a la muchacha y se volvió hacia su amigo, mirándose atónito.

– Qué pasó, Jean.

– ¿Que pasó? – Preguntó Françoise.

Ella se sintió avergonzada por un momento. Pero, recobrando la calma, disimuló:

– Lo siento, me pareció ver una serpiente en la cerca.

– ¿Serpiente? No tenemos serpientes por aquí, Jean.

– Perdón, debe haber sido algún reflejo de la luna, ¡no lo sé! Me pareció que algo se movía en la valla.

– Bueno, Jean...

– Se hace tarde, Jeanpaul. Y con el trago que tomé me duele la garganta. Voy a volver a la casa.

– Pero Jean...

– Lo siento amigo. Siento fiebre. Quédate, si quieres.

– No, todos volveremos. ¿No tenemos transporte mañana?

– Verdadero.

– Entonces vamos. Debería sentirse mejor después de una buena noche de sueño – Ellos volvieron.

– Perdóname, Françoise – se disculpó Jean, ya en el porche, cogiéndola de la mano – La verdad es que no me siento bien.

– Me di cuenta, te veías extraño.

Con un gesto, Jean llamó a Paulette, quien se acercó para ayudar.

– Señora, disculpe a esta belleza por haberme obligado a reiterar la garganta – y le puso la mano en el cuello.

– ¡Oh! Hijo, ¿estás peor? Perdón por nuestra negligencia. Te retendremos más tiempo del necesario. Ve a recogerte. Françoise te perdona – y a la joven –. Tiene dolor de garganta. Mira, tiene fiebre... y puso su mano en la frente de Jean.

– Entiendo, señora. Ve, Jean, ve a descansar. Nos veremos mañana – Jeanpaul se acercó.

– ¿Necesitas ir al médico, amigo, siempre te sientes mal en la mejor de las fiestas?

– Alíviame, por favor.

– Vamos, Jean, te llevaré a tu habitación.

–Gracias señora. Conozco el camino. No te preocupes. Mañana todo está bien y se fue con paso firme – Paulette lo siguió con la mirada, meneó la cabeza y se volvió hacia Françoise:

– Pobrecito, debe estar sufriendo mucho.

– ¡Es una pena! – Ella estuvo de acuerdo.

A última hora de la noche, después de disfrutar de una alegre reunión de comida y bebida, los sirvientes condujeron a los visitantes a las habitaciones reservadas para ellos. Hecho esto, comenzaron a apagar las velas. Jeanpaul se sentó en una silla, colocando una pierna estirada sobre la otra.

– ¿Qué tienes, hijo? – Preguntó el señor de Luzardo, con una copa de vino en la mano.

– Nada, padre, nada.

– ¿Cansado, a tu edad?

– No, no. Solo de pensar.

– ¿En Michelle?

– No.

– ¿No quieres confiarme tus pensamientos?

– Padre...

– ¿Y yo, no? – Se escuchó la voz de Paulette acercándose.

– Bueno, es algo bastante personal.

– Lo sé, pero por muy personal que sea, ¿quién sabe si los tres podremos aclararlo?

– Sí, se trata de Jean.

– ¿Qué le pasa a Jean?

– Es difícil de explicar y no quiero ser injusto con él.

– Explica tus dudas – y los padres se sentaron frente a su hijo.

– No sé cómo empezar – y se pasó la mano por el cabello, luego se desabrochó el cinturón de su espada, colocándolos sobre la silla. Miró a los expectantes progenitores.

– Bueno, ambos conocen y saben de mi masculinidad.

– Hijo – se sorprendió el señor de Luzardo– ¿y alguien lo dudó?

– No, padre, no.

– ¿Qué te pasa, Jeanpaul? – insistió Paulette.

– Jean...

– ¿Por qué eres reticente? Ya sabes que el asunto involucra a tu amigo Jean. Abre tu corazón.

– Sí... sí, pero me da vergüenza.

– Avergonzado, ¿cómo?

– No lo sé, siempre que lo necesito hay una excusa. La garganta, siempre la garganta. Parece huir de mí.

– Hijo...

– Espera papá, déjame desahogarme. Sin embargo, en el camino, con aquellos ladrones, se comportó valientemente, maravillosamente y defendió bien. Sin embargo... ¡parece que no apruebo mi romance con Michelle!

– ¿Cómo así?

– Creo que me está mirando. La iba a besar hoy y gritó, diciendo después que me había llamado la atención porque había visto una serpiente. ¡Aquí no tenemos serpientes!

– Pudo haber sido un lagarto.

– Eso no es todo. Lo peor viene ahora.

– Dilo.

– No me siento bien estando lejos de él. ¡Incluso creo que yo también lo estaba mirando! Soy hombre, papá, ¿qué pasa?

– No hay nada raro – y la pareja se miró – es tu amigo.

– ¡Otro detalle muy extraño es la sensación que lo conozco desde hace mucho tiempo!
¡Casi lo amo, como mujer! Porque hombre, sé que lo soy.

– ¡*Mon Dieu*!

– Hijo, lo quieres mucho.

– Papá, ¿sabes cuántos amigos y compañeros tenía en la Academia Fontein?

– Varios, supongo.

–¿Pues entonces? Este niño se me aparece en casa del doctor Girardán y aquí está conmigo. ¿Te he traído alguna vez algún hijo de duque, conde o marqués?

– No, nunca trajiste a nadie.

–¿Y ahora? ¡Ni siquiera sé quiénes son sus padres, no los conozco y lo invité a pasar un tiempo conmigo! Sí, hay algo que no entiendo.

– Jean... Jeanpaul...

– Y más – interrumpió –. Su nombre es Jean. Me llamas Jean. El nombre de mi padre es Jean. Cumpliríamos el mismo día, solo nos falta saber si la hora no fue la misma.

– Hijo, tu abuela Suzanne siempre me decía que nosotros, en realidad, no morimos. Pasamos tiempo aquí, amamos, sufrimos, vivimos, tenemos hijos, luego regresamos allí, donde tomamos un descanso. Luego, volvemos a corregir algo mal que hicimos. Quién sabe, tal vez hayas conocido a Jean en alguna parte.

–¡Oh! Mamá, si ese fuera el caso, ¿cómo podemos estar seguros? Y si tienes razón, debería haber sido una mujer.

– O viceversa, hijo.

– Mamá, lo digo en serio.

– Tu madre también, hijo, es solo una hipótesis.

– Que sea. Pero, ¿a dónde me lleva esto?

– Espera hasta mañana cuando salgan a montar.

– Casi apuesto a que pondrá una excusa para no participar.

– ¿Qué pasa con Michelle y Françoise?

– No trajeron ropa de montar.

– Entonces, en este caso, no se montará.

– No, no lo habrá. Pero nada me impide desafiar a Jean a una carrera. Les encantará.

Paulette miró a su marido.

– Sin competencia, hijo.

– Ya sé qué hacer – decidió levantándose.

– ¿Y qué será?

– ¡Oh! ¡Mañana por la mañana lo verás!

– ¡Mira lo que vas a hacer!

– No tengas cuidado. Solo espera. Ahora me voy a la cama – besó a sus padres y estaba a punto de irse, cuando se detuvo, volteándose – ¿a dónde se fue el viejo chivo?

– ¿Tu abuelo?

– ¿Y hay otro?

– Más respeto por tu abuelo, muchacho. Debería estar durmiendo.

– ¿Y María también?

– Jeanpaul, ¿qué estás insinuando?

–¿Yo? Nada – y se alejó riendo.

– Es verdad, ¿dónde está mi padre?

– Vaya, allí – y Paulette señaló– en el huerto con María.

– ¡Este viejo!

– Déjalo en paz. Esto lo anima.

– ¡Un hombre de setenta y cinco años no debería exponerse así, querida! Y aparentemente lo fomentas.

– Jean, no hay edad para el amor. Y eso solo puede hacerle bien, ¿o te molesta que María sea una sirvienta?

–¡Oh! No, no. Y ella ya no es una sirvienta; ya es parte de la familia.

– Sin embargo, él es un noble, ella no.

– Paulette, estos son Solo arrebatos de la vejez, pronto pasarán.

– Puede ser. Pero vamos, recompongámonos. Estoy cansada.

– ¿Y qué pasa con lo que nos reveló Jeanpaul? – Preguntó camino a la habitación.

– Está bastante preocupado.

– Podríamos acabar con toda esta pantomima con un chasquido de dedos.

–¡Oh! No, esperemos un poco más. Quién sabe, tal vez la propia Jean decida contarlo todo.

– Sí, veamos qué pasa.

Entraron a la habitación. Aun no se habían quedado dormidos cuando escucharon fuertes pasos en el pasillo. Fue el duque quien llegó. La mañana era radiante, con el sol brillando en un cielo despejado y una temperatura suave.

– ¿Jean ya salió de la habitación, mamá? – Preguntó Jeanpaul, antes de saludar a los invitados que desayunaban en la mesa.

–¿Jean? Comió unas tostadas, bebió un poco de jugo y se dirigió a los establos.

– ¡Ahora! Al parecer, amaneció dispuesto. Se sentó, comió un refrigerio, mientras preguntaba a las dos jóvenes:

– ¿Les gustan las carreras de caballos?

– Es excelente – dijo Michelle.

– Más aun lo es participar en uno.

– Escucha, traviesa, ¿no estabas planeando un paseo? – Preguntó el duque, mordisqueando unas tostadas.

– Eso era; lo dijiste bien, abuelo. Pero, en vista que nuestros invitados no tenían ropa de montar aquí, decidí competir con Jean.

– Pero no le gustan los caballos, rara vez los monta.

– Ya debes haberte acostumbrado. Y, abuelo, tú serás el juez.

– ¿Él ya lo sabe?

– No, no. Le informaré ahora – Se disculpó y se fue.

Los puestos se instalaron muy lejos de la casa. Iba rápido y encontró a Jean montado en un alazán blanco, llevando de las riendas al pura sangre que su amigo había recibido como regalo el día anterior.

–¡Oh! ¡Dormilón! – Lo saludó alegremente. Llevaba una blusa azul flocada de manga corta. Los pantalones de montar se convirtieron en botas brillantes. De su cintura colgaba la magnífica espada que había recibido. Jeanpaul sonrió.

– Pensaste bien en ir a atrapar al animal – y lo montó ágilmente.

Emparejado, miró a su compañero a los ojos, sin decir una palabra. Jean se sintió avergonzada, pero, con un esfuerzo, sostuvo esa mirada que la penetró intensamente.

– ¿Qué pasa? – Alcanzó a preguntar. Él sonrió.

– Nada. Pero hubo cambios de planes.

– ¿Cómo así? – Preguntó sorprendido.

– No habrá paseos a caballo.

– Bueno, ¿entonces qué?

– Te reté, delante de todos, a una carrera.

– ¿Qué? – Casi gritó, incrédula –. ¿Sin consultarme?

– Pensé que aceptarías. Después de todo, es solo una broma.

–¡Oh! Jeanpaul, sabes que no soy tan bueno tratando con caballos como tú.

– Montas bien, no te preocupes.

– Bueno, pero haré lo mejor que pueda, con una condición.

– ¿Cuál?

– Después de la carrera, te desafío a un duelo.

–¿Duelo?

– Es broma, quiero probar la espada que me diste.

– Que así sea. Es justo. Vamos, nos están esperando.

– ¿Habrá ayuda?

– Por supuesto, y juez.

– "Algo está pasando que no sé qué es" – pensó, pero se quedó callada.

Llegaron a las escaleras de la finca. El porche albergaba a un grupo de espectadores muy interesados. El duque, solemne, dijo:

– ¡Caballeros! ¿Ven esas dos estacas clavadas ahí? – Y señaló el lugar donde dos palos que medían unos dos metros estaban separados por unos tres metros, paralelos –. Es la llegada.

Los dos asintieron con la cabeza en señal de comprensión.

– Bueno, ve ahora, a paso natural, hasta el borde del bosque. Debería estar a unos 1.500 metros del punto de llegada.

Hagan fila allí. Y cuando oigas el sonido de este cuerno de caza, empieza. Y que gane el mejor.

– Muy bien, señor juez – asintió Jeanpaul, haciendo girar su montura y alejándose al trote, acompañado de Jean.

– ¡Este nieto mío arregla cada uno! ¿Qué quiere demostrar? ¿Cuál es mejor, caballero? Esto lo sabemos. Y con ese caballo árabe...

– Vamos a esperar y ver.

Jean emparejó su caballo con el de Jeanpaul y se dirigieron hacia el comienzo del bosque. Al llegar al punto de partida, Jeanpaul, en broma, preguntó:

– ¿Quieres rendirte?

– No soy de los que abandonan ningún esfuerzo. Un desafío mucho menos. Y él sonrió.

Listos, con las riendas aseguradas, los pies apoyados en los estribos, tensos, esperaron. De repente se escuchó la corneta. Los inquietos caballos, a la orden de los dos, salieron disparados. Al principio, Jeanpaul logró adelantarse, pero Jean lo siguió de cerca.

– "*Mon Dieu*" – pensó, tengo que aguantar estos obstáculos. Todo parece estar suelto por dentro. ¡Y qué bien cabalga este loco! Empujó Aun más al animal a medida que se acercaba, ganando distancia, hasta que estuvo casi a la par. Jeanpaul la miró. Estaba completamente inclinado hacia adelante y no apartaba la vista del camino. Jean logró emparejarse. Su caballo también era muy bueno. Permanecieron juntos durante algún tiempo. Se acercaron a la meta, viendo ya los dos desafíos que tendrían que superar. Ya mucho más cerca, el caballo árabe tomó una ventaja de cabeza y cruzó la meta. Caminaron un poco más y desmontaron en las escaleras.

– ¡Ufá! – Gimió Jeanpaul, dirigiéndose a Jean.

– Ganaste – dijo, sonrojada.

– ¡Pero qué difícil fue! – Y abrazó a su amigo, quien instintivamente apartó su cuerpo, pero le devolvió el abrazo.

– ¿Qué pasa?

– Estamos sucios, Jeanpaul.

Las palmeras retumbaban en el porche. Los dos subieron tomados de la mano, mientras un par de mozos de cuadra conducían a los animales.

– ¡Muy bien! – Gritó el abuelo, abrazando a su nieto –. El ganador.

– De cerca– dijo el señor de Luzardo –. Nuestro Jean cabalga muy bien. Su victoria fue justa. No pude ganar. Sin despreciar a mi caballo, el suyo es fenomenal.

Paulette abrazó a Jean y la llevó hasta una mesa sobre la que estaban dispuestos varios jarrones con zumos de frutas.

– ¿Cómo te sientes, niño?

– ¡Oh! Se siente como si tuviera todo suelto por dentro.

– No era necesario que aceptaras el desafío.

– ¿Cómo no? He rechazado tantos que podría sospechar.

– Y listo, querida – y le entregó un vaso a la niña.

– ¿Qué? ¿Cómo?

– No lo sé, pero esto es natural. Algún gesto, una actitud femenina, no sé...

– Entonces, tengo que actuar. De hecho, dos.

– ¿Cuál?

– Ya verá, señora. Dame un vaso de jugo, se lo llevaré al ganador.

Paulette, sin entender nada, obedeció y siguió a la niña. Jeanpaul fue a sentarse con Michelle y Françoise a un lado. Ella se acercó y ofreciéndole el vaso, dijo:

– ¡Al ganador!

–¡Oh! Jean, gracias.

– De nada señor. Pero me ganaste en la carrera. Esto no te da derecho a quedarte con las dos bellezas que te visitan. Y ante la mirada sorprendida del niño y de su madre, que se habían acercado, mientras los demás presentes conversaban animadamente, sostuvo a Françoise por el brazo. cintura, diciendo:

– Al menos, infeliz en el juego, feliz en el amor. Y el subcampeón merece un beso de esta hermosa joven, y, abrazando a la niña, la besó durante mucho tiempo en los labios– Paulette se tapó la boca con la mano para evitar reírse y Jeanpaul quedó perplejo.

– Gracias, señorita, espero estar a la altura de otras similares.

Françoise estaba estática, mostrando su asombro a través de las miradas que pasaban de una amiga a otra.

– Bueno, el ganador del primer lugar no recibió un regalo tan preciado.

– Serás recompensado cuando te dignes cumplir el acuerdo, respondió Jean.

– ¿Y qué acordamos?

– ¿Era la condición para la carrera?

– ¡Oh! El duelo.

– Sí, y ahora.

– ¿Ya? ¿No estás cansado?

– ¿Por qué? ¿Una pequeña carrera como esa?

– ¿De qué se trata esto, de todos modos? – Preguntó Paulette.

– Un duelo.

– ¿Un duelo? ¿Estás loco?

– Déjalo mamá, que quiere estrenar su nueva espada – y se levantó.

– Muy bien señor, bajemos.

– No te lastimarás.– Tranquila, madre. Tomaron posición.

– ¡*En gard*![35]

Y los hierros chocaron. El ruido metálico del metal en acción llamó la atención del resto del personal.

– ¡Diablos! – Rugió el duque.– ¿Qué pasa? ¿Se pelean?

– Simplemente entrenan, suegro.

– Pero, ¿con espadas desnudas? ¿No tenemos florines para la doma?

– Paulette, ¿sabías de esta locura? – Preguntó seriamente el señor de Luzardo.

– Justo ahora, cariño. Habían estado de acuerdo.

– ¡Pero podrían lastimarse!

– No creo.

En silencio, todos permanecieron observando el enfrentamiento. Jean era un hábil esgrimista. Había aprendido en las cloacas del viejo Bochet, que también lo era. No había asistido a academias, pero había observado mucho con sus amigos del Patio de los Milagros, algunos de los cuales eran temibles espadachines. Paró y aplicó sucesivos golpes, obligando a Jeanpaul a utilizar toda su técnica para defenderse. Pelearon durante unos quince minutos, cuando el señor de Luzardo decidió poner fin al juego. Bajó las escaleras y gritó:

– ¡Basta! ¡Deténganse! – Pronto fue obedecido.

– ¿Qué tontería es esta, hijo?

– Nos estábamos divirtiendo, papá.

– Diversión así se hace con florines contundentes.

– No íbamos a salir lastimados.

---

[35] En guardia.

– ¡Un tropiezo, una mala defensa y tendríamos un herido!

– Lo siento, señor de Luzardo – dijo Jean, envainando su espada.

– Levántate, vámonos. Y en cuanto a ti, Jean, creo que mi esposa quiere hablar contigo. Por favor búsquela.

– Sí.

Una vez en el porche, Françoise se le acercó y, con una enorme sonrisa, lo saludó:

– ¡Qué bien esgrimes, Jean!

– ¿Recibiré otro beso? – Jeanpaul lo miró de reojo.

– Pronto – prometió la joven. Jean fue hacia Paulette.

– ¿Quiere hablar conmigo, señora? Tu marido me envió a buscarte.

– ¡Oh! Sí, sí, ven aquí – y llevándola a un rincón – Ve a tu habitación y examínate. Hay un jarrón muy grande con agua. Entiendes, no

– ¿Si?

– Sí, entendí.

– Fue mucho esfuerzo para solo una mañana y cambiarse de ropa – Jean sonrió y sin decir nada, se dirigió a la habitación.

– Qué bien luchas – elogió el marqués, poniendo su mano sobre el hombro de Jeanpaul.

– Gracias, señor.

– Tu amigo es un excelente espadachín– añadió el conde– Debería estar en el ejército francés.

– ¿Para qué? – intervino el Duque – Son solo dos niños. Ningún ejército por ahora.

– Pero, felicidades. Los he visto pelear, en el camino había doce ladrones, e hirieron a ocho, haciendo huir a los cuatro restantes.

Los dos nobles se miraron.

– ¿Verdad? – Uno de ellos se sobresaltó.

– Jeanpaul puede decírselo, señores.

El joven se enfrentó al duque, sonriendo, y trató de paliar el aspecto fenomenal con que había ilustrado el hecho.

– Bueno, señores, mi abuelo exagera. Los ladrones tenían habilidades limitadas para manejar espadas.

– Aun así, fue un acto de valentía.

– Bueno, Jean y yo nos entendemos. Él pelea muy bien.

– Y con qué elegancia.

– Es cierto. Ahora si me permiten me voy a lavar.

– Tranquilo, joven.

– ¡Viejo mentiroso! – Dijo Jeanpaul, cuando estaban lejos – ¿Qué doce ladrones eran esos?

– ¿Estabas enojado? Si lo fueran, ambos habrían arruinado a todos.

– Abuelo, ¿cómo le fue a Jean?

– ¡Magnífico!

– Es muy bueno. Nunca quisiera tenerlo como enemigo.

– Sí, me recordó a un pirata, un corsario, que una vez conocí.

– No me cuentes fábulas.

– No, no, es verdad. Atacó nuestro barco, en un viaje a Inglaterra, hace unos seis años y, ¡qué casualidad!

– ¿Cuál?

– Ese pirata se llamaba Jean.

–¿Jean? – Se maravilló el joven.

– Sí, sí, Jean Ledusk. ¡Qué espada!

– ¿Se robaron todo?

– No, no teníamos nada de valor que él quisiera. Solo se enteró después que hirió a varios oficiales, incluido el comandante. Nada importante, solo le dio en el brazo. Fue un caballero con nosotros. Solo se llevó un reloj de oro y unas cuantas luises más que, según declaró, eran para sus hombres. Y nos dejó continuar el camino.

– Jean Ledusk...

– Sí, un temido corsario y un caballero.

– ¿Hay honor entre los ladrones?

– A su manera, sí.

– ¿Y cuál fue el fin de este pirata?

– Que yo sepa, permanece en los mares.

– Me gustaría conocerlo.

– ¡Oh! – Y el duque golpeó al niño en la espalda –. No te molestes. El próximo cumpleaños lo invitaré a él y a toda su banda de filibusteros. ¡Verás! Ahora ve a lavarte. La rubia tiene sus ojos puestos en ti.

– ¿Viste el beso que Jean le dio a Françoise?

– Hijo, veo todo a mi alrededor.

– ¡Qué beso! ¡Dejó a la niña sin palabras!

– Pues lo mismo haces con la otra.

– ¿Ya lo hiciste con María? – Dijo y corrió.

– Buitre, vuelve aquí, mocoso imberbe. Respeta a tu abuelo, trapo, o sentirás el peso de mi espada.

– ¿Qué pasa, mi suegro? – Preguntó Paulette, acercándose con su marido.

–¿Qué pasa? – Gritó – Es que este mocoso de tu hijo no respeta a sus mayores.

– Ten cuidado con la gota, padre.

El duque se echó a reír.

– Amo a este niño – observó.

– ¡Bien, bien!

– Parecías tan furioso que estuviste a punto de estrangularlo.

–Él es un imbécil. ¡Dice cada una! Me preguntó si ya había besado a María, con el entusiasmo de Jean por Françoise.

– ¿Entre tú y yo, suegro, ya?

– ¡Madre antinatural! El proxeneta del hijo… ¡oh! ¡He visto que es tan inculto como tú! Me voy – Y se alejó con pasos fuertes. No había caminado mucho, se detuvo, se dio la vuelta y confesó:

– Lo intentaré hoy.

– ¡Ah, viejo!

Al reanudar, Jean se encontró en el pasillo con Jeanpaul.

– ¿Ya te lavaste? – Preguntó.

– Todo – respondió Jean.

– ¿Todo? – Se sorprendió, sonriendo.

En un instante, se recuperó y reparó:

– Toda la ropa, incluida… tú también lo haces.

–¿Yo? Bueno, tenemos gente para esto. Ve, Jeanpaul, ve. Françoise me está esperando.

– Más despacio, muchacho.

– No te preocupes. Sé hasta dónde tengo que llegar.

– Te espero en el porche.

✳ ✳ ✳

París se regurgitó con gente de todas las ciudades y provincias, engrosando el ejército que iría a la guerra contra Carlos V. Lenoir, asistente del doctor Girardán, había conocido hacía unos días a un vendedor ambulante que se dirigía a Alençon. Lo envió a casa del médico, quien le escribió una carta a Jean, dándole noticias del estado de Planchet y de lo que estaba sucediendo en el Patio de los Milagros. Recompensó al comerciante con algunas monedas, pidiéndole que se diera prisa, confiando en que era una cuestión de vida o muerte. El hombre guardó la misiva, se despidió y se fue, con su carreta, un ayudante y varios animales de carga.

– ¡No sé si Jean encontrará vivo a su padre! – Dijo pensando –. El viaje a Alençon es largo.

– Y todavía hay un camino de regreso.

– Así es. Pidamos a Dios que todo salga bien.

✲ ✲ ✲

En la propiedad de los Luzardos la vida era tranquila y divertida. Los visitantes habían regresado a sus fincas hacía tres días. Un día, Jeanpaul invitó a Jean a dar un paseo.

– ¿A dónde vamos?

– A quitar la hiedra de la tumba de Diana y ponerle flores a la abuela. ¿Quieres ir?

– Naturalmente. Espera, me pondré las botas.

– Te veré abajo. Iré a buscar los animales.

Jean entró en la habitación y ya caminaba por el pasillo cuando el señor de Luzardo la llamó.

– ¿Sí señor?

– ¿Estás feliz, Jean?

– Sí, señor, sí.

– ¿Cuándo le vas a contar todo a mi hijo?

– Un día, señor. Es que tengo un trabajo que hacer y si le contara todo ahora, Jeanpaul no me dejaría hacerlo.

– ¿En el Patio de los Milagros?
– Sí.
– ¿Y cuándo piensa iniciar esta tarea?
– Pronto. Estoy pensando en volver.
– Me temo que...
–¿A qué le temes?
– Te has dado cuenta que Michelle ya envió dos emisarios para invitar a mi hijo a su casa y sabes lo que eso significa.
– ¿Compromiso?
– Él no pudo evitar esto, querida. Y nos hemos encariñado tanto contigo, que incluso nos hemos convertido en tus cómplices.
– Tengo que correr un riesgo, señor.
– Muy bien. Haz lo que desees.
– Voy a ponerme las botas. Salgo con Jeanpaul. Vayamos al mausoleo de doña Suzanne y pondremos flores.
– Y limpiar el de Diana – interrumpió.
– Es verdad.
– Ve, Jean, vete.

Durante el recorrido hasta el límite de la propiedad, Jeanpaul notó la calidez de su compañero.

– ¿Qué pasó, Jean? Te quedaste en silencio...
– No, es nada. Me pongo así cuando visito los cementerios.
– Pero no vamos a ningún cementerio.
– Lo siento.
– Ahora, siempre que voy a esos lugares lo hago con mucha alegría. Es como visitar a mis seres queridos.
– Tienes razón. Vamos... – y espoleó al animal.

Pronto llegaron al gigantesco roble que permanecía altísimo, como un centinela junto a la tumba del antiguo dueño de todo. Jean de Luzardo había ordenado la construcción de una pequeña y sencilla capilla, en la que contenía el cuerpo de su primera esposa. Jeanpaul abrió la verja de hierro y entró. Había un pequeño altar con dos candelabros. Encendió las velas. Debajo del altar estaba la tumba con la inscripción: "Nunca te olvidaremos, Suzanne." Jean, Paulette y Jeanpaul." Y las fechas de nacimiento y muerte. El niño se arrodilló y oró, al igual que Jean. Luego salieron y recogieron flores silvestres que colocaron en la lápida. Salieron del lugar cerrando el portón. No muy lejos, una pequeña tumba de mármol con el epígrafe... "A ti, Diana, que hiciste mi vida tan feliz. Jean." Abajo, el diseño grabado en el mármol de un bello ejemplar de canino de raza pastor. Jeanpaul empezó a arrancar, con las manos, la hiedra y la hierba que insistían en ocultar la minúscula tumba. Jean lo ayudó.

– Debe haber sido hermoso, ¿verdad?

– ¡Si lo era! ¡Y qué amiga!

– ¿Los perros tienen alma?

– Claro que la tiene. Dios no pondría Su creación en el mundo sin alma. Ahora debería estar en el lugar destinado a ellos. Pero volvamos a ello. Me temo que este lugar te deprimirá.

– No, no me siento deprimido.

– De todos modos, volvamos.

– ¿Por qué el apuro?

– Es posible que Michelle me envíe otra invitación. Y esta vez no puedo escapar.

– ¿Y por qué no?

– No quiero ser grosero. ¿Y Françoise?

– Me pidió que la visitara al despedirse.

– Qué beso, ¿eh?

– Bueno, he besado a tantas – expresó la mentira con la mayor sencillez.

– Supongo.

– ¿Te gusta tanto Michelle que te comprometerías con ella?

– Es una pregunta difícil de responder. Casi no tuve elección.

– ¿Y en París no tenías novias?

– Nada serio y mis estudios me impedían asistir a fiestas, veladas, etc.

– Entonces, has decidido ir a visitar a Michelle.
– Creo que sí. No puedo retrasarlo más.

Jean se quedó en silencio, mirando la hierba sobre la que caminaba el caballo.

– ¿Ahora me sometiste al verdadero interrogatorio y ahora te quedas en silencio? Y tú, ¿qué opinas de Françoise? ¿O tienes novia en París?

– Algunas, pero nada serio. Creo que, antes de tomar una decisión, considera qué hacer en la vida. Como sabes, no tengo los recursos. Mi padre es pobre, no soy nieto de ningún duque y la vida en París es dura.

– No hables así, Jean. Eres mi mejor amigo, eres el hermano que nunca tuve – Jean lo miró seriamente. Se vio reflejada en los ojos del chico. Sus ojos se llenaron de lágrimas. Jeanpaul se dio cuenta.

– No seas así, amigo. Te ayudaré con todo lo que necesites. Ella bajó los ojos. Con dificultad, dijo:

– Vamos, vamos.

– ¡Mira! – Y el niño señaló sonriendo. Miró en la dirección indicada y también sonrió.

–¡Diana! – Exclamó – ¡Ella nos encontró!

La hermosa perra vino como una flecha, y cuando se acercó, comenzó a ladrar acremente. Jeanpaul desmontó y le dio unas palmaditas.

— Hola amigo, ¿nos extrañaste? – El animal puso sus patas sobre los hombros del joven y le lamió la cara, gimiendo de alegría.

– Está bien, ya me besaste. Ahora, el beso de Jean. Ir. la joven se inclinó completamente hacia un lado para recibir las caricias del perro.

– Buenos días, querido – dijo acariciando la cabeza del animal que había puesto sus patas sobre el vientre del caballo.

– Estás linda – Jeanpaul subió al caballo y regresaron a la casa con ella ladrando detrás.

Capítulo III
Leonardo da Vinci

Planchet había empeorado. Ya no recordaba a ese hombre fuerte y férreo al que todos respetaban. Acostado en un jergón, fue objeto de los cuidados de unas mujeres que se apiadaron de él. Y su situación empeoró cuando supo de los excesos que estaba cometiendo la Seguridad turca. Pasaba casi todo el tiempo durmiendo, pero al despertar solo preguntaba por su hijo. En su vejez, incluso había olvidado que era una hija.

Un día mandó llamar al doctor Girardán. Se sentía profundamente debilitado y quería hablar con el médico. No actuó como le pidieron, fue a la guarida maloliente. Algunos lo conocían, pues era quien curaba sus eventuales heridas. Otros lo miraron con recelo. Uno de ellos, un bruto, casi calvo, se adelantó y preguntó:

– ¿Va a ver al futuro difunto, doctor? – El médico lo miró, sonrió y respondió:

– No sé de quién hablas, ¿futuro fallecido?

– El Planchet.

– ¡Oh! ¿Y Planchet es candidato del difunto?

– Bueno, todos sabemos que está al borde de la muerte.

– No lo sé, hijo. Sin embargo, si quieres saberlo, a mí me pareces más bien un candidato.

Los espectadores se rieron, lo que enfureció al individuo de aspecto malvado que golpeó al más cercano a él y lo arrojó.

– ¡Vagabundo! – Rugió.

– Tranquilo, hombre, tranquilo – el médico intentó calmarlo.– Piensa en lo que te dije. Su hijo está a punto de llegar. No le gustará lo que haces.

– ¿El mocoso?– Y soltó una carcajada–. Lo partiré en dos de un solo golpe.

– Cuidado. El duque de Luzardo es su amigo.

– ¿Y yo, Safeth, tengo miedo de los duques o de los niños?

–Espera y verás. Perdón... – y caminó por los puntos subterráneos, cuyo aire fétido le hería la nariz. Una mujer lo reconoció.

– Lo llevaré donde Planchet, doctor.

Cuando llegaron, la mujer lo llevó al catre, donde yacía el hombre. El olor a incienso y hierbas inundaba el lugar; es decir, uno de los túneles por donde pasaba toda el agua de lluvia de París. Construcción diseñada por Leonardo da Vinci quien, por supuesto, nunca hubiera imaginado que se resguardaría de tanta gente, como ratas. El médico se detuvo frente a la sucia cama, recordando el pasado del moribundo, cuando él era el centro de todo. Varias estatuas, robadas, por supuesto; armas suspendidas en las paredes, algunos cuadros, todo decrépito como el dueño.

"Rey" – llamó, tomando una de las manos del paciente.

– ¿Eh? – Abrió los ojos y reconoció a su amigo.

– ¡Doctor Girardán!

– Sí, soy yo quien viene a atender tu llamado – él dijo.

– ¿Doctor, mi hijo?

.–¿Si?

– ¿Dónde está él?

– No sé amigo.

– ¿Como es que no sabes? Te di...

– Me diste una niña.

– ¿Un joven? ¿Y a quién le regalaste mi Jean?

Girardán pronto se dio cuenta que el moribundo no estaba en sus mejores días. Había trazado en su mente todo lo que había planeado. La hija era un hijo.

– Tranquilo amigo, ya viene tu hijo.

– ¡Oh! ¡Doctor, mi buen doctor! Él matará a todos. Ninguno de estos desgraciados quedará con vida. Soy Planchet, el Rey y él me vengará.

– Lo sé, lo sé, Planchet. Sin embargo, cálmate.

– ¿Cómo puedo calmarme, doctor, viendo a este monstruo sin pelo hacer lo que hace? Es un asesino. Si el número de crímenes en París ha aumentado, él tiene la culpa. Está atrayendo demasiada atención por parte de las autoridades. ¡Todo lo malo que sucede en esta vil ciudad se carga a la cuenta del Patio de los Milagros! ¿Qué nos pasará? ¿No hay más honor entre nosotros?

Girardán se rio entre dientes.

– Pero mi hijo vendrá y pondrá fin a todo esto. Safeth no pierde esperando. Sé que lo sé.

– Te recetaré un medicamento.

– No quiero medicinas, ¿qué sentido tiene? Mi esposa ya se fue. Bochet, lo mismo. Me están esperando, no sé dónde. Te llamé para confesarme.

– ¿Confesar? ¿A mí? ¿Por qué no llamas a un sacerdote?

Planchet tosió, se secó la boca con el dorso de la mano y respondió:

–¿Un sacerdote? ¿Y alguno de ellos vendría aquí? Estos buitres solo quieren dinero, pero sin sacrificio, excepto Olav.

– No todos, amigo Planchet, como has dicho.

– Es eso mismo. Sin embargo, lo que quiero confesar no son mis pecados, doctor. Son tantos que solo un ejército de sacerdotes podría oírlos. Y si ese fuera el caso, no funcionaría.

– ¿Y por qué no?

– ¿Por qué? Bueno, sería absuelto por un pecado, pero no por otro, y así sucesivamente. El resultado es que moriría sin llegar a un acuerdo común.

Girardán sonrió.

– ¿Entonces? ¿Qué quieres confesarme?

– ¡Ah! Te lo diré – volvió a toser.– Una mujer se acercó y preguntó:

– ¿Quieres agua, Rey?

– Quiero, quiero, tráela y déjanos en paz.

Se aclaró la garganta mientras la mujer llenaba una taza de barro cocido con agua de una jarra y se la entregaba. Bebió y gritó:

– Ahora vete, quiero hablar con el buen doctor – esperó a que la mujer se fuera y continuó –. Tengo una fortuna en oro, que ningún duque tiene – tosió de nuevo –. ¿Conoces al banquero? ¿Tomás?

– Sí, los suizos.

– Bueno, tengo tanto dinero con él que ningún noble podría tener en sus manos. Es todo de mi hijo.

– Ahora...

– Así es.– ¿Y qué quieres que haga?

– Un documento, que firme, para que todo quede a nombre de mi hijo Jean.

– Entiendo. Pero...

– Pero, ¿qué, doctor? Planchet se está muriendo, lo sé. No puedo ir allí y quitarle la fortuna.

– Pero tu hijo no es un hijo… es una hija.

– ¿Eh? – y Planchet intentó levantarse, tosió de nuevo y volvió a caer sobre la almohada.

– Es verdad, Planchet.

– De verdad – dijo, después de unos segundos de reflexión.

– Sí, soy Planchet des Foiers. Todo está a nombre de Jean de Foiers.

– ¿Qué pasa con el sexo?

– Espera. Saca una maleta pequeña de debajo de esta cama.

El médico se agachó y sacó la diminuta maleta de hierro forjado.

– Ábrela.

– ¿Cómo? Además de cerradura, dispone de tres candados.

– Tengo cuatro llaves colgadas del cuello. Por favor quítamelas – Girardán obedeció.

– La más grande es la cerradura. Las otras tres, pruébalas.

El médico lo intentó varias veces; finalmente logró abrirla. Contenía muchas monedas y diversos papeles.

– En la parte inferior hay un sobre cerrado. Búscala – dijo –. Ábrelo.

El médico así lo hizo y lo leyó. Sonrió.

– Ha sido usted sensato, Planchet. Pusiste toda esta fortuna a nombre de "mi hija" Jean de Foiers. ¡Gracias a Dios! ¡Y qué fortuna! Planchet, no era necesario que terminaras tus días aquí. Eres rico.

Planchet sonrió, tosió y tomó la mano del médico, declarando:

– Plantamos un árbol… un pequeño retoño. Lo regamos todos los días. Él crece. Mientras tanto, el jardinero se marchita, muere… sin embargo, él permanece. Planté a Jean. La hice pasar por un hombre, porque siempre quise tener un hijo. Ahora muero. ¿No es justo que todo sea suyo? ¿Para compensar lo que pasé? Ella es rica ahora, no necesitará quedarse aquí como yo.

– ¿Cómo debo actuar ahora?

– Hacer un documento, otorgando un poder al banquero, a mi nombre, que firmo, transfiriendo todos mis bienes a mi Jean.

– ¿Tú?

– Yo... y por ahora, doctor, ya.

Girardán abrió la maleta que había llevado y sacó un fajo de papeles, lo anotó y se lo dio al hombre para que lo firmara.

– No sé escribir.

– Entonces...

– Hay un sello en la maleta. Es solo mío, lo reconoce el banquero. Pégalo al documento. Una vez completado, el médico guardó todo y preguntó:

– ¿Y este dinero? Incluso hay diamantes, ¿qué harás con todo ello?

– Toma un poco para ti; el resto – y volvió a toser– es para mis tres esposas –. Tendrás que enumerarlos.

Planchet se rio y le provocó otro ataque de tos.

– ¿Rey?

– Bueno – confesó apenas se recuperó –, quiero verlos pelearse por las joyas, como antes se peleaban por mí.

– Planchet...

– Vaya, doctor, vaya, que estoy cansado.

– Tu hija llegará.

– La esperaré. No moriré sin verla. Vete.

– Ahora voy al banco. Haré todo lo que me pediste. Traeré al banquero.

– Lo sé doctor, no lo sé, pero dígame una cosa. Cuando muera, ¿realmente viviré en otro lugar?

– Claro, claro. Solo el cuerpo se marchita y muere.

– Estoy perdido.

– ¿Qué, perdido?

– ¿Nos encontraremos a quienes conocimos allí?

– Sí, Planchet. Te están esperando.

– ¡*Mon Dieu*! – Y se puso la mano en la frente –. Imagínese, doctor, yo llegando allí.– ¿Y?

– ¡Todas esas mujeres esperándome, cada una exigiendo algo! Ya no quiero morir, ayúdame – Girardán se rio, divertido.

– Esto no lo puedo hacer; solo ahí.

✳ ✳ ✳

Alençon, aunque muy lejos de Saint Michel, en el océano, recibió los efluvios de yodo del mar. De ahí el calor y la salinidad que traía el viento a aquel entonces pueblo.

– ¿Vamos a la casa de Michelle? – Preguntó Jeanpaul a Jean, sentados uno frente al otro en el porche, con su padre, su madre y el duque jugando al ajedrez. Doña Paulette, que estaba observando el partido que, naturalmente, llevaba meses sin ganador, intervino:

– ¿A la casa de Michelle, hijo?

– Mamá, esta es la tercera invitación que recibo y no he respondido. Es una descortesía.

– ¿Descortesía, o no quieres ir? – Jean se levantó y dijo:

– Y encima me invita a ir allí. Si quieres ir, Jeanpaul, ve, si Françoise también estuviera allí – fingió, ansiosa porque el niño no fuera. Sin embargo, él mismo no quiso ir. Paulette, vívida, aconsejó:

– No, uno solo no conviene ir. Y en cuanto a la descortesía, lo olvidé. Encontraré una manera. No te preocupes, incluso se acerca la noche.

Diana, que se había acurrucado a los pies del señor de Luzardo jugando al ajedrez con su padre, se levantó de repente. Olfateó el aire y ladró con fuerza.

– ¿Qué te pasa, hermosa? – Preguntó el hijo del duque.

– Vaya zorro – dijo este último, arreglando un error en el tablero, fuera de la vista de su hijo.

–¡Diana! – Llamó Jeanpaul y ella respondió erizada.– ¡Mi padre!

– ¿Qué? Esta torre no estaba aquí.

– ¿Cómo no?

– Padre...

– Yo no robo... ¡Siempre quejándote! Si no estaba ahí, fue tu perra la que sacudió todo y la pieza cambió de posición.

Diana volvió a ladrar fuerte y bajó las escaleras.

– Alguien viene – dijo Jeanpaul.

– Suelten a los mastines – recordó Paulette.

– ¿Para qué, mamá? Ni siquiera sabemos qué es.

– Pero Diana...

– Nos está advirtiendo. Esperemos – Y bajó las escaleras, con Jean.

– ¿Qué sucederá?

– ¿Un conejo, tal vez?

– No, ya está acostumbrada – gritó:

–¡Diana!

El animal respondió de mala gana, con toda su atención centrada en el camino.

– ¿Crees entonces que posiblemente esté viendo y oyendo algo?

– Pero, por supuesto. ¡Mira! Diana corre.

– Que alguien venga y mire el polvo. Sube, llama a mi padre. Definitivamente alguien viene. Coge tus pistolas, después de alertar a mi padre.

– Ya voy.

Al quedarse solo, Jeanpaul volvió a gritar:

–¡Diana! ¡Aquí ahora! – Y la perra respondió. Sujetándola por el pelo del cuello, trató de calmarla –. Tranquila, amiga, calma, que viene alguien y a caballo – y, mirando a la barandilla, vio a su padre, a su madre y a su abuelo. Pronto aparecieron los empleados. Jean bajó con las pistolas.

– ¿Qué te pasa, hijo?

– Alguien se acerca, padre. Y no viene solo, debe haber un ejército detrás, ¿ves el polvo?

– Toma – dijo Jean, entregándole las pistolas.

– ¿Y tú?

– Tengo la mía.

– ¡Diablos! Todo este polvo. ¿Cuántos habrá?

– ¿Cuántos que?

– No lo sé, recuerdo a esos ladrones.

Finalmente, la causa del alboroto se hizo visible. Diana estaba contenida. Se trataba de una pequeña caravana formada por un carro tirado por dos caballos y conducido por un hombre y un ayudante. Detrás, varios burros de carga, cargando cajas y baúles.

– ¡Buenas tardes! – Saludó al desconocido saltando del vehículo, y se presentó –. Soy vendedor ambulante, vendedor puerta a puerta en este país y en otros – El señor de Luzardo y el duque bajaron las escaleras, ya que abajo solo estaban su hijo y Jean, sosteniendo al perro.

– Buenas tardes – respondió el duque –. ¿Qué quieres?

– Agua, ya que nos quedamos sin agua.

– Hay un río cerca, ¿por qué no conseguiste un poco de agua?

– Perdóneme, señor, y podrá quitar las manos de las pistolas. Y que tus hombres no nos maltraten.

– Habla.

– Vamos a un monasterio, pero paramos en muchos pueblos, aldeas, ciudades.

– ¿Y usted se detuvo aquí para tomar agua? Nunca lo había hecho antes – respondió el señor de Luzardo.

– No, señor, no. Ni siquiera nos pararíamos a venderte lo que traigo.

– ¿Entonces?

– Dame agua.

– ¿Solo quieres agua?

– Señor, me desvié de mi camino, dejando la carretera principal de Alençon, solo para hacer un favor, llevando una correspondencia, ¿y sin embargo me encuentro en el blanco de la desconfianza?

Gritó el hombre el duque.

– ¿Qué correspondencia? Habla luego. Debes estar equivocado.

El vendedor ambulante metió la mano en su jubón de cuero y lo sacó con un rollo de papel, levantándolo en el aire.

– Vamos, Buitre.

– Papá, espera.

– Está dirigido a un tal Jean.

– Jean, nieto del Doctor Girardán.

– ¡Yo! – dijo Jean –. ¡Soy yo! – Corrió hacia el carro –. Dame el correo – El hombre se lo tendió. Jean la abrió con entusiasmo.

– ¡*Mon Dieu*!– Y se tambaleó. Jeanpaul corrió, pero doña Paulette lo detuvo, hablando incisivamente:

– Dale refugio a estos hombres. Me quedaré con Jean.

– Pero mamá...

– ¡Vete, Jeanpaul! Guarda los caballos.

– ¿Qué pasa? – Preguntó el duque.

– Nada, padre, nada. Haz los honores de la casa. Yo ayudo a Paulette.

– ¡Sacre Coeur![36]

Jean fue llevado al porche.

– ¿Qué te pasa hija?

– Mi padre me necesita. Tengo que volver. Me pregunta el doctor Girardán. Voy ahora mismo. Él se está muriendo.

– Hija – reflexionó el señor de Luzardo – ya casi es de noche.

– Voy. Préstame un caballo.

– ¿Caballo? Te daré un carruaje.

– No, sería demasiado lento... un caballo.

– Pero, ¿qué pasa con Jeanpaul?

– Dios mío, que no se entere, salvo cuando yo me vaya. Ayúdame, por favor – y se puso a llorar.

– ¿Qué hacer? – Preguntó Paulette.

– Nada. Ella tiene que ir. Confío en ella – respondió el señor de Luzardo –. Vamos, vamos a tu habitación allí, Paulette, ayudándola a ponerse un traje de montar, puso algo de ropa en la

---

[36] Sagrado Corazón.

alforja, metió las dos pistolas en el cinturón con la espada, un sombrero y se fue.

– Por favor, señora Paulette, no le revele nada a Jeanpaul. Lo haré algún día.

– Mantén la calma, hija.

En la sala la esperaba el señor de Luzardo.

– Aquí, Jean. Vas a necesitar esto – y le entregó a la joven una bolsa llena de monedas.

– No es necesario, señor.

– Ah, sí. Tómalo.

Ella aceptó. Abrazó al dueño de la casa, llorando. Luego al duque.

– Te veré en París.

– Sin duda, hija mía. Estaremos allí pronto.

– El caballo está listo, señor – anunció un sirviente.

– Hasta pronto – se despidió y bajó corriendo las escaleras, subiendo rápidamente. Jeanpaul estaba llegando. Ella le lanzó un beso, sorprendida, y salió al galope, desapareciendo pronto.

– ¿Qué pasa? – Preguntó, ajeno.

– Se va a París, hijo.

– ¿París?

– Su padre está muy enfermo.

– Pero, ¿Solo? ¿Y te fuiste?

– Él lo quería así.

– Pero ya casi es de noche. ¡Qué temeridad! Iré tras él.

– No, no lo harás.

– Pero, padre...

– Él sabe lo que hace. Dios lo guiará.

– ¡Me lanzó un beso! ¡No entendí!

– Fue un gesto instintivo, hijo.

– Papá, al menos podrías haber enviado a uno de nuestros asistentes con él.

– No te preocupes tanto, hijo – intentó tranquilizarlo Paulette –. Sé que llegará bien. Y, a caballo, realizarás el recorrido en menos tiempo que utilizando un carruaje.

✹ ✹ ✹

En otra dimensión, una hermosa joven, de la mano de un amigable joven, caminaba por un extenso huerto, entre pájaros cantores de variado plumaje de colores. Estaba vestido de blanco, una prenda de una sola pieza, ceñida a su cuerpo hasta la cintura, cuando se ensanchaba, bajando hasta sus pies, casi arrastrándose por el suelo de hierba. Un cinturón dorado, en forma de Y grande, rodeaba su cintura, dejando que el extremo cayera frente a su cuerpo. El espeso cabello negro le caía sobre los hombros. El joven, alto y delgado, vestía unos pantalones cortos flocados y una blusa blanca. Llevaba botines de cuero brillante que le llegaban hasta las rodillas y zapatos con una gran hebilla cuadrada.

– Me encanta esta paz, Fernand – dijo, aspirando el aroma de flores y frutas.

– Es una pena que tengamos que volver pronto al cuerpo físico.

– Todavía tomará un tiempo. Nuestros padres ni siquiera se han casado todavía.

– Y son jóvenes.

– Sí, bendita la divina providencia. Te esperé tanto tiempo, Fernand. ¡Cuánto tiempo!

– Sí, lo sé. Tomé caminos tortuosos, casi te pierdo de vista.

– Mientras yo era hombre, tú también eras, como mujer, lo mismo en cuanto a las normas de cada región, ¿qué podíamos hacer?

– Es verdad. Pero ahora aquí estoy. Te hice perder tanto tiempo.

– Pero, ya aprendiste, eso es lo que importa.

– Suzanne, aunque somos hijos de Jean y Jeanpaul, siendo gemelos, estaremos separados.

– ¿Por qué? ¿No somos hermanos?

– Sí, sí... pero no marido y mujer.

– Este detalle es secundario. Estamos cumpliendo una tarea más. Elegiste ser sacerdote. Permanecerás célibe y pagarás tus deudas. Animaré un cuerpo femenino, para ayudarte a tener una iglesia. Seré tu querida hermana, hasta la próxima encarnación.

– Estaré destinado a ser sacerdote católico.

– Apostólico y romano – añadió sonriendo.

– Así será.

– Sin embargo, debemos ayudar al señor Luzardo y a Paulette. Se convirtió en la esposa de mi ex marido en el plano físico.

– ¿Ayudar cómo?

– A comprender mejor el potencial que tienen, espiritualmente, para apoyar también a los demás.

– ¿Cuántas veces has estado allí?

– Algunas. Me lo recuerdan constantemente. No puedo explicar por qué y voy a consultar a nuestros mentores. Sin embargo, el hecho que, en mi honor, mantuvieran intacta la habitación que fue mi dormitorio, en aquella casa, como si yo todavía estuviera allí, y casi veneren mis restos mortales, junto al roble, me atrae, y no puedo dejarlo ir para estar ahí cuando sea necesario. Hace un rato estaba ahí Paulette, que ante cualquier preocupación va a esa habitación, como si fuera a un templo, preocupada por Jean. Lo comparé, le di un pase magnético y también le regalé una flor que saqué de aquí.

– ¿Y la niña que será nuestra madre?

– El desinteresado Dr. Girardán la ayudará con naturalidad, como lo intuimos nosotros y nuestros mentores, pero solo en lo imprescindible, sin privilegios.

Sufrirá mucho, pero también aprenderá mucho.

– ¿Hemos encontrado a la familia adecuada?

– No tengas ninguna duda al respecto. Sin embargo, recuerda que fuimos nosotros quienes elegimos. No nos impusieron nada. Como ellos tienen libre albedrío, simplemente vibremos para que todo salga bien.

– Este hábito de ella de fingir ser un hombre...

– Antes de cerrar, todavía aquí, quiso animar un cuerpo masculino, como lo había sido, en muchas ocasiones, de mujer. Se rebeló en vano, ya que el cuerpo poco le importa al espíritu. El padre, que, a su vez, solo había tenido hijas, ocultó a todos el sexo de su hija, haciéndoles creer que era un hombre. Y solo más tarde comprendió la importancia de esa mentira en su vida. Simplemente aceptó vivir en esa condición hasta que conoció a Jeanpaul. Ahora se encuentra entre la espada y la pared.

– ¿Fue esto un castigo?

– No, no fue. Solo una coincidencia, pero de alguna manera sirvió como lección.

–Es verdad. Nada se hace con la intención de dañar. Tenemos derecho a elegir e intentar hacerlo bien. La culpa de todo, de los aciertos y de los errores, es siempre nuestra.

– Así es, querida. ¿Ves cuánto tiempo perdimos?

– En nuestro caso, la culpa fue solo mía.,

– Vaya, hermano, vete. Ahora miro mi cuerpo espiritual y ya no veo el defecto físico que tuve mientras encarné. ¿No es esto maravilloso?

– Alabado sea Dios.

✳ ✳ ✳

Seis días después, cubierto de polvo, cansado y hambriento, Jean llegó a París. Se dirigió directamente a la casa del Dr. Girardán, donde fue recibido calurosamente por el viejo médico y su asistente.

– ¡Mi hija! – La saludó al doctor, abrazándola.

– Estoy sucia, doctor – dijo, pero devolviendo el abrazo. Luego fue a abrazar a su amigo Lenoir –. ¡Los extrañé a todos! ¿Cómo está mi papá?

– Espera, calma, hablaremos después de tomar un buen baño.

– Traeré tu agua, niña. Un momento – advirtió Lenoir.

– ¿Cómo está mi padre, doctor? Preguntó de nuevo, inquieta.

– Vivo, si eso es lo que quieres saber. Pero ven, toma un jugo.

Jean lo acompañó a la cocina. Aflojaron el cinturón, depusieron las pistolas y la espada en un armario, luego abrieron la blusa, se sentaron y estiró las piernas.

– Estás prácticamente en la silla de montar.

– Me duele todo.

Recibió una copa de jugo que bebió.

– Después del baño te daré un buen masaje con un ungüento casi mágico que tengo. Te pondrás como nueva, con tus fuerzas recuperadas, mientras duermes.

– ¿Dormir, doctor?

– Sí, hija. Estás cansada y no podrás hacer nada. Además, la tarde casi da paso a la noche – y mirando la espada –. ¡Hermosa espada!

– ¡Oh! Fue un regalo de Jeanpaul. Es igual que la suya.

– ¿Cómo estuvo todo allí?.

– Maravilloso, doctor, maravilloso. Doña Paulette, el señor de Luzardo, el viejo duque, son excepcionales… y echó la cabeza hacia atrás, quedando pensativa.

– ¿Y Jeanpaul?

– ¡Oh! Doctor, ¡lo amo! Qué gentil, temeroso y cariñoso es.

– ¿Contigo? ¿Un hombre?

– ¿Yo? ¿Hombre?

– ¿Él lo sabe?

– Lo ignora. ¡Qué difícil fue, Dios mío! Si no fuera por la señora Paulette y su marido.

– Debe haber sido realmente difícil.

– Doctor… ¿el caballo?

– No te preocupes. Si conozco bien a Lenoir, deben haberlo desenganchado y alimentado. No tengas cuidado.

– Simplemente no es mío. Me lo prestó el señor de Luzardo.

– Fue una temeridad, cariño, venir sola.

– Puso un carruaje a mi disposición. Lo rechacé. Tomaría mucho tiempo. Monté durante el día y solo me detuve por la noche para descansar.
Nosotros, el caballo y yo, estamos lisiados.

– El agua está lista, Jean. Ven, déjame ayudarte a quitarte estas botas – anunció Lenoir cuando llegó –. Tu caballo está en el patio. Hay mucha hierba allí. Luego le daré un buen cepillado. Tu alforja está en tu habitación.

– Gracias, Lenoir.

– Ve, hija. Deshazte de toda tu ropa, ponte un suéter. Mientras tanto, te prepararé algo de comer y el ungüento. Ve, Lenoir te ayudará con tus botas.

Se levantó, se estiró y siguió a Lenoir. Éste, después de quitarle las botas, salió de la habitación recomendando:

– Deja tu ropa sucia, mañana la lavaré.

– Gracias, Lenoir, muchas gracias.

Bañada, perfumada, se puso el camisón, se peinó y salió. Se sintió ligera.

– ¡Oh! ¡Qué alivio! – Pensó. Fue a encontrarse con el doctor en su laboratorio. Mezcló algunas sustancias en un pequeño jarrón de porcelana.

– ¡Ahora sí, estás diferente!

– ¿Parezco una persona?

– Estás linda. Siéntate. Lenoir te está preparando algo de comer.

– Gracias. Ahora cuéntamelo todo.

– No, hoy no. ¡Mañana, sí…!

– Doctor, estoy ansiosa.

– Lo sé. Y por eso no diré nada. Necesitas relajarte. Tu padre está vivo, aunque muy enfermo. Mañana, con calma, discutiremos el asunto.

– ¿Que es ese olor?

– ¡Oh! Es el ungüento del que te hablé. Es un compuesto herbal con alcanfor y mirra. Rejuvenece la piel, provoca cierta lasitud en el cuerpo y el perfume ayuda a descongestionar las vías respiratorias. Dormirás como un ángel.

– ¿Cómo puedo pagarle tanto, doctor?

– Pero si ya me estás pagando, querida.

– ¿Cómo?

– Dándome la oportunidad de servir.

– ¿Cuántos años tiene usted, doctor?

– Cerca de los ochenta.

– ¿Ochenta?

– ¿Crees que no es suficiente?

– No, no… hay tanta gente que tiene mucho menos y que no hace nada más – Él sonrió.

– Es verdad. Es que no saben que el trabajo también nos causa diversión. Nunca debes dejar de trabajar.

– ¡Cómo te admiro!

– Ahora cuéntame todo lo que hiciste en Alençon.

– ¡Oh! Incluso besé a una chica en los labios.

– ¿Besar? Ahora, ¿una niña?

– ¡Qué experiencia tan horrible! – El médico se rio a carcajadas.

– ¿Y por qué la besaste?

– Para demostrarle a Jeanpaul que soy un hombre.

– ¿Y lo dudaba?

– No, no. Él me consiguió esa novia.

– ¡Oh! Lo sé... en los labios...

– ¡Qué cosa tan terrible!

– ¿Y Paulette?

– Ella es una dama. Ni siquiera parece haber salido del Patio de los Milagros.

– Y el Padre Celestial siempre hace lo correcto. Los lirios también crecen del barro.

– ¡Oh! Jeanpaul... ¡lo extraño!

– Cálmate chica. Todo va a estar bien.

– Ven, niña, ven a comer– apareció Lenoir llamándola –. Una buena sopa y trozos de pollo asado.

– ¡Qué belleza! Estoy yendo.

Lenoir lo llevó a la mesa, lo sirvió y recomendó:..

– Cómetelo todo. Llena esta pequeña barriguita. Hay jugo en esa jarra. Te dejaré en paz – y se retiró. La niña se arrojó con ansias en la comida.

– ¿Qué le pareció, doctor?

– Está bien, mira. Encontraste el amor pero, la pobre, no puede disfrutarlo. Al menos por ahora.

– Podría acompañarte mañana, al Patio de los Milagros. Yo te defendería.

– Lo sé, mi buen Lenoir, lo sé. Pero esta cuestión tendrá que resolverse por sí sola.

– Pero, ¿qué pasa con ese turco?

– Es un peligro. Pero le irá bien.

– ¿Le dijiste algo?

– No, no. Haré eso mañana.

– Ahora es una niña rica.

– ¡Y cómo, Lenoir! Planchet supo administrar su fortuna.

– ¿Se lo vas a decir?

–Todavía no. Ya he arreglado todo con el banquero, pero no puedo informarle sobre esto ahora. Disfrazado, aquí vuelve.

– ¡Oh! ¡Doctor, parece que no he comido en años! Te agradezco Lenoir. Eres un gran cocinero.

– Quédate con el doctor, niña. Tienen mucho de qué hablar – y él se fue.

– Aquí está, tu ungüento. Tendré que darte masajes. ¿Estás avergonzada?

– No, claro que no, doctor.

– Bueno, cuando vayas a dormir, solo usa pantalones cortos.

– Doctor, usted también necesita descansar. Puedo usar la sustancia yo mismo.

– Lo sé, pero no puedes darte masajes tú mismo. Entonces lo haré. Y ten por seguro que no verás el final, ya que pronto dormirás.

– Muy bien. ¿Quieres decirme algo ahora?

– No, no. Mañana. Tenemos tiempo.

– ¿Y Francia, doctor? Escuché rumores de guerra.

– Si es verdad. Francisco está en disputa con el emperador Carlos V. Ya se fue con el ejército. Francia está pasando por malos tiempos. Esperamos que todo termine bien.

Jean bostezó.

– Vamos, vamos a dar un paseo. Estas con sueño.

– ¡Y cómo!

Le dio la mano a la joven y la acompañó a su habitación.

– Acuéstese boca arriba. ¿Estás usando pantalones cortos?

– Sí.

– Excelente.

La joven se quitó el camisón, se tumbó y se dejó masajear. De hecho, el olor del ungüento, combinado con el sueño que sentía, hizo que se durmiera inmediatamente. El médico terminó el trabajo, la cubrió, acomodó la almohada y la besó en la frente.

– Que duermas bien, niña. Que Dios ilumine tus sueños – apagó la vela y partió hacia el laboratorio, a preparar los medicamentos que distribuía a los pobres de París.

– ¿Qué está soltando entonces la seguridad turca? – Preguntó, todavía en camisón, mordiendo unas tostadas.

– Él es el que se encarga de todo. Todo el mundo le tiene miedo. Se acostumbró a irrumpir en casas para robar, algo que antes era poco común.

– Es verdad. Solo fingíamos ser mendigos para conseguir limosna. Robamos, sí, a algún incauto, pero irrumpimos en casas, no.

– Con esto toda la culpa es de la comunidad del Patio. Pronto enviarán a los Mosqueteros del Rey y habrá una matanza.

– Tengo que ir ahí.

– Hay que tener mucho cuidado, hija. Este hombre es un bruto. Y es enorme.

– Conozco a Safeth. Pero, doctor, "cuanto más grande es el árbol, mayor es la caída"

– Y tiene secuaces.

– Que los tenga. Voy a vestirme... – y se fue.

– Por lo que he oído, doctor, está decidido.

– Es verdad. Esta noche recé mucho, le pedí a mi hermana Suzanne, que está más cerca que yo de nuestros mentores, que protegiera a esta niña. Y confío en que todo te saldrá bien.

Jean no tardó mucho en reanudar. Llevaba la misma ropa con la que había llegado a casa del Dr. Girardán; es decir, unos pantalones desgastados pero limpios y pegados al cuerpo, cuyas puntas entraban en sus botas que se doblaban justo por encima de sus tobillos, unas holgadas de color blanco. Blusa, pero cerrando a los lados, puños. Sin embargo, en su cintura tenía la hermosa espada que había recibido, además de las dagas. Sobre su pecho estaba el camafeo que le había regalado el matrimonio Luzardo. Para unirlo todo, el sombrero con la pluma.

– Estoy lista, doctor. Reza por mí. El viejo doctor la miró.

– Jean, deshazte de la ira, del odio. Noto en tu cara...

– No es ira ni odio, doctor – interrumpió la muchacha –, sino justicia. Y se hará justicia. No mataré a nadie, mientras no atenten contra mi vida. Yo nunca bautizaría esta espada –y la sacó a medias de su vaina–, con sangre de alguien, salvo para defenderme. Mantén la calma. En primer lugar, solo quiero ver a mi padre. Veamos qué pasa después. ¿Me das tu bendición?

–¡Oh! Hija, claro que sí. Dios te bendiga y proteja. Oh, señora Suzanne, amiga mía.

– Le mando noticias, doctor – y se fue.

– ¿Vas a caminar?

– Claro. Los de allí suelen comer carne de caballo y tengo que devolver el caballo.

– Sí, sí, quedará guardado. No te preocupes.

Se puso el sombrero y caminó por la calle Saint Germain, sucia, llena de charcos de agua, siempre apoyada en las paredes, evitando los lugares frecuentados. Así llegó al Patio de los Milagros. Varios mendigos se disponían a salir a la calle. Algunos se arreglaron las "heridas" en la nariz, otros se envolvieron las piernas con mantas ensangrentadas, etc. Todo para engañar a los transeúntes en busca de monedas.

– Pon esta venda sobre tu ojo más arriba – le recomendó a una mujer gorda y cubierta de hollín.

– ¿Qué? ¿Quién eres tú para enseñarme?

– ¿No me reconoces, Blanche?

– ¿Eh? ¿Cómo sabes mi nombre, mocoso?

– Quítate la venda de los ojos y mírame con ambos ojos.

– Bueno – y la mujer hizo lo que le decía. Pasó un rato y su rostro se iluminó con una gran sonrisa.

– ¡*Mon Dieu*! Eres Jean, hijo de Planchet.

– Si, soy yo.–¡Oh! ¿Cariño dónde has estado?

– Por ahí.

– Tu padre está mal, muchacho.

– Me enteré y vine a verlo.

– ¡Oh! ¡Muchacho, esto está a punto de morir!

– Va a mejorar. Vine a ocupar el lugar de mi padre.

– ¿Tú, Jean? Safeth ya lo ha hecho.

–Pero no puede. Soy el hijo del Rey de los Mendigos. Como consecuencia.,!

– Chico, no te metas con el turco. No sirve, es un animal. Ve, visita a tu padre y vete.

– No soy de las que huyen, Blanche. Soy el heredero y quiero mi título.

– ¡Es una temeridad!

– Vamos, Blanche, ponte la venda. Nos vemos luego» Voy a ver a mi padre. ¿Está el turco ahí?

– Duerme, todavía, después de haber bebido mucho. Ten cuidado, Jean.

– Lo tendré. Hasta luego.

Caminó hasta la boca de la escalera que conducía al metro de París, las cloacas de la gran ciudad. Pronto el nauseabundo olor a podredumbre afectó sus fosas nasales. Era un mal olor familiar, pero ahora le repugnaba. Todo lo que tenía que hacer era permanecer afuera unos días, respirando aire fresco, para sentir la diferencia. Caminó entre los andenes, por donde, abajo, corrían las aguas fétidas de la ciudad. Existía una especie de plaza, de la que se bifurcaban varias tuberías de alcantarillado, y encima de ella, conectadas por escaleras de madera que conducían a una especie de hornacinas que servían como "casas." Se detuvo y subió los escalones de una de las escaleras. Llegó a un túnel iluminado por antorchas y el fuego que ardía bajo una gran tina de cobre humeante. Vio algunas figuras sentadas y hablando.

– ¡Hola, chicos! – Saludó.

– ¿Quién es? – Sonó una voz.

– Jean, hijo de Planchet.

–¿Jean?

– ¡Sí!

Pronto la multitud la rodeó y los abrazos continuaron.

– Suzette, ¿cómo está mi padre?

– No está aquí, en su antigua oficina, muchacho. Enfermó y se mudó a petición del mago Girardán..

– ¿Mago? – Ella preguntó.

– Eso dice todo el mundo – dijo la mujer con aire de desdén.

– Sí, sí, pero ¿dónde está?

– Pasaste por allí.

– ¿Cómo?

– Justo en la entrada, la antigua casa de Paulette.

– ¿Paulette?

– Sí – añadió otro, la tuerta –. No creo haberla conocido, ya que eras pequeña.

– ¿En la entrada? ¿En dónde?

– Afuera, en el Patio.

– Bueno, me reuní con Blanche y no me informó.

– Ese médico pensó que debía salir de aquí y tomar aire fresco. Mira, él siempre ha vivido aquí, ahora le duele – estalló una risa.

Jean no quiso hablar, solo preguntó:

– ¿Cómo llegar allá?

– Pregúntale, traviesa.

– Yo te llevo allá.

– ¿Y el turco?

– ¡Oh! Éste durmiendo.

– Le dices que Jean, hijo de Planchet, ha llegado para ocupar el lugar de su padre.

– ¿Tú? ¿Contra la seguridad? ¡Estás loco! Será mejor que vuelvas a donde estabas. La seguridad te matará, *mon petit*.

– Ya lo veremos. Infórmale que he venido para quedarme.

– Bueno, el gallo de pelea – y nuevas risas.

– Voy a buscar a mi padre, estúpidos. Y vendrán todos a mí – y puso su mano en la empuñadura de su espada –. ¿Alguien quiere probarlo? Tú que te ofreciste a llevarme, ¿de acuerdo?

– Sí, sí – la multitud acalló el ruido.

– No lo olvides. Advierte al criminal que el heredero de Planchet, el Rey de los Mendigos, está aquí para reclamar el título y ponerlo a descansar.

¿Vamos?

– Sí, muchacho, sí – asintió el anciano, tomando la iniciativa.

✳ ✳ ✳

– Entonces, Fernand – preguntó la entidad que había encarnado el cuerpo de Suzanne –, ¿qué opinas de todo esto?

– Estoy en la fase de aprendizaje, cariño. Por lo que veo, siempre estás en demanda.

–Así es. El buen doctor Girardán, que pronto estará con nosotros, pero en otro ámbito, pues es un santo en la tierra, me invocó para apoyar a nuestra futura madre.

– Entiendo; sin embargo, que otras cosas escapan a mi razón.

– ¿Cuáles, querido hermano?

– Lo elegimos por nuestros padres, dos jóvenes que ni siquiera se casaron, ni tuvieron ningún contacto físico que nos sirviera de vehículo para nacer. Hay dos niños.

– Podría responderte, pero hablemos con nuestros mentores. Disiparán todas tus dudas.

– Lo sé, Suzanne, eres mucho más evolucionada que yo. Ni siquiera necesitarías regresar al orbe terrestre. Lo harás por mí.

– Querido…– y abrazó al joven –, cierto, perdiste mucho tiempo, ¡me hiciste esperar tanto! Pero nos amamos y siempre quise estar a tu lado. Solo esperé y oré por ti. ¿Ves?

– ¿Qué?

– Estás a mi lado, finalmente volviste a mí.

– Podría regresar solo, cumplir mi misión regenerativa y regresar contigo.

– Lo sé, pero quiero volver contigo.

– Pero no seremos marido y mujer.

–¿Importa? Seremos hermanos y te ayudaré a vencer, pensando en la próxima encarnación, cuando tendremos derecho a amarnos en cuerpo y espíritu.

– ¡Seré sacerdote!

– Sí, lo serás. Tienes una deuda que rescatar.

– Sí... Yo maté a Monseñor Lavigne.

– Con refinamientos de crueldad.

– Pero atacó a mi familia.

'– Impulsado por el fanatismo religioso. En cierto modo, no se le puede considerar culpable en absoluto. Todas sus prácticas se llevaban a cabo en nombre de la religión.

– Mandó quemar a mi familia en la hoguera y tuvimos una niña de seis años.

– ¿Ya lo has perdonado?

– Sí, lo hice, después de eliminarlo y colgar su cuerpo boca abajo de un árbol, arrancándole la piel a tiras.

– Y luego salar el cuerpo.

– En ese momento no le alcanzó. Pero, ¿dónde están mis parientes, consumidos por el fuego? Nunca he encontrado uno.

– ¡Alto! ¡Mi querido hermano! La familia no siempre es nuestra familia.

– Al parecer, necesito aprender mucho.

– Y así lo harás, siendo sacerdote católico. Estudiarás y vivirás precisamente lo contrario de tu desafección. Ten en cuenta que en todas las actividades humanas siempre hay alguien que no está de acuerdo. El hecho no debería incriminar a todos. No generalizar es lo correcto.

– ¿Y mi pregunta?

– Ven cariño. Nuestros mentores nos iluminarán.

– ¿A nosotros?

– Por supuesto, también tengo mucho que aprender.

– Suzanne, espera. Dime... – y se llevó las manos a la frente, se alisó el pelo y solo entonces prosiguió:

– Si nosotros, los espíritus, podemos ver mejor que los encarnados, ¿por qué no ayudarlos?

– ¿Y no ayudamos, amor?

– No, escucha: ¿por qué no solucionamos crímenes y callamos tantas cosas? A veces, una persona condenada a muerte es inocente y somos conscientes de ello; esa persona muere, cuando el verdadero culpable muere en la cama, no pocas veces, como un patriarca. No podemos hacerlo todo, ¿verdad?

Suzanne sonrió.

– Esperemos, cariño. Ellos nos explicarán todo.

– Todos estos enigmas del mundo, querida, sin solución, solo presupuestos por mentes encarnadas, ¿no podemos actuar para ayudarlos a desentrañarlos? Las hipótesis se multiplican sin llegar a ninguna conclusión convincente.

Suzanne volvió a sonreír.

– Espera, pronto te lo aclararán.

– ¿Por qué sonríes?

– Porque estoy disfrutando de tu inquisición. Serás un gran sacerdote. Vamos, vamos con nuestros mayores – y de la mano, pisando la suave hierba que parecía una alfombra, pasaron junto a un encantador lago, donde nadaban alegremente cisnes y aves acuáticas.

– ¿Es todo esto un espejismo o estos pájaros y animales tienen espíritus?

– Todo el mundo tiene una chispa divina. No están aquí solo para hacernos felices.

– Dejemos esto para más tarde.

– También creo. Sigamos buscando a nuestros mentores. Algunos edificios aparecen a la vista.

– ¿Tenemos que concertar una cita?

– No hay necesidad. Ya nos están esperando. Siempre nos esperan. No te preocupes.

Se encontraron con muchas personas que los saludaron calurosamente. Los trajes eran uniformes. Los grupos charlaban animadamente, los niños corrían y jugaban bajo el cuidado de hermosas jóvenes. Los edificios, casi los tres pisos, excepto uno, que parecía un palacio, de mayores dimensiones, con escalera y columnas en el amplio porche. Hacia allí se dirigieron. Subieron las escaleras, cruzaron el largo patio y entraron en el edificio. Una habitación amplia, varias puertas. Se dirigieron a uno de ellos y abrieron la puerta. Una estancia como la de cualquier oficina. Una mujer joven y un hombre joven estaban sentados detrás de una mesa.

– Queríamos hablar con el hermano Licínio – dijo Suzanne.

– Claro, hermana. Te está esperando – informó la joven sonriente –, puedes pasar.

– Gracias.

Cruzaron una puerta y se toparon con una figura sonriente, sentada detrás de una hermosa mesa, con los papeles ordenados. Había dos sillas al lado del escritorio. La habitación era sencilla. Una enorme estantería que contiene una cantidad apreciable de clasificadores numerados de gran tamaño; en un rincón, una mesita con un aparato que recuerda a una vieja máquina de escribir. El hombre, casi completamente calvo, se puso de pie ante la entrada de los dos.

– Saludos, hermano Licínio – saludó Suzanne.

– Saludos, hermanos. Siéntense – ellos respondieron. Él continuó:

– Sé de dónde vienen. No hay necesidad de preguntas, excepto las que estén fuera de contexto. Entonces déjenme explicarles. Naturalmente, pueden aceptarlo o no. Después de todo, estoy aquí porque he tenido preguntas similares antes. ¿Puedo hablar?

– Por supuesto, señor – dijo Fernand.

– ¿Señor? No, Solo hermano. Escucha: En primer lugar, nuestra hermana, encarnada el cuerpo que antes poseía, pagó, a petición suya, por el daño que había hecho a otra persona, ganándose después de la parálisis de sus piernas, causa que anteriormente provocó a la actual hermana Paulette, encarnada., cuya alma gemela trató de atraer hacia sí. Por eso, nuestra hermana pidió no alentar el daño que le hicieron inmediatamente después del nacimiento. Ella fue más allá, eligió un período de la vida en el que todo era bello, felicidad, estar relegada a la cama, parapléjica. ¡Alabado sea Dios! Y, además, unió a dos personas que, de hecho, se amaban, permitiendo incluso la unión de otros, en este caso Jean y Jeanpaul. Su vida, su sufrimiento, la redimieron de prácticamente todos sus crímenes. Sin embargo, volverá a su cuerpo físico, una vez más por amor. Te ama, muchacho, que te alejaste, por caminos obtusos, terminando por acabar con la vida de un sacerdote católico. Él también, a su vez, pide renacer y ser sacerdote, con el objetivo de arreglar todo lo que hizo mal – se cruzó de brazos y sonrió –. Hágase su voluntad. Así será. Solo tú tendrás a la mujer que amas, como hermana, no como esposa.

En cuanto a una de las preguntas que usted le hizo y que está registrada aquí. Por supuesto, lo sabemos, nada se nos escapa de lo que sucede en el orbe terrestre. Si resolviéramos todas esas preguntas y otros misterios, ¿qué pasaría? No tendrían nada que hacer, no necesitarían estudiar para ser abogados, jueces o incluso policías. Bastaría, como siempre se hace en cualquier situación problemática, mirar hacia arriba y tratar de averiguar: "¿Quién mató a fulano de tal? ¿O quién lo robó?" y, con la respuesta, arrestarían al culpable, poniendo fin al caso. Sería demasiado fácil, seamos realistas. Sin embargo, te digo que hay casos en los que realmente ayudamos. Son raros, pero ocurren. ¿Entiendes, hermano?

– Sí – asintió Fernand, sorprendido por la pronta aclaración de su dilema.

– Y en cuanto a ser hijos de los todavía adolescentes Jean y Jeanpaul, preguntó nuestra hermana Suzanne. Se trata de dos espíritus sin mayor culpa, que se aman y pertenecen a la misma familia espiritual. Ella siempre quiso animar un cuerpo masculino, casi degradando el femenino. Ahora encarna el cuerpo de una joven, pero tiene que fingir ser un hombre. Y está sufriendo por ello. Seguramente dará mayor valor, de ahora en adelante, a la manifestación femenina, relicario de Dios para perpetuar la especie. ¿Lo asimilaste?

– Sí, sí, hermano – sonrió Suzanne.

– Bueno, usted eligió ser sacerdote. Naturalmente, ya has pensado en la enorme responsabilidad que recaerá sobre tus hombros.

Ser sacerdote significa prestar la palabra de Dios a los demás. Es actuar como Él mismo. No se trata solo de vestir un hábito negro y caminar por las calles con el libro sagrado en las manos. Significa soportar en cada momento los pasos de Jesús en su vía crucis. Es compartir con los pobres el poco pan que tendrás. Y ser humilde, amigable, leal y célibe, como lo exigen las leyes de la Iglesia Católica. Es difícil ser sacerdote, hermano, porque, como médico, siempre tendrás que estar al día de todo lo que parezca nuevo, aunque tengas en tus manos la Biblia, que tendrás que leer, no memorizarla., pero entenderla. Ser sacerdote significa descomponer todo tu cuerpo en beneficio de los demás. Si quieres ser un buen sacerdote, haz lo que te digo, porque hay otros que no valen nada, como los médicos, abogados e incluso reyes. Realizar adecuadamente sus deberes. No te harás ningún favor.

– ¿Y tendré éxito?

El hermano Licínio sonrió.

– No sé. Dependerá de ti.

– Yo te ayudaré, hermano.

– Tendrás la fortuna de hacerlo, ya que tus padres serán ricos. Es otro desafío. Sin embargo, confío en ti. Está permitido que la hermana Suzanne se conecte con sus seres queridos que se encuentran en el plano físico. ¿Todo respondido?

– Sí, sí.

– Entonces, continúa tomando tus clases de Teología. Estás en contacto con profesores sacerdotes. Así, cuando encarnes, tendrás la vocación que has pedido. No los defraudes. Hasta pronto, hermanos.

Capítulo IV
La Muerte de Planchet

El anciano guio a Jean fuera de las alcantarillas. En la inmensa plaza del Patio de los Milagros, en la esquina con la calle Les Clerc, el guía señaló una pequeña casa de ladrillo visto, casi en ruinas.

– Está ahí, joven. Puedes ir solo. La luz me hiere los ojos.

– Gracias – y se dirigió a la casa, tocando la puerta. Su corazón también latía con más fuerza. Una mujer abrió la puerta a medio camino.

– ¿Quién es? – Preguntó con recelo.

–Soy yo, Celina.

– ¿Yo quién?

– ¿No me reconoces? Soy Jean.

–¿Jean? – Y la puerta se abrió de par en par –. ¡Jean, muchacho! Gracias a Dios que apareciste – y abrazó a la niña en sus brazos y ella respondió –. Está de buen humor. Ven, ven a ver a Planchet... y tiró de la mano de Jean, cerrando la puerta.

– ¿Cómo está mi padre?

– ¡Ah, *mon petit*! Está llegando a su fin. Más aun cuando ese maldito turco nos impide comprar medicinas y alimentos. Ven, ven, que solo habla de ti.

Era una casa pequeña: Celina abrió una puerta, se paró junto a ella y le dijo a Jean que entrara. El olor de las medicinas dañaba su sentido del olfato. En aquella habitación, bien iluminada, aunque todavía era de mañana, Planchet yacía en una cama.

– ¡Dios! – Jean se sobresaltó al contemplar la figura demacrada, de largos cabellos blancos, recostada en aquel jergón. El anciano tenía las manos sobre el vientre, con los dedos entrelazados. Ojos cerrados. La niña se acercó y se arrodilló junto a la cama.

– ¡Padre! – Llamó suavemente –, y tomó la mano huesuda del paciente –. Celina estaba a su lado. El moribundo, cuya respiración apenas se notaba, abrió los ojos y los volvió hacia la joven. Sus labios se estiraron en una sonrisa.

– ¡Papá! – Habló de nuevo, acariciando su cabello. La mano que ella sostenía ejerció una ligera presión sobre la de él. Dos grandes lágrimas cayeron de sus ojos, recorriendo los surcos de su rostro. Abrió un poco la boca y cerró los ojos. Planchet había entregado su alma al creador. Jean se inclinó sobre él, sollozando. Celina corrió a buscar una vela que traía encendida y la colocó en la cabecera de la cama, haciendo la señal de la cruz. Jean sollozó.

– ¡Pobrecito! – Dijo la mujer conmovida al verla de nuevo. Murió feliz, solo te estaba esperando.

Jean permaneció allí mucho tiempo, recordando la figura de su padre, que había sido tan fuerte y temido. Ahora, aquel cuerpo demacrado, casi piel y huesos, yacía sobre aquel jergón.

– Vamos, hijo. No te preocupes por nada. Dejó instrucciones al Doctor Girardán sobre qué hacer después de su muerte. Ven, salgamos a hacerle saber a la comunidad que el Rey de los Mendigos ya no existe.

Jean se puso de pie. Miró a la mujer y declaró:

– Sí, así es, Celina.

– Pero, ¿cómo, hijo? ¡Planchet está muerto!

– Sin embargo, estoy vivo. Y yo soy tu heredero. ¡Soy el Rey de los Mendigos!

– ¡*Mon Dieu*!

– Ve y di a todos que Planchet murió, pero su hijo permanece en su lugar. Voy a casa del doctor. Volveré pronto.

Y se fue pisando fuerte.

– ¡*Mon Dieu*!– Repitió Celina –. Aquí va a haber una tormenta. ¡Pobrecito! ¡Tan joven! El turco lo matará. Luego tendremos dos funerales.

¡Virgen María!

Algún tiempo después, Jean regresó con el Dr. Girardán. La casita estaba llena de viejos amigos y curiosos de Planchet.

Al pasar, Jean fue recibida por quienes crecieron con ella.

– Bienvenido, Jean.

– Gracias, Antoine.

– Mi más sentido pésame, Jean.

– Gracias, Pedro.

Tuvo que responder a una infinidad de saludos y sentimientos de pesar. Logró entrar con el Dr. Girardán. Habían extendido una sábana sobre el cadáver y encendido más velas. El médico examinó el cuerpo y luego preguntó:

– ¿Alguno de ustedes conoce al padre Olav?

– ¿El de la iglesia de Saint Denis?

– Éste.

– Lo conozco, doctor.

– Uno de los deseos de Planchet era que el padre Olav, a quien prestaba mucha atención, ordenara su cuerpo. ¿Puedes ir a advertirle?

– Con mucho gusto, doctor.

– Entonces vete, hijo.

Celina se acercó a Jean, llevando algunas de las pertenencias del muerto.

– Jean, aquí están las cosas de tu padre – Jean miró y examinó. Una espada antigua, dos puñales, una cadena de bronce que llevaba alrededor de la cintura, sosteniendo la espada y una especie de collar de plata, con una pequeña corona. Era el emblema del Rey… Rey de los Mendigos. Jean sonrió y se puso el collar alrededor del cuello, ante las miradas de sorpresa de todos.

– ¡Rey muerto, rey listo! – Declaró alto y claro.

Sus amigos de su infancia aplaudieron, mientras los mayores se volvieron taciturnos. Jean examinó la espada. De repente, murmullos alterados de voces rompieron el respetuoso silencio en aquella improvisada cámara funeraria.

– ¿Qué pasa? – ella preguntó.

No hubo necesidad que ninguno de los espectadores diera explicaciones. Un niño entró en la casa, sonrojado:

– ¡Es seguro! Quiere entrar a toda costa para conseguir el collar del rey.

– ¿Quién? – Preguntó, poniendo instintivamente su mano sobre la pequeña corona adherida al collar – y sonrió –. No esperaba que fuera tan pronto.

Mi padre ni siquiera se ha enfriado todavía – y para el médico –. Cuando usted muere, doctor, ¿el espíritu permanece ahí?

– Bueno, hijo...

– Responde por favor.

– No hay reglas estrictas. A veces sí.

– Entonces, hagamos como si mi padre estuviera presente – y se fue.

Una multitud se apretujaba frente a la casa. Destacando en medio de ella, un hombre corpulento, con la camisa abierta sobre su pecho peludo y poderoso. Era calvo, tenía la barba negra y sucia y los ojos inyectados en sangre, consecuencia del consumo de alcohol. Jean abrió el camino con calma y se detuvo a unos pasos del hombre.

– ¡Hola, turco! – Su voz sonó áspera, mientras cruzaba los brazos frente a su pecho. Su mirada se fijó en los ojos del bruto, duros, fríos.

– ¿Que quieres?

– Nadie me llama turco – gritó.

– ¿Y tú no lo eres? Dime, ¿qué quieres?

– Planchet murió. Soy el rey ahora.

– ¿Quién te lo dijo?

– Es mi derecho. Ahora soy el líder.

– ¿Tienes más derechos que yo, el heredero legítimo del Rey?

– Ahora deja de bromear, *petit*[37]. Dame este collar y podrás volver al funeral de tu padre.

Jean descruzó los brazos.

– ¡Quieres hacerte con el collar, hijo de una ramera de las orillas del Sena, así que ven y tómalo! – Y dio un paso atrás.

El gran hombre se puso rojo de ira. Resopló como un toro acorralado.

– No juegues conmigo, mocoso. Puedo partirte por la mitad.

– Primero tendrás que atraparme. La multitud estaba tensa. Odiaban al turco, pero le temían. Y quedaron perplejos por el coraje de Jean. Ella paró. Con una expresión seria en su rostro juvenil, miró por un momento a la enorme pero derrotada figura. Besó la

---

[37] Pequeño.

espada de Planchet y, en un arrebato de ira, le dio una patada en medio de la cara al anteriormente arrogante Safeth, que cayó hacia atrás, cubierto de sangre. Los aplausos estallaron. Levantó su espada y, con aire solemne, proclamó para que todos la oyeran:

– ¡Soy el Rey de los Mendigos! Si alguien duda de esto, que lo disfrute, mientras tengo la espada de mi padre en la mano.

– ¡Viva Jean, viva el rey!

El doctor Girardán se secó algunas lágrimas. Y escuchó a Jean continuar.

– Que este hombre sea expulsado de la comunidad. Él y sus secuaces. De ahora en adelante todo aquí cambiará – y señaló algunos –. Tú, tú y tú llévate este asqueroso cadáver de aquí. Y nunca regreses, o te mataré sin piedad. ¡Ya!

– ¡Ya! – Todos gritaron y empezaron a tirar piedras y todo lo que encontraron. Los hombres, amigos del criminal, se lo llevaron a rastras.

– Vamos a quemarlos – gritó uno.

– Así es, hagamos un fuego.

– ¡No! – Reaccionó Jean.– No deberían ensuciarse las manos con animales asquerosos como estos. Suéltenlo – y volviéndose hacia el Doctor Girardán – Doctor, mi padre estuvo aquí. Lo sé porque lo sentí. Doctor, diga algo, porque no tengo palabras.

Todos volvieron su mirada hacia el doctor. Éste fue un poco más allá y comenzó:

– ¿Que decir? Vamos, chicos, todos conmigo – y recitó el Padre Nuestro.

TERCERA PARTE

Capítulo I
Guerra, Siempre

Se haga justicia al rey Francisco I. Aunque amaba las orgías, las fiestas monumentales y las cacerías, era un amante de las letras e incluso un buen estadista. Fundó el Colegio de Francia, y trajo el Renacimiento italiano a su país, atrayendo a su Corte a grandes artistas de la época, como los renombrados Leonardo Da Vinci, Renevenuto Cellini y muchos otros. Construyó los palacios de Chambord, Villers-Cotterets, Fontainebleau, Saint-Germain en Laye y muchos otros. Sabiendo que sus predecesores provocaron la ira de los franceses, en particular de los de la nobleza que estaban bajo sus botas, les hizo entrar en razón, haciéndoles experimentar un lujo que antes no tenían. Ciertamente, esto provocó un despilfarro de finanzas pero, bajo su égida, fue un medio para que el gobierno atrajera hacia sí aquellos que sus predecesores habían reservado. De este modo mantuvo a la nobleza siempre a su alrededor. El absolutismo real progresó, aunque Francisco era demasiado frívolo para gobernarse a sí mismo. Siempre hubo disputa entre los favoritos y los sucesivos favoritos. Hasta su muerte, la reina madre desempeñó un papel preponderante en el reinado. Francisco unificó el territorio, confiscando los bienes del condestable de Borbón, dio nueva vitalidad a la centralización administrativa y sustituyó el latín por el francés, convirtiéndolo en lengua oficial.

Margarita de Angouleme, su hermana, ayudó mucho. Y gracias a él, su hermano no persiguió a los protestantes, y fue mucho más tarde, cuando estos religiosos colocaron carteles en varias ciudades, incluido París, con las palabras: "Artículos verdaderos sobre los horribles abusos de la Misa Real", que inició la represión a los partidarios de Martín Lutero. En el extranjero, el rey, apodado 'El Rey Caballero', lanzó la aventura italiana, saliendo victorioso contra los suizos , la Santa Alianza en Marignau, victoria que lo hizo famoso y señor de los milaneses. Ahora Francia se encontraba en una situación crítica. Rodeado de los Habsburgo, dueños de Flandes, Alemania, Nápoles, Cerdeña, Sicilia, España y el Imperio Colonial Español. Francisco intentó obtener una alianza con Enrique VIII de Inglaterra, pero fracasó. La traición del condestable de Borbón, que así se vengaba de las intrigas de Luisa de Saboya, proporcionó a Carlos V un gran e inesperado refuerzo. Francisco se había ido con el ejército, ya que no tenía nada más que hacer que la guerra. Francia sufría.

✻ ✻ ✻

Después de la rotunda victoria sobre Safeth, el turco, Jean fue aclamado Rey de los Mendigos. Al principio, todo salió bien. Logró hacer que los miembros de la comunidad colaboraran, ayudaran a los realmente necesitados, como enfermos, viejos y niños, estipulando una tasa mínima. Organizó que todo lo robado, no perecedero fuera almacenado, prediciendo días malos. Sin embargo, un rey tenía que tener una esposa. Y "él" fue acosado, casi a diario, por las niñas de la comunidad. Estaba comenzando a ver su frecuente rechazo. Cuando no estaba de 'servicio' en las calles, supervisando sus súbditos, permaneció en casa, leyó o fue a la residencia del doctor Girardán. Pensó; sin embargo, en Alençon... Jeanpaul. ¿Todavía estaba allí? Un día, el doctor la hizo sentarse ante él e informó:

- Jean, es hora de decirte todo lo que tu padre confió en mí.

- ¿Y qué es, doctor?

- Para comenzar la conversación, debo decirte que eres una chica rica, muy rica.

- ¿Qué tan rica, si no tengo nada? - Ella se agitó, sorprendida.

- ¡Y cómo lo eres, querida!

Confirmó, levantándose y yendo al estante. Pronto regresó con un pequeño cofre en sus manos. Lo depositó en la mesa, abrió, tomando un sobre grueso de cuero y lo pasó a la niña.

-Acércate y lee lo que hay en los documentos.

Jean obedeció, eliminando un paquete de pergamino que era 1er, interesado. Si bien era así, su rostro estaba cambiando.

Se trata de documentos proporcionados por la casa bancaria más famosa de París, con sede en Suiza. Allí, en sus manos, había títulos de valor incalculable financiero, escrituras de casas de lujo, incluido un pequeño palacio en Avranches. Y la cantidad de moneda corriente excedió los miles de luises

– ¡*Mon Dieu*! – Exclamó llevándose la mano a la frente –. ¿Cómo, cómo soy dueña de todo esto?

– Estos son los ahorros y las inversiones inteligentes de tu padre, hija.

– ¡*Mon Dieu*! Pero mi padre era casi analfabeto...

– Sin embargo, tenía una perspicacia financiera excepcional. Sabía invertir sus ahorros, confiando su gestión a banqueros, que por cierto eran muy honestos.

– ¡Ay, padre mío! Se privó del confort que podría haber disfrutado...

– Reservó todo para ti, hija mía.

– ¡Ah, mi querido Planchet!

– Te amaba tanto. Sabía que su locura de "hacerte hombre" resultaría perjudicial para ti. Todo está a tu nombre. Solo necesitas ir al banco conmigo para completar los detalles legales, con miras a tomar posesión de los bienes. Ya estuve allí con un documento firmado por Planchet y todo está bien. Deberíamos ir allí mañana.

– Un palacio en Avranches. ¿Dónde queda?

– Es lejos.

– ¿Y quién se ocupa de ello?

– Hay empleados. El banco se encarga de todo.

– Y residencias aquí en París...

– Exactamente. Alquilada, generando buen dinero.

– Granjas y haciendas.

– También.

– Y monedas de oro...

– Miles, hija.

– ¿Qué hago, doctor?

– Primero, dirígete al establecimiento bancario. Entonces tú decides qué hacer.

– Entonces soy rica.

– Voy a montarte un hospital, mi querido doctor. Compraré una hermosa casa para que puedas mudarte de esta calle sucia. Voy...

– No estás haciendo nada – interrumpió el médico -. No necesito nada. La edad no me permite dirigir un hospital. Y en cuanto a transferirme desde aquí, no quiero. Tengo raíces en este lugar. Mis pacientes me necesitan.

– Pero doctor...

– Sin embargo, hay algo que puedes hacer.

– Lo que sea, doctor.

– Quiero que apoyes a Lenoir.

– Pronto estará solo en el mundo.

– ¿Por qué dices eso?

– Ya estoy viejo, hija. Y él, a pesar de su corpulencia, Aun no tiene cuarenta años.

– A usted todavía le queda mucha vida por vivir, doctor. No te preocupes por Lenoir. No estará solo. Lo prometo.

– Lo sé, hija.

Jean empezó a hurgar en el baúl. Sacó sus manos llenas de gemas preciosas entre monedas de oro.

– ¡Rica! – Exclamó –. "Y pobre al mismo tiempo" – meditó pensativamente.

– ¿Cómo, hija?

– ¿Me aceptará Jeanpaul?

– Vaya, hasta Francisco lo haría.

✳ ✳ ✳

Habían pasado seis meses desde que Jean abandonó la casa de los Luzardo. El duque había pospuesto su regreso, debido a los últimos acontecimientos que involucraban a Francia y que culminaron con la guerra que libraba contra Carlos V. Sin embargo, finalmente llegó el día del regreso. Jeanpaul estaba eufórico.

– ¿Extrañas a tu amigo Jean?

– Es verdad, madre. L extraño.

– Nosotros también, hijo. ¿Qué pasa con Michelle?

– ¡Oh! Ni siquiera funcionaría. Ayer ya la actualicé. No la amo.

– Yo sé.

– Françoise es la que está loca por Jean... además, después de ese beso...

– ¡Travieso! ¡Esta nunca tendrá a Jean!

– ¿Por qué tan segura?

– Bueno, hijo, estaba claro que él no tenía mayor interés en ella.

– Puede ser.

– ¿Quieres llevar el caballo?

– No, no. Me gustaría llevar a Diana.

– ¡Oh! Éste, tu padre no se rendirá. ¿Y a qué hora piensas salir?

– Creo que temprano. El viejo gruñón está perdidamente enamorado de María. No tardará mucho en París.

Paulette se rio divertida.

– ¡Cómo es, mocoso! – Gritó el duque al llegar, cargando algunos paquetes –. ¿Estás listo?

– Sí, viejo.

– Viejo, ¿eh? Bueno, soy más joven de lo que crees.

– Lo sé y se lo agradezco, por supuesto, María.

– ¡Niño! ¡Respeta a tu abuelo, trapo!

– Usted lo buscó, padre mío – dijo sonriendo el señor de Luzardo.

– Aun lo defiendes...

– ¿No te vas a llevar los trabucos, abuelo?

- Yo – ¿Para qué? ¿Tenemos jabalíes en París?

– ¡Oh! No, pero puedes ir a la guerra.

– Sujeta a este bribón, que le voy a dar una paliza.

Se despidieron.

– Dale un beso a Diana de mi parte, papá.

– ¿No quieres verla?

– No, no, los dos estaríamos tristes. Volveré en primavera.

– Ve con Dios – dijo Paulette, besando a su hijo.

– Papá, ponme una flor en el mausoleo de la abuela.

– Y quita la maleza… de la tumba de Diana I.

Subieron al carruaje. Había un solo caballo atado al fondo. María se acercó y le entregó una cesta al duque.

– Señor, son empanadillas de carne de jabalí y unos trozos de faisán.

– Mmm, ¡comida para reyes! Hasta pronto, María.

– ¿Solo eso? – Preguntó Jeanpaul.

– ¿Solo qué?

– ¿No vas a besarla?

– ¡Jean! – Gritó el duque –. Jean de Luzardo, no puedo garantizar que este mocoso llegue sano y salvo a París.

– Cuidado con la gota, viejo – bromeó Paulette.

– Nunca me habían tratado tan mal en toda mi vida. Vamos, cochero.

El carruaje partió. A lo lejos Aun se oía la risa del duque.

– Este padre mío…

– Nunca envejeces, cariño. ¿Estás llorando, María?

– No, no señora, era una mota.

– Lo sé – y miró significativamente a su marido.

✲ ✲ ✲

Dejemos a nuestros amigos viajando, sin prisas, por caminos polvorientos y llenos de baches, hacia París y regresaremos con nuestro Jean, "El Rey de los Mendigos."

La noticia que circulaba en París era que el rey Francisco había sido derrotado y estaba en prisión. El ambiente entre la nobleza estaba hirviendo. La gente estaba necesitada, el aumento de los precios había alcanzado niveles nunca antes vistos. Los ricos, propietarios de fincas o granjas, se mudaron con la esperanza que llegaran días mejores. Pero ¿qué pasa con los pobres de París? ¿Qué hacer? Quienes en sus propiedades, en las afueras, lograban sembrar hortalizas, frutas y tenían algo de ganado, los llevaban a la plaza del mercado para venderlos o cambiarlos por otros artículos. ¿Qué pasa con los que no tenían nada? Para ellos solo había una salida: robar. Incluso los mendigos del Patio de los Milagros lo pasaban mal.

– ¿Qué gané hoy? – Se quejó uno – ¡Ni siquiera paga la carne de caballo que le puse en la pierna! ¡Esto es miseria! - Jean escuchó las quejas, prestándoles toda su atención.

– Así es Rey, hoy pregunté y me sorprendí cuando el hombre me preguntó si tenía algo para él, ¡no respetaba mi condición de mendigo! ¿Son esos tiempos? Así que muy pronto nuestra profesión terminará debido a la existencia de demasiados mendigos. ¿Y preguntémonos unos a otros? ¡Esto tiene que terminar!

Jean sonrió.

– Cálmate. Aquí no te faltará de nada. Contamos con stock de alimentos para todos. Sin embargo, tendrás que pagar por ellos.

- ¿Pagar? Pero ¿cómo, si hablamos precisamente de falta de dinero?

– No importa si pagas con monedas. Puedes contribuir trabajando.

– ¿En qué?

– Pues barrer, limpiar el ambiente, desinfectar las casas, lavar la ropa.

– Qué horror. Planchet no nos obligó a hacer nada de esto.

– *Mon ami* – consideró, seriamente –. Mi padre ya no está aquí. Soy el Rey y trato de ser justo. Si tenemos alimentos almacenados es porque los obligué a apartar algunos para afrontar días como estos. Nunca hemos tenido un depósito tan lleno. Pero, ¿puede quedar vacío si no podemos renovar el stock y cómo podemos reponerlo? Aportando el mínimo. Quienes no puedan pagar efectivamente con dinero, lo harán con servicio. Todos tendrán que trabajar.

Ella sabía que no era así. En realidad, las acciones no durarían mucho. Por eso pagó carretas y carretas de comida para el depósito, alegando ser parte de su aporte. Resolvió disputas, proporcionó atención médica, encontró una maestra para los niños, hizo transportar agua potable a la comunidad, fingió ser austera y fue temida a raíz del duelo con Safeth. Pero, por otro lado, era constantemente acosada por las niñas de la comunidad, que añoraban a "él." Y la situación se complicó cuando un padre, con el objetivo de llamar la atención sobre su hija, le aconsejó:

– Rey, tienes que casarte. ¿Dónde has visto alguna vez un rey sin reina? Otro, con el mismo objetivo:

– Eres el hijo de Planchet, Jean, y él a tu edad ya no sabe cuántas esposas tuvo.

Y otro más:

– Mi hija suspira por ti a diario. Es una chica talentosa - y baja la voz - y es virgen... es difícil encontrar una virgen por aquí, y mucho menos en todo París.

Jean escuchó todo y luego se limitó a reflexionar, como un bovino rumiando, sobre todas esas ofertas.

– ¡Es difícil encontrar una virgen en París!

– ¿Y yo qué soy? ¡Idiotas!

Y el pensamiento voló hacia Jeanpaul. Y cuando se aburría iba a casa del doctor Girardán, buscaba la habitación, se deshacía de toda la ropa, dejando solo el camisón. Y luego escuchó historias que contaba el buen doctor, se enteró de la marcha de sus asuntos pero, como siempre, le llovieron preguntas. En esta ocasión, para no desviarse de la regla, preguntó, mientras se refrescaba con un jugo de frutas:

– Doctor, ¿por qué tengo la impresión que ya conozco a Jeanpaul?

– Seguramente lo conociste en una encarnación anterior.

– ¿Él también lo cree?

– Es posible.

– Dime. Cuando morimos, ¿qué sucede inmediatamente?

– ¡Oh! No existe un estándar general. A veces el espíritu, cuando está profundamente arraigado en el cuerpo, no lo abandona inmediatamente. Incluso es enterrado con él, o incluso, dejándolo, acompaña su entierro y permanece junto a la tumba durante mucho tiempo. En este caso, está en un estado de confusión, no entiendes nada.

– ¿Y puede pasar mucho tiempo en esta situación?

– Sí, puedes. Cuando comprende que ya no tiene cuerpo físico, decide buscar a las personas que conocía, su familia, sus amigos. Entonces, su perturbación se profundiza aun más, ya que nadie lo ve, nadie lo oye.

–¡Horrible!

– Así es; sin embargo, tan pronto como se da cuenta de su nueva condición y pide ayuda, es enviado al lugar que le corresponde. Allí recibe instrucciones y luego comienza a comprender todo el proceso por el que pasó.

– ¿Y luego encontrar a otros seres queridos?

– Alguna vez. Pero, cuando desencarna, puede inmediatamente tomar conciencia de su situación y no perder el tiempo permaneciendo cerca del cuerpo.

Luego se dirige a los lugares espirituales, donde se encontrará con quienes lo precedieron.

– ¿A todo el mundo le pasa así?

– No, hija, no. Están los que se quitaron la vida, bárbaros asesinos, que expiarán sus pecados en regiones acordes con su etapa mortal.

– ¿El infierno?

– No imaginado por los sacerdotes, pero en cierto modo sí.

– ¿Y sufren?

– ¡Y cómo!

– Pero, ¿salen de allí?

– Sí, Sí. Dios es padre y un padre siempre quiere lo mejor para su hijo. Siempre les da una oportunidad.

– ¿Qué significa regresar al cuerpo físico?

– Naturalmente. De esta manera tendrá todos los medios para estudiar en la escuela de la vida y progresar gradualmente.

– Y cuando llegan se les borra la memoria, no recuerdan lo que fueron. ¿No sería mejor si lo recordaran? De esta forma podrían corregir mejor errores anteriores.

Girardán, benevolente, sonrió y aclaró:

– No, no lo sería. Piensa bien. Cierto espíritu, al encarnarse, vivió en su apogeo, en la condición de rey todopoderoso. Desencarnado. Cuando regresa a la vida física, lo hace en cuerpo de mendigo, desprovisto de todo. Recordando que estaba acostumbrado a la existencia de un nabab, ¿se conformaría?

– No, pero si fuera al revés, al mendigo de antes le encantaría ser rey.

– Evidentemente. Para evitar mayores compromisos en la existencia, tal vez incluso el suicidio, se borra la memoria del tiempo pasado. Si el mendigo tiene que ser rey algún día, lo será, y viceversa. Sin embargo, hay casos en los que se permite el recuerdo, de hecho, entonces, el espíritu ya estará en posesión de un altísimo grado de avance moral. Sin embargo, sufre con el recuerdo, porque sabe que si no se comporta satisfactoriamente, tardará más en liberarse de la corteza terrestre, donde vive, y avanzar hacia un lugar mejor. En este caso, en cierto modo, hay que ayudar de alguna manera a los demás, alertando a todos sobre lo que está pasando. Como ejemplo, tenemos a los escritores, que difunden nociones de vida más saludables a través de los libros; investigadores que actualmente exponen puntos doctrinarios que el tiempo casi ha borrado.

– En mi caso ¿qué hubiera sido?

– ¿Realmente quieres saber?

– Por supuesto, doctor – y cruzó las piernas. El médico se aclaró la garganta y continuó:

– Hasta donde yo sé, te revelaste con tu habilidad para animar un cuerpo femenino. Quisiste nacer hombre, olvidando que el espíritu es siempre el mismo, se exprese en un sexo u otro. Temías las imposiciones que pesan sobre los hombros de las mujeres.

– Pero nací mujer.

– Sin duda, ¿y qué pasó? Tu padre, lleno de hijas, ya no soportaba las burlas que le hacían por "ser un hacedor de hijas." Al mismo tiempo, inconscientemente, haciendo lo mismo. Con la decisión del viejo Planchet de ocultarte tu sexo, te alegraste y seguiste exactamente lo que tu padre quería.

– ¿Eso significa que yo también tuve la culpa?

– Evidente. No fue solo para obedecer la voluntad de tu padre sino también la tuya.

– Sería mucho más fácil si hubieras sido razonable y ahora quieres ser mujer, pero debido a las responsabilidades asumidas sufres de anhelo de estar al lado de quien amas, sin poderes, porque también engañaste a él.

– ¡*Mon Dieu*! ¿Y qué haré? – Preguntó angustiada.

– ¡Oh! Ven aquí, siéntate aquí de rodillas, te diré – obedeció. Afectuosamente, el médico besó su frente y, colocando sobre ella el dedo índice de su mano derecha, le aconsejó:

– Harás exactamente lo que te diga esta linda cabecita. Toda la solución está dentro. Piensa ahora. Tienes libre albedrío y un hermoso cuerpo de mujer, cuyos órganos están siendo maltratados. Piensa. La solución está dentro de ti.

– ¡Ay, doctor! – Gimió ella –. ¡Ayúdame!

– Hay una cosa que no puedo hacer. La decisión tiene que ser tuya.

– El agua está lista, Jean – anunció Lenoir, que había llegado, con una enorme sonrisa. Miró sorprendida al médico y luego a la criada.

– ¡Ahora! – Rugió.– ¿Solo tengo que venir a esta casa y luego meterme en la tina? Casi siento que huelo a zorrillo. ¿Estoy ofendiendo tus fosas nasales?

El doctor Girardán se rio burlonamente. Miró a la joven seria y le explicó.

– No es eso, hija. No hueles mal, al contrario, hueles bien. La preocupación de Lenoir es que él, como yo, sabe que en la comunidad de mendigos no estás en condiciones de bañarte diariamente, ya que lo hacen casi colectivamente. Aquí no hay peligro. Y tenemos ese ungüento que tanto bien te hizo. Ahora, deshazte de esa cara de ofendida y ve a la bañera. Sí - y le dio una palmada a la chica.

– Me alegro que esto sea cierto – murmuró, dirigiéndose hacia la habitación, donde justo en el medio, el agua humeaba.

Ella sonrió satisfecha, se desvistió y entró a la bañera. Se demoró casi una hora. Cuando salió, se puso su ropa masculina y fue a encontrarse con el doctor.

– ¡Listo! ¿Estás satisfecho?

– No lo dudes. ¡La mujer se convirtió en un joven apuesto! Saca esa olla del estante y señaló –. Cuando no puedas venir aquí a darte un baño, úsalo en todo el cuerpo – refiriéndose al ungüento que contiene el recipiente.

– Gracias doctor. Eres un ángel y - para su asistente -, Lenoir, necesitaré tus servicios mañana.

– ¿Nuevas compras? – Preguntó el médico.

– Sí.

– ¿Lo de siempre, señorita?

– No me llames señorita, Lenoir. No mientras esté vestido de hombre.

–¡Oh! Perdón, señor.

– Así está mejor. Sí, lo de siempre. El personal está necesitado.

– Entiendo. Iré al mercado muy temprano.

Besó al médico y se fue. En ese mismo momento, un hermoso carruaje se detuvo en la puerta. Curiosa, cruzó la calle y miró. Vio bajar a un elegante caballero, darle la mano a una mujer ya mayor, pero aun hermosa y elegante, y, tras dejarla, caminar hacia alguien que estaba dentro del vehículo. Estuvo un rato hablando, ya que parecía que la persona no quería bajarse. Sin embargo, al cabo de unos minutos cedió y abandonó el vehículo. Era un joven apuesto, alto y rubio, que parecía tener la misma edad que ella. Su rostro denotaba su insatisfacción al responder al llamado del anciano. Llamó a la puerta varias veces, usando el anillo grande. Se abrió la escotilla y, poco después, la puerta. Todos entraron.

– ¿Quién será? – Pensó, muerta de curiosidad. Los niños rodearon el carruaje. Se acercó y preguntó al cochero:

– Por favor...

– ¿Sí, caballero?

– Soy nieto del doctor Girardán. Me estaba yendo cuando llegaron estas personas. ¿Puedes decirme quiénes son?

–¡Oh! Sí señor. El duque de Morriet, su esposa doña Constanza y su hijo, Felipe de Morriet. Están visitando al médico, que es un gran amigo suyo.

– ¡Oh! ¿No son de aquí?

– No, caballero. Son del distrito de Nantes.

– *Merci* – y se fue. Quiso volver a la casa, con el pretexto de olvidar algo, pero desistió. Regresó al Patio.

Pasó el resto del día en audiencia con la población. Hubo quejas, las más diversas demandas. Así, supo que la seguridad turca, aunque coja, se había recuperado y estaba activa.

– ¿Dónde está?

– Deambula por la plaza del Mercado con sus tres cómplices y por las noches se refugia en la Torre de Nesle, o se aloja en los cabarets[38] de la calle des Marmousets y de Glatigny.

– Pues, en el Valle del Amor.

– Así es. Entre prostitutas y vagabundos.

– Espero no conocerlo nunca, de lo contrario lo mataría. Pero, ¿qué hace?

– Por lo que he oído, roba casas.

– ¿Residencias?

– Sí, Rey, él y sus asociados se aprovechan de las casas cuyas familias han abandonado la ciudad, trasladándose temporalmente al campo y las invaden, robando cubiertos, etc.

– ¡Miserable! – exclamó indignada –. Esto podría causarnos mucho daño. Seremos señalados como la causa de estos abusos.

---

[38] Cabaret, en la época era una gran posada, donde se servían las comidas.

Capítulo II
Sobre un Caballo

Francisco I, a pesar de ser derrotado, vivió con lujo, incluidas todas las comodidades, en la Cartuja de Parma. Las negociaciones se intensificaron y la hermana, con sus compañeros, hicieron todo lo posible para liberarlo, al mismo tiempo que se ocupaban de los asuntos locales. Como la historia ya nos cuenta lo que pasó y en nuestro primer libro *El Amor es Eterno* nos enfocamos en todo, olvidemos esta parte, para solo lidiar con nuestros personajes en ese París sufriente.

Jean fue, en cuanto pudo, a buscar al doctor Girardán. Como siempre hacía, pronto se desnudó y se puso un camisón. Estaba cansada y preocupada. Se sentó en la habitación, esperando al médico que atendía a un paciente. Descorrió la cortina que separaba la habitación del pasillo, apoyó las piernas en un taburete, se acarició los pechos juveniles, doloridos por la presión del chaleco, y dejó de pensar en los problemas que el turco podría causar a su comunidad. Sabía de los mosqueteros que se habían quedado para vigilar la ciudad. Eran hombres rudos y sin escrúpulos. La flor y nata del ejército acompañaba al rey y en cualquier momento estas temibles criaturas podían atacar el Patio de los Milagros, atraídas por la ola de robos que los miembros de la comunidad no cometían. Pero, ¿cómo podemos esclarecer esas invasiones llevadas a cabo por grupos aislados?

– Tu agua está lista.

– ¡Lenoir! – ella gritó –. ¿Eso es todo lo que puedes decir? ¿Solo verme y ofrecerme agua para bañarme? ¿Por casualidad, cuando entro aquí, el ambiente se vuelve fétido?

– Niña perdone a Lenoir – dijo, disculpándose, respetuosamente –. Ni siquiera lo pensé. Solo me imaginé, viendo a la chica tan aprensiva, que un buen baño frío estaría bien. No, ya no hueles. Por el contrario, el olor es parecido al de los lirios. Perdón. Es a tu gusto. El médico estará allí.

Se fue, se iba cuando ella, arrepentida, lo llamó:

– Espera... Espera, Lenoir. Lo siento.

– De nada, señorita.

Los ojos del hombretón no mostraban resentimiento. Ella se levantó, lo abrazó, llegando justo hasta su cintura.

– Perdona, amigo, perdona. No quise ofenderte.

– La chica está tensa.

- Sí, *mon ami*,[39] sí, lo estoy – y le hizo inclinarse para besarle la frente –. No te enfades conmigo.

– Lenoir nunca lo hará, niña. Me voy ahora. El médico volverá pronto. Báñate.

– Lo haré.

– Está bueno y frío, con esencia para calmar. Ya limpié tus botas y pantalones de cuero. Tu espada está brillante y se desenvaina fácilmente. No te preocupes por nada.

– Gracias, querido – y se fue hacia el dormitorio.

✳ ✳ ✳

– Abuelo – dijo Jeanpaul, sentado en una mesa llena de delicias que solo Jacob, el posadero, sabía preparar para el duque.

---

[39] Mi amigo.

– Habla, mocoso, y rápido, voy a atacar a este jabalí.

– ¿No puedes esperar? Jacob fue a buscar la salsa.

– ¡Oh! Con salsa o sin salsa, ¡qué hambre!

– ¿Y cuando no lo tienes?

– Habla, mocoso. Haré todo lo posible para ayudarte.

– Estamos cerca de París.

– Está bien, lo estamos. ¿Por qué? ¿No sabes eso?

– ¿Cómo encontrar a Jean?

– ¡Trapos! Fuiste tú quien lo encontró, no tu abuelo. ¿Que te puedo decir? – Y llevándose la mano a la frente –. ¡Ah! Dr. Girardán. Es la mejor persona para informarte al respecto. Pero, ¿cuáles son estos amores para este chico?

– Quiero ayudarlo, abuelo.

– Para eso tienes a tu abuelo. ¿Qué él ha hecho? ¿Es alfabetizado como tú, o simplemente sabe esgrimir y besar... besar, tú lo dijiste?

– No sé. Siento que le falta algo que no puedo explicar.

–¡Oh! Nieto, si se enamoró de Françoise, ya lo tiene todo. Su padre es rico y ella lo adora. Déjalo.

– ¡Abuelo! ¿No te gusta?

–¿Cómo no? Sí, me gusta y haré lo que pueda por él. Después de todo, él es el querido amigo de mi nieto. Pero eso es todo.

– Tengo la impresión, como dije, de haberlo conocido ya.

– Nieto, llega la salsa. Y además, basta de hablar. ¡Hablas de Jean como si fuera tu favorito! Jean es un hombre, *petit*. Vamos al jabalí.

Jeanpaul reflexionó antes de centrar su atención en la comida. Al final, no sería el duque quien eliminaría ese cisma.

Después de la comida, el duque, satisfecho, le dio una palmada en el hombro a su nieto:

– Vamos a la "siesta", como dicen los españoles.

– Ve tú, abuelo, prefiero montar un rato.

– ¿Montar a caballo después del almuerzo?

– ¿Dormir después del almuerzo? – bromeó el joven.

– Ahora...

– Abuelo, camina un poquito primero, bebe agua en lugar de vino, luego, sí, duerme un poquito. A tu edad...

– ¿Qué edad tengo? ¡Soy fuerte!

– Lo sé, pero, extravagante en la mesa, mira tu barriga. A María no le gustará esto.

– ¿Qué?

– Es verdad, abuelo.

– Pero, ¿la barriga no es señal de plenitud?

– Sí, para los que quieren quitarte algo. Toda persona barrigón es rica. ¡Ahora vámonos!

- Una mujer quiere un hombre esbelto.

– Ve a montar – y gritó – Jacob – llegó el mayordomo, todo servicial.

– ¿Tienes algo con lo que empezar?

– Sí señor. Un té.

– Quiero uno.

- Compruébalo, comiendo y no durmiendo. Eres gordo. ¿Tu esposa se queja contigo?

- No entendí.

– ¿A las mujeres no les gustan los hombres gordos?! - ¡Oh! Señor duque, para esta gente no importa si el hombre es gordo o delgado. Solo necesitas tener dinero.

– Sal, Jacob, sal. Caminaré. Prepara el té.

Jeanpaul se alejó por la carretera. Caminaba a trote lento, pensando en lo que haría cuando llegara a París. Había recibido en casa de sus padres varios profesores, muchos de ellos venidos de París para enseñarle sus primeras letras. Cuando creció, su padre lo envió, bajo el cuidado de su abuelo, a la Academia Fontein, donde se licenció en ciencias y letras. Hablaba con fluidez el latín, que hasta hace poco había sido lengua oficial en Francia, hasta que Francisco lo suprimió, imponiendo su lengua materna, el inglés y el italiano. También estaba pensando en Michelle. Ahora bien, ¿por qué la había rechazado? ¿No la amaba? La unión de ambos solo sería beneficiosa para las familias. Unirían sus propiedades, serían más ricos. ¿Por qué su padre y su madre no le instaron a casarse con ella? ¿Aceptaron su negativa con tanta naturalidad?

Ya había recorrido un buen número de kilómetros, sin darse cuenta, cuando, en una curva natural, se cruzó con tres hombres, montados en dos caballos. El de delante, que venía solo, un poco gordito, sucio y con una enorme barba negra. Se detuvo, haciendo señales con la mano a los dos que lo seguían, montados en un solo caballo. Jeanpaul automáticamente tomó la empuñadura de la pistola que tenía en la cintura.

– Tranquilo, caballero. Estamos de paso.

– Bueno, déjalo – dijo Jeanpaul, sin quitar la mano de la culata del arma –. Solo apártense de mi camino –. El que parecía un líder les gritó a sus compañeros:

– Rascasse, deja pasar al noble– e hizo ademán de quitarse el sombrero.

– ¿A dónde vas? – Preguntó Jeanpaul.

– Lejos. Nantes, tal vez.

– ¿Nantes? Pero Nantes está en el norte.

– ¿Y qué nos importan los puntos cardinales?

– Hay una posada cerca.

– Caballero, siga su camino. Nosotros, los nuestros. Puedes pasar.

– No, tú ve primero – y llevó su montura a un costado del camino.

– Eres cauteloso, joven.

– Realmente lo soy, señor... señor...

– Brisquet... así me conocen. Vamos, vamos - gritó a los demás y estos reanudaron su marcha.

El joven cabalgó un rato más y luego regresó a la posada. Encontró a su abuelo despierto y caminando.

– ¿No dormiste, abuelo?

– No, no tenía sueño.

– ¡Oh! ¡Qué noticias! ¿Viste por casualidad a algunos hombres pasando?

– ¿Uno que cabalgaba solo y dos en un solo caballo?

– Sí, abuelo, sí.

– Los vi. Desmontaron aquí.

– Bueno... y van a Nantes.

– Hijo, ese gordo y barbudo era mi amigo.

– ¿Él era?

– Bueno, hace años. Es más joven que yo.

– ¿Y quién es él?

– El conde de la Tour.

– ¿Conde?

– Sí, ¿por qué lo preguntas?

– Me dijo que se llamaba Brisquet.

– ¿Brisquet?[40]

– Así se llamaba.

– ¡Oh! El desafortunado vaga por toda Francia. Es una larga historia. Te la contaré después. Ahora, ahora me voy a dormir.

El abuelo se retiró. No tenía sueño, como todo joven. La siesta es para aquellos que han llegado a cierta edad y tienen ante sí el ahora y el futuro. En su caso, tuvo que actuar en el ahora, apuntando al futuro. ¿Por qué dormir? Dormía por la noche, porque sí, estaba hecho para dormir, para reponer la energía gastada durante el día. Pero ¿cuántos, ya en la vejez, continuaron trabajando para mantenerse a sí mismos y a su hogar? Ésta es la gran diferencia entre las criaturas. Porque algunos nacen con cuchara de plata, otros tienen que sufrir para lograr una situación mejor ¿o no? ¿Sabes lo que voy a hacer? – Pensó –. Voy tras esos tres. Tengo un caballo a mi lado, ya que dos montan uno.

Dicho y hecho. Salió a la carretera a toda prisa. Como los tres no podían llegar muy lejos, ya que el peso de dos hombres sobre un solo caballo ralentizaba su avance, pronto los alcanzó. Emparejando al animal junto al individuo barbudo, le sonrió.

– ¿Otra vez usted, jovencito?

– Sí, señor, conde de la Tour.

– ¿Qué, joven? ¿Me conoces?

– No, no.

– Si no recuerdo mal, dijiste, llámame Brisquet.

– Lo sé.

– ¿Entonces?

---

[40] Ver *El Amor es Eterno*.

– Mi abuelo es tu amigo. Él fue quien me informó sobre tu verdadero nombre.

– ¿Tu abuelo?

– Sí, el duque de Luzardo.

– ¡Oh! – Y detuvo al animal, levantando la mano para que sus compañeros pudieran detenerse.

– ¿Luzardo es tu abuelo?

– Sí, así es.

– ¡Oh! Joven, ha pasado tanto tiempo... sí, pasé por la finca de su hijo.

– Mi padre.

– ¿Lo desarmamos un poco?

– Ciertamente. Y mira, te traje un animal, para que tus amigos no tengan que montar solo en uno.

– ¡Rascasse! – gritó el hombre, desmontando –. Este noble nos da un caballo. Móntelo usted mismo más tarde. Y gracias.– Fue a su alforja y sacó algunos trozos de, tal vez, pájaros ahumados. Ofreció al joven un trozo de pan, se echó a la espalda su enorme sombrero e invitó:

– Ven, sentémonos al margen y hablemos - Jeanpaul obedeció, mordisqueando la carne.

- Salado - observó.

–¡Oh! Conservas de sal, muchacho. Y al mismo tiempo nos da sed, para compensar el sudor que perdimos.

– El agua, querrás decir.

– Sí, equilibra el metabolismo. Entonces, reponemos el agua perdida y viajamos.

– Eres inteligente.

– Y tú, no tanto.

– ¿Por qué?

– ¿Cómo te llamas?

– Jeanpaul.

– ¡Oh! Jean...

– ¿Por qué no soy tan inteligente? - Brisquet se rio a carcajadas.

– ¿Por qué? – Repitió el joven.

Aun riendo, el hombretón, obeso, barbudo, sacó la espada sucia y la apuntó al pecho del joven sentado – Porque, Jeanpaul, somos bandoleros, somos criminales, *mon petit*[41] – y colocó la punta de la espada contra la camisa del joven, mirándolo a los ojos –. Levántate, joven – y enfundó el arma. No confíes en todos. Te agradezco por el animal y por tu cortesía hacia mí. Ahora vete en paz.

Jeanpaul estaba lívido mientras se levantaba.

– Dile a tu abuelo que el conde de La Tour lleva muchos años muerto. Soy Brisquet.

– Señor – tartamudeó el chico, pero el hombre había vuelto a montar.

– Ve, Jeanpaul. El difunto conde le da un fuerte abrazo al duque. Y, muchacho, no le creas a toda la gente de este mundo desagradecido. ¿*Au revoir*[42] de la Tour? Prefiero Brisquet.

Montó y regresó a la posada. Se cambió de ropa, fue a la cascada, disfrutó de los últimos rayos del sol, nadó, buceó, pensando en el amigo que volvería a ver. en París.

– Mañana o luego estaremos allí.

---

[41] Mi pequeño.
[42] Adiós.

Cuando regresó, el posadero ya estaba encendiendo las velas y las lámparas de aceite. Se cambió y bajó. Había llegado la noche. Llegó el abuelo, todo de buen humor.

– Entonces, trapo, ¿ya estás despierto?

– ¡Oh! ¡Qué hambre!

– ¿Lo único que piensas es en comer, abuelo?

– Ahora mira… ¿por qué tengo esta barriga? Para llenarla, ¿no? – Consultó al posadero.

– Sí, señor.

– Abuelo, dormiste con la barriga llena. ¿Te despiertas y la llenas de nuevo? ¡*Par exemple*![43]

- Por ahora no, nieto. Juguemos al ajedrez, después de todo, dormimos toda la tarde, el sueño tardará en llegar.

– Rechazo la invitación.

– ¿Qué?

– Hoy ya he comido carne salada y tengo sueño. Mañana por la mañana sí, comeré. Voy a dormir.

– ¿Dormir? – Rugió el duque.

– Sí, abuelo, ya no puedo mantenerme de pie.

– Ahora…

– Déjelo en paz, señor duque – intervino el mayordomo.

– ¿Dejarlo? – Jeanpaul ya se había ido –. ¿Cómo dejarlo? ¿Estará enfermo? ¡Dormimos toda la tarde!

– No, señor– informó el posadero –. Solo usted durmió, no él.

– ¿Cómo no?

---

[43] Por ejemplo.

– Se fue a caballo y solo regresó hace unos momentos. Fue a la cascada, se bañó, volvió, se cambió y volvió al salón a esperarlo. Mientras tanto, mordisqueó algo.

– Pero, ¿entonces no durmió?

– No. Y tomó uno de nuestros caballos, regresando sin él.

– ¡Estos jóvenes, no lo sé! No pueden mantenerse erguidos. Ven el jabalí. Y en cuanto al caballo, te lo pagaré.

– Lo sé, señor.

✳ ✳ ✳

En esta narrativa, no nos importa mucho lo que pasó en Francia. Que el rey Francisco había sido encarcelado en Italia y enviado a España. Solo decimos lo necesario, ya que la historia de nuestro libro se desarrolla en ese período. Por tanto, de ahora en adelante, los hechos históricos solo se mencionarán cuando sean imprescindibles. Si quieres saber más, por supuesto, existen enciclopedias. Nos ceñimos, como ya se ha dicho, a la propia historia de los personajes.

✳ ✳ ✳

Despidiéndose de su cliente, el Dr. Girardán salió de la oficina. Cruzó la cortina y encontró a Jean sentada, con las piernas estiradas sobre un taburete. Tenía los ojos cerrados y parecía estar durmiendo. Para no molestarla, el buen hombre se fue lentamente, con mucho cuidado.

– No estoy durmiendo, doctor – dijo sin moverse. El médico se detuvo, sonrió y la saludó:

– Hola chica. Me ves cansado.

– Y lo estoy– confirmó sentándose erguida, quitando las piernas del mueble –. Ya me bañé, si te interesa. Después de todo, es lo primero que me dicen que haga tan pronto como llego aquí.

Girardán se sentó.

– Yo también estoy cansado y ahora voy a darme un baño. Es una costumbre saludable, ¿sabes?

– Doctor...

El médico se levantó, se acercó a ella, la besó en la frente, sonrió y volvió a sentarse.

– ¿Hace mucho que me esperas?

– No sé.

– Déjame calcular. Lenoir preparó el agua, conversaron un rato, fuiste a la habitación, te quitaste la ropa, te metiste a la tina, luego te secaste, te pusiste el camisón… alrededor de dos horas.

– Mucho menos, viejo – respondió ella sonriendo y, alejándose de la silla, se acercó al regazo del anciano, quien la abrazó.

– Salvo que el agua estaba fría, Lenoir no la calentó – y besó el cabello canoso del científico.

– Estás pesada, niña.

– ¿Quiénes eran esas personas que te visitaron ayer?

– ¿Visitas?

– Sí. Cuando salí de aquí, un hermoso carruaje se detuvo en tu puerta y de él se bajó un hombre con una señora y seguido de un joven.

– ¡Oh! Eran amigos: el duque de Morriet, su esposa, doña Constanza, y su hijo, Felipe de Morriet.

– Me pareció que el niño no quería saltar.

– ¡Oh! Felipe es así...

– Creo que ya he oído hablar del duque. ¿No fue Marqués?

– Sí.

– ¿Quién vale más, un duque o un marqués?

– Bueno hija, claro que es un duque, en heráldica tenemos...

– Ya sé – interrumpió – ¿vienen conde, vizconde, barón, duque y marqués?

– Más o menos... con intersecciones.

– Hermoso, el niño. ¡Qué porte! ¡Qué elegante!

– Sí, es todo esto y más, es un esgrimista nato. Parece que nació con una espada en la mano.

– ¿Su padre era viticultor?

– Sí. Hizo el mejor vino de Francia. Todavía lo hace, pero en menor escala. Ahora cría caballos árabes.

– ¡Oh! Ya lo sé... - y saltó al regazo del médico, haciéndolo gemir.

– Oh... más despacio, señorita.

– Ya sé. El caballo que Jeanpaul recibió por su cumpleaños procedía de Nantes. Hijo de Tigger, de las caballerizas del señor duque de Morriet.

Recordé. De momento, también hablaron de su hijo. Había golpeado al hijo de otro duque.

– Él era. Colby. Todo tribunal lo sabe. El rey lo castigó.

– ¿Castigado?

– Proforma. Lo obligó a irse a la propiedad de su padre por unos meses.

– ¿Es esto un castigo?

– Bueno, en cierto modo. Para alejarlo de una posible venganza y – rio – para que su sujeto pudiera sentarse sin sentir dolor.

– No entendí.

– ¡Oh! Colby, sí, porque estaba atado al asiento. El rey sabía que tenía razón.

– ¡Excelente joven! ¿Y dónde están ahora?

– Los padres regresaron al distrito de Nantes.

– ¿Y él?

– Seguramente en algunas residencias de amigos del padre. Es muy buen amigo de Leonardo.

– ¿Leonardo?

– ¡Niña! Leonardo, sí.

– ¿El Italiano?

– Pero claro, ¿qué más?

– Me gustaría conocerlo.

– ¿Leonardo?

– No, Felipe.

– Bájate, quítate de rodillas, no puedo soportarlo – se levantó. – No, no quieres conocerlo... no como mujer.

– ¿Es tan peligroso?

– No hija, no es... estás predestinado. Orgulloso, pero dócil y amigable con sus amigos. Feroz contra la villanía. Dispuesto a ayudar a quien lo necesita, y abandonar a quien no lo merece. No tiene miedo. No mide los sacrificios para sostenerse, pero ay de aquellos que no le satisfacen, perturbando sus intereses.

– ¿Qué pasa con las mujeres?

– Dicen que Diana de Poitiers arrastra sus alas hacia él.

–¿Diana? ¿La Dama de la Corte? Pero ella es mucho mayor que él.

– Son declaraciones maliciosas. Felipe ama a Angélica.

– ¿Angélica?

– Sí. Son de la misma región.

– ¡Oh! Entonces está comprometido.

–¿Qué deseas? ¿Olvidaste a Jeanpaul?

– Nunca, doctor – y sacó pecho –. Aun no ha nacido ningún Felipe que me haga olvidar a Jeanpaul.

– Menos mal. Pero dime, estás tenso. ¿Qué pasa? - Volvió a sentarse y puso los pies en el taburete.

- Seguridad - dijo.

–Seguridad. Pero, ¿éste no ha abandonado ya tu comunidad?

– Sí, pero sigue actuando por su cuenta. Temo que nos haga daño.

– Anda niña, cuéntamelo – respondió el médico interesado.

– Ahora roba casas. Precisamente aquellos cuyos dueños están ausentes. Golpea a los sirvientes, roba y se dirige al Valle del Amor, o a la Torre de Nesle. Los Mosqueteros no tardarán en centrar su atención en nuestra comunidad como promotora de estas incursiones. Entonces, no sé qué pasará.

– Eso es cierto, ¿y qué piensas hacer?

– No lo sé, doctor. Nunca maté a nadie. Sin embargo, soy capaz de eliminar a este individuo si es necesario. Ahora me arrepiento de haberle hecho daño.

– Hija mía, ven, siéntate otra vez en mi regazo. Lenoir, tráenos un poco de jugo.

– Sí, doctor.

– Cariño continuó el doctor –, olvídalo. Acude a Gendarmería y denuncia que el hombre ya no pertenece a tu comunidad.

– ¡Vamos, doctor! ¿Y el Patio de los Milagros es una institución legal? Todo lo ilegal que ocurre en París se asocia inmediatamente a ella.

–Es verdad. Es hora de salir de ahí, hija.

– ¿Y abandonar a todas aquellas personas necesitadas de protección y ayuda? Nunca. Elimina tumores, ¿verdad? ¿Para qué? Salvar a los pacientes.

– Así es.

– Entonces tendré que extirpar este tumor llamado Safeth para que mi gente pueda vivir en paz.

– Jean...

– ¿Hay otra manera?

– Me dijiste que nunca habría nadie. Yo creo. Quién sabe, incluso podrías haberlo matado el día del duelo. Después de todo, defendiste tu vida.

Pero ahora, buscarlo deliberadamente para matarlo es un delito.

–¿Delito? – Ella gritó –. ¿Crimen solo cuando quiero defender a gente inocente?

– Calma. No puedes ir a Gerdarmería, lo tengo entendido, pero no te tomes la justicia por tus propias manos.

– ¿Y quién lo hará?

– Ya te dije. Sal. Tienes posesiones, lleva algunas a tus propiedades. Acaba con la comunidad. Puedes hacerlo.

– ¿Puedo, puedo hacerlo con unos y con otros?

– Hija, el Patio de los Milagros es un cáncer dentro de la sociedad. Habrá que extirparlo, como el tumor que mencionaste antes. Los que quieran quedarse, que se queden. Salva a la mayoría.

Ella permaneció en silencio por un rato, pensando.

– ¿Entonces? – La instó el médico.

– ¿Cuántas propiedades tengo en zonas rurales?

–¡Oh! ¡Hija! Un montón.

– ¿Y puedo yo, sola, encargarme de todo?

–No, no. Elegirás y contratarás administradores. Sobrevivirán gracias al trabajo y su fortuna aumentará. Y tendrán una vida más digna que la que llevan, quitando y poniendo narices ensangrentadas, sellando ojos y exponiendo heridas ficticias, buscando simples limosnas. No, Jean, con lo que tienes les estás haciendo una injusticia.

– Y tendré que revelar la verdad.

– ¿Que verdad?

– Que soy mujer.

– De verdad, hija, hay que poner fin a tal acto. ¿Amas a Jeanpaul o no?

– Por supuesto que me encanta. Sin embargo, temo su reacción. ¿Me aceptará, después de haberlo engañado todo este tiempo?

– Cariño, ya no eres el Jean de la época de Planchet. Que digan lo que quieran de él, pero él supo amarte. Recuerda que intentó contigo revertir la situación. Él te recompensó, hija, dándote los medios para beneficiar a quien quieras. Evidentemente, Jeanpaul comprenderá sus motivos y te acogerá en su corazón. Eres hermosa, tal como eres, con este suéter de mujer. Ve, hija, a atender a este amigo tuyo.

– ¿Puedo pensar?

– Tan largo como tú quieras. Ahora bájate de mi regazo. Soy yo quien se va a bañar.

– ¿Puedo quedarme aquí hoy?

– Hija, la casa es tuya. Y por cierto, es un gran día para quedarse.

– ¿Por qué? ¿Algo especial?

– Hoy, Jean – dijo Lenoir, que permaneció en silencio todo el tiempo – es el día en que el médico habla con los muertos.

– ¡Allá! – Y se puso las manos en el pecho.

– ¿Tienes miedo, Jean? – Preguntó el médico.

– No, doctor, no. Me voy a cambiar de ropa.

– No es preciso. Quédate así.

– Pero doctor...

– No hay falta de respeto, niña, en tu forma de vestir. No te interrogarán por esto. Después de todo, todos nacemos desnudos. El mal está en la cabeza. Espérame.

Capítulo III
La Aparición

Safeth y sus secuaces no habían perdonado a Jean lo que les había hecho. El turco cojo se sonrojó furiosamente cuando algo le recordó al hijo de Planchet. Y fue, a su manera, atrayendo a otros bandidos, con la intención de invadir el Patio de los Milagros, y acabar con el "mocoso" que lo había mutilado. Se escondió en la torre del castillo de Nesle, cuyo guardián, sobornado, le dejó entrar. Los muros ya habían caído a su alrededor. La escalera era empinada y estaba habitada por murciélagos. En ese minúsculo espacio, justo después de la escalera, solo había un patio y una especie de habitación con una ventana. Allí permaneció, seguido de sus secuaces. En su proverbial necedad, ni siquiera sabía que, en aquella habitación, ahora habitada por ratas, la princesa Margarita recibía a sus cortesanos y luego los mataba, arrojando sus cuerpos al Sena. Hasta que mató a sus propios hijos sin saberlo. Fue allí donde Buridan, su primer amante, la abofeteó y allí fue ejecutada con su propio cabello. Todos estos detalles, el criminal ignoraba. Para él, la Torre solo sirvió como escondite y lugar adecuado para idear su plan de venganza, ayudado, sin saberlo, por espíritus que estaban en sintonía con él. Allí supo, a través de uno de sus compañeros, que el duque de Luzardo había viajado con Jean y Jeanpaul. Que eran amigos. Luego conspiró para invadir la casa del duque, robándolo todo, ya que él estaba ausente. Una pequeña venganza, pensó. Acabar con lo que el duque tenía en casa, ya que su nieto era amigo del hombre que lo había derrotado y lisiado.

– ¡Oh! Deshagámonos de esa casa. Entonces lo atrapo yo mismo, a él, el Rey de los Mendigos. Lo mato, sin piedad.

✳ ✳ ✳

Por la noche, Lenoir arregló la mesa, colocando en su centro un jarrón de cristal con agua y algunos vasos.

– Siéntate, Jean – invitó el asistente del Dr. Girardán.

Ella así lo hizo. Pronto apareció el médico y, sin decir nada, tomó asiento a la cabecera. Lenoir hizo lo mismo en el otro extremo. El médico miró a la niña que permanecía expectante. Él sonrió y tomó una de sus manos.

– No tengas miedo, querida. Estás tensa - Ella logró esbozar media sonrisa.

– Siguiendo instrucciones de nuestros amigos que ya no llevan el sobre carnal, cada semana, el mismo día, me siento con Lenoir para hablar con ellos. Bendicen el agua que ves, fluidificándola, y nos hace mucho bien, incluso cura algunas enfermedades. Deja tus manitas, con las palmas hacia abajo, sobre la mesa. Intenta no pensar en nada.

– ¿Va a aparecer algún muerto? - El médico se rio.

– Si aparece, no te matarán, como crees. Pero no sé. Ellos deciden... - y cerró los ojos, con las manos sobre la mesa y la cabeza en alto. Luego dijo una oración y volvió a guardar silencio.

El silencio era completo en la habitación, débilmente iluminada por una única vela, sobre el estante, a cierta distancia. De repente, Jean se estremeció. Cerró los ojos, temerosa. Sintió dos manos posarse sobre sus hombros y un aroma a flores silvestres. No tuvo el coraje de abrir los ojos de inmediato, a pesar de su intensa curiosidad. Soportó la suave presión sobre sus hombros y se dio cuenta que una de las manos se había movido hacia su cabeza. Allí adquirió una mayor comprensión. Se arriesgó a abrir los ojos, muy lentamente. Frente a ella vio a varias personas sentadas, adoptando la misma posición que ella. ¿Quiénes serían? El médico no le había avisado, pero naturalmente Lenoir les había abierto la puerta, mientras ella permanecía con los ojos cerrados. Lentamente se giró hacia la cabecera de la mesa, donde estaba Lenoir. Y se asustó. Incluso intentó levantarse, pensando en ayudar al hombre. Pero el agarre en su hombro la mantuvo quieta. El hombre tenía la cabeza apoyada en el respaldo alto de la silla y, de su boca, fosas nasales y oídos, emanaba una sustancia idéntica a espesas volutas de humo de color blanco grisáceo.

– ¡Dios mío! ¿Qué es esto? ¿Quién me sostiene? – Pensó. Desvió la mirada hacia el otro lado. El doctor Girardán, tranquilo, permaneció en la misma posición. El tipo de niebla espesa que salía de Lenoir flotaba en conexión con las criaturas desconocidas que estaban allí. La presión sobre la cabeza y los hombros cesó. Y escuchó: "En el nombre del Padre Eterno, te saludo, Jean de Foiers.

– ¿Eh? – Dijo asustada.– La voz vino desde atrás. Intentó darse la vuelta.

- No te des la vuelta - continuó la voz –. Voy hacia ti, cierra y abre los ojos - Ella obedeció y vio, entre los que estaban sentados, una hermosa mujer. Sorprendida, preguntó:

– ¿Quién es usted, señora? – La visión se movía de un lado a otro. Se detuvo y sonrió.

– Mi nombre era Suzanne.

– ¿Doña Suzanne, la abuela de Jeanpaul?

– Puedes considerarme así.

– Pero ayudé a limpiar tu mausoleo. Le pusimos flores... ¡está muerta, señora!

– ¿Eso crees? ¿Tienes miedo?

– ¡No, no puedo tener miedo, usted es hermosa señora! ¿Estoy soñando?

– No, no lo estás. Ven, levántate y tócame. No te demores. A nuestro hermano, que hace posible mi visita, le molesta.

Jean se levantó emocionado y fue al encuentro de la visión. Extendió el brazo, cuya mano sostenía Jean.

– ¿Ves? ¿Soy un fantasma? ¿Sientes mi mano?

– Sí, señora. Está caliente.

– ¿Qué quiere de mí, señora?

– Cuéntame, querida, ya que estaremos juntos en un futuro muy cercano.

– ¿Juntos? – Y Jean puso su mano en su pecho –. ¿Moriré? - Suzanne sonrió y estrechó la mano de la joven.

– No, cariño, no. Ya estás muerta.

– ¿Yo? – Gritó Jean–.– ¿Morí?

– No – respondió la visión sonriendo –, no como crees. Estás vivo para dar vida a quienes te necesitan.

– No entendí.

– ¿Amas a Jeanpaul?

– Sí, señora, sí. Y mucho. Pero, ¿qué hago? Él me ve como un hombre.

– No puedo aconsejarte. Sigue tu corazón.

– ¿Dar vida a quienes me necesitan? ¿No puede ser más explícita, señora?

– Eres mujer.

– Sí lo soy.

– Y Jeanpaul, hombre.

– Así es.

– ¿Juntos no darán vida?

– Pero señora...

– Mi bendición para Paulette y Jean... bese al duque. Abraza a Diana. Y recibe un abrazo de alguien que te quiere mucho, pero que en estos momentos no puede estar aquí. Me voy, el hermano Lenoir sufre.

– *Mon Dieu*, señora, ¿quién me manda el abrazo?

– Tendrás que superar las barreras de la muerte, sufrirás, querida, por esa terquedad en querer ser a toda costa el Rey de los Milagros, sucediendo a tu padre. Él está bien.

La visión, ya diáfana, le soltó la mano, se acercó al doctor Girardán y le besó la cabeza. Toda la sala parecía humear, los que estaban en la mesa comenzaron a volverse transparentes. Ya casi diluido, pero aun visible, Suzanne informó:

– Pierre.

– ¿Pierre? ¿Murió? – Entonces todo desapareció. Y se encontró al otro lado de la mesa. El médico a la cabeza, Lenoir tirado hacia atrás en el otro extremo de la mesa, sin que esas "cosas" extrañas salieran de los orificios de su cuerpo. Notó su intensa palidez.

– ¡*Mon Dieu*! – Dijo, en voz alta, asombrada.

– Tranquila niña – escuchó la voz del Doctor Girardán, quien se levantaba.

– Doctor, Lenoir se siente mal.

– Llena un vaso con esta agua – respondió él –. Dáselo a él.

Jean hizo lo que le ordenó el médico y se acercó a su amigo postrado, le sostuvo la cabeza y se llevó el vaso a los labios.

– Bebe, tío, bebe.

Lenoir sorbió el líquido, lo removió y apoyó la cabeza sobre los brazos, sobre la mesa.

– Doctor, ¿no está haciendo nada? – Preguntó.

– Tú también bebes esta agua. Voy a hacer lo mismo.

– ¿Y Lenoir?

– Estará bien pronto. Ven, hablaremos antes de cenar.

– Pero, ¿el tío?

– Cálmate, vamos, dame tu mano.

Jean todavía estaba bajo una intensa tensión y se retorcía las manos.

– Tápate los senos, niña. ¿Este conjunto tiene botones? Ella lo miró largamente y luego, obedeciendo, respondió:

– ¡Fuiste tú quien no me dejó cambiarme de ropa! Ahora, ¿me estás diciendo que esconda los senos?

– ¿Notaron algo? ¿Te recriminaron?

– No, no, pero tú...

– Solo te aconsejo, para que no olvides que eres un hombre.

– ¡Oh! Doctor, ¿qué fue eso?

– ¿Qué?

– Doña Suzanne, abuela de Jeanpaul.

–¡Oh! – El doctor fingió estar sorprendido.

– ¿Oh? Bueno, doctor... ¡ella me habló!

– ¿Habló contigo? – Simuló el médico.

– Doctor... no juegue conmigo.

– Ven aquí, siéntate en mi regazo – no lo dudó, se levantó de un salto y ya estaba sentada en el regazo del médico, con el brazo alrededor de sus hombros y la cabeza apoyada en su pecho. Actitud típicamente femenina.

– Ahí lo tienes, abuelo. Ahora responde.

– ¿Responder a qué?

– Doña Suzanne...

– ¿Qué pensaste de ella?

–¡Oh! Doctor...

– Prefiero al abuelo.

–¡Ay, abuelo! ¡Qué bonito! ¿Eres un ángel? -Girardán sonrió.

– ¿Notaste alas en ella?

– No, no, ¡pero qué hermosa es! ¡Cuánta bondad irradia! ¡Dios mío, nunca he visto un muerto!

– No hables así, hija. En realidad, fuimos nosotros los que morimos aquí.

– Abuelo... ¿y esa gente extraña sentada en la mesa? ¿De dónde vienen ellos?

– ¿Los viste?

– Sí, los vi.

– Son mis amigos. Siempre están presentes en nuestras reuniones.

– ¿Están muertos?

– Jean...

– Quiero decir, ¿son espíritus?

– Sí.

– Entonces, ¿qué necesidad tienen de participar? ¿No lo saben todo?

El doctor rodeó a la niña con sus brazos, la besó en el pelo y sonrió.

– No, no lo saben todo. Se unen a nuestro grupo para aprender.

– Pero...

– Entiendo tu duda. Son como estudiantes, cariño. Son enviados aquí, para que se familiaricen con el mundo que dejaron. Asisten a nuestras reuniones y participan en ellas. Este proceso se adopta en todo el mundo. Incluso entre los salvajes, que tienen sus dioses, ellos, igualmente, se reúnen en ceremonias. Un día, en el futuro, habrá muchas casas que manejarán este intercambio con naturalidad, permitiendo a los espíritus actuar más satisfactoriamente. Por ahora, querida, aquellos que se atrevan a recibirlos pueden terminar en la hoguera.

– ¡Qué bárbaro! Pero, ¿qué daño hacen?

– Ninguno. Los clérigos temen que la hegemonía de la Iglesia se vea sacudida. Sin embargo, lo saben todo.

– ¿Los sacerdotes?

– No todos. Me refiero en particular a la Santa Inquisición.

– He oído algo al respecto.

– ¿Ves a Martín Lutero? Por presentar tesis contrarias a ciertos dogmas y prácticas dentro de su comunidad religiosa, se le considera hereje y a sus seguidores protestantes.

– Abuelo...

– Dime, ¿mi rosa o mi clavel?

– Rosacravo – y le jaló la oreja –. ¿Estás en peligro?

– ¿Yo?

– Sí, sabes a quién me refiero.

– Soy inmortal, *ma cheri*,[44] no pueden hacerme daño.

– Pero, por lo que tengo entendido, le habría quitado el derecho de ayudar a los pobres, en este organismo.

– Ciertamente. Yo los ayudaría de otra manera.

–¡Oh! ¡abuelo! – Y volvió a abrazar al anciano –. Te defenderé matando a todos. Toda la población de Patio de los Milagros acudirá en tu ayuda. ¡Y yo con Jeanpaul a la cabeza!

Girardán se rio, divertido.

---

[44] Querida.

– ¿Te ríes? Hablo la pura verdad.

– Lo sé, lo sé – y acarició el cabello de la niña. Y, para abrirse con ella, la olió, preguntando –. ¿Ya te duchaste?

– Bueno, viejo – gritó, haciendo ademán de levantarse –, ¿Entonces huelo mal? – Y agarró las dos orejas del doctor, quien sollozaba de risa.

– ¡Oh! Estás bromeando, ¿no? ¡Viejo astuto!

– Por supuesto que sí. Hueles como una flor silvestre.

– ¿Qué era eso que salía de la boca, la nariz y los oídos de Lenoir? ¿Ese humo pastoso?

– Bueno, es difícil hacerte entender. Es una sustancia que los espíritus necesitan para materializarse.

– ¿Es siempre así?

– No, no siempre. Solo querían que los vieras.

– ¿Y Lenoir? ¿Sufre?

– No, no. Naturalmente se siente débil durante unos minutos. Después de todo, toda la energía sale de ahí.

– Pobrecito. ¿Es lo mismo todas las semanas?

– No, no. Casi nunca.

– Entonces...

– Por Suzanne quería hablar contigo, además de mostrarse tal como era.

– No entendí el significado de las palabras que me dijo...

– ... ¿ya que estarán juntos en un futuro cercano? – Preguntó el doctor.

– ¡Oh! ¿Escuchaste?

–... ¿y estarás viva para darle vida a quienes te necesitan?

– ¡Abuelo! ¿Escuchaste todo? Parecías estar durmiendo.

– Oí y vi.

– Entonces, ¿qué quiso decir? ¿En un futuro próximo estaremos juntos y viviremos para dar vida? Responde, abuelo, ¿qué pretendía hacerme entender?

– ¿Por qué no le preguntaste?

– ¡Vaya, abuelo, parecía tan apurada!

– Por supuesto, Lenoir no duraría mucho.

– ¿Me vas a aclarar todo o no?

– Ella lo dijo, querida.

– ¿Como ya he dicho?

– ¿Lo has olvidado? Pon tu cabeza a trabajar.

Ella hizo un esfuerzo, recapitulando todo el encuentro. Poco a poco, dijo, separando las palabras:

– "tú eres una mujer… y Jean Paul, un hombre." Eso es lo que ella dijo.

– ¿Y entonces?

–¡Oh! – Hizo un puchero –. No sirve de nada. Sé que soy una mujer y Jeanpaul es un hombre. ¿Y qué? Ya lo sabía.

Girardán sonrió. Volvió a acariciarle el cabello y en tono celoso le recomendó:

– No te atormentes. Pronto lo sabrás. Olvídalo.

– ¿Olvidarlo? ¿Cómo? Siempre reflexionaré.

– Lo haremos. No puedo ayudarte ahora.

De repente pareció melancólica y se tapó la cara con las manos.

– Y ahora, ¿qué pasó?

– Pierre… Pierre murió… ¡Oh! – y sollozó.

– Acaba de dejar el cuerpo, cariño.

–¡Oh! Jeanpaul debe estar triste, doña Paulette, el señor de Luzardo, el duque, María, todos.

– Y simplemente está feliz.

– Abuelo, ¿cómo puedes decir esto? ¡Murió!

– ¿Y entonces? ¿Qué te dijo Suzanne?

– Que me había mandado un abrazo.

– ¿Pues entonces?

– ¡Se acordó de mí! ¡Solo lo vi una vez! ¡Me llamó niña! ¡Oh! Pierre...

– Él ya lo sabía todo.

– ¡Oh, cuánto misterio!

– ¿Alguien como ella?

– Fuimos a su lápida.

- ¿Tienes miedo de mí, Jean? – Dijo Lenoir.

—¡Oh! Tonto, ¿cómo puedes pensar eso? – Y saltó del regazo del doctor para abrazarlo.

– Pero te quedaste callada, niña.

– Hoy voy a tener miedo de irme a dormir.

- Yo me quedaré contigo hasta que te duermas.

– Gracias.

Lenoir, Jean line miedo, no de lo que vio, sino de las palabras de Suzanne que no pudo interpretar.

– Un olor a hombre – exclamó.

La especialidad de Lenoir, siempre que leemos a nuestro rey, tiene la cámara en la cocina,

– ¿No después de las reuniones?

Y el doctor se rascó la cabeza.

- Lenoir necesitará reponer las energías. Además, le dejaré atar lo que desató.

- Él hizo algo útil y agradable.

- ¿Se podría decir qué es?

- Está preparándolo. El aroma me va a hacer agua la boca.

– ¿No puedes adivinarlo?

- Algo jabalí, perdices, a fuego encendido, como la primera vez que fui con Jeanpaul, pero el olor no lo conozco.

– Carne de ternera asada, con salsa de champiñones, ajos grillados, mezclado con huevo y arroz cocido.

- ¿Arroz prensado?

- Sí, es su especialidad. Licúa el arroz con la grasa del apio, cuando se estén quemando las partículas lo sacas, lo cuelas y quedará solo, pero con un color oscuro,

– ¡Oh!

– Para ti mucha grasa, hija. Deberías comer poco.

– ¿Y tú?

– Yo, bueno, ya soy bastante mayor…

- Por ahora que no debería oprimirlo – completó –. Volvió después de eso, llevando dos tazones grandes en sus manos –. Aquí está el aperitivo, que a Jean le gusta – y lo dejó en la mesa, regresó a la cocina regresando después con dos tazones o platos más –. Ahí está mi especialidad – exclamó, asintiendo – Sírvanse.

– Pero ¿cómo Lenoir?

– ¿Qué diablos, doctor? ¿No te sirves también?

–Sí, claro. Sin embargo, hoy no quiero comer con las manos… ¡tenemos invitados!

– ¡Oh! Lo siento, doctor... y se levantó rápidamente, fue al armario y regresó con unos cubiertos de hierro que colocó sobre la mesa.

– Lo siento, Jean, lo olvidé.

– Te señalaré la omisión, pero no al abuelo.

– ¿Y por qué?

– "Tenemos un visitante" ¿soy entonces un visitante?

– Tienes razón, niña, tienes razón. Es la costumbre.

– Pero, ¿conmigo?

– Jean... ¿recuerdas a esas personas que viste sentadas en la mesa?

– Sí, los que desaparecieron, sí.

– Bien. Bueno, todavía permanecen aquí.

– ¿Cómo es que no los veo?

– Porque solo los veo ahora.

– ¿Cómo es que de Lenoir no sale nada?

– No es necesario... eso es solo para la materialización, ya lo dije.

– ¿Y los cubiertos para ellos?

– Es algo sencillo, pero tendrás que aprenderlo, mediante la observación.

– Abuelo... ¿quieres decir que nos están viendo comer?

– Sí, así es.

– ¡*Mon Dieu*!

– El acto de comer, querida, en familia, por frugal que sea la comida, debe implicar toda la educación posible.

– Pero no todo el mundo puede hacer eso.

– Es cierto; sin embargo, si hay alguien que lo hace, ya es un principio. Pero olvidemos esto. Vamos a la ternera.

– ¡Entonces ya no tengo tanta hambre!

– Vamos a rezar.

– ¿Y esto le importa a Dios?

– Tal vez él no. Somos nosotros los que debemos preocuparnos por lo que Él nos da.

– Se lo diré al duque.

– ¿Duque?

– No me importa, abuelo, no me importa.

✳ ✳ ✳

– Volviste, querida, al plano físico.

– Sí, fui. Quería que nuestra futura madre me conociera.

– No entiendo por qué, pero como lo hiciste, seguramente fue por algo serio.

– Mi querido. Todavía estás asistiendo a la escuela. Mientras estás allí, con la aquiescencia de nuestros mentores, aproveché para visitar a nuestro amigo Girardán, quien protege a la que, como te dije, será nuestra madre.

– ¿Y tuviste éxito?

– Siempre lo hay. Ella lo entenderá todo.

✳ ✳ ✳

– Abuelo...

– ¿Sí? ¿Terminaste tu comida?

– Claro.

– Entonces dejemos la mesa con Lenoir.

– ¿Por qué?

– Tiene más apetito que nosotros – y al hombre que se estaba atiborrando –. ¿Nos disculpas, Lenoir?

– Claro, doctor.

Se sentaron en sillas, uno frente al otro.

– ¿Cuál es la pregunta ahora, hija?

– Doña Suzanne, me dijo que tendría que superar las barreras de la muerte y que sufriría por mi terquedad al querer ocupar el lugar de mi padre. ¿Qué dices?

– Cálmate, cariño, pronto lo sabrás.

Hablaron hasta altas horas de la noche. Posteriormente se retiró. Lenoir tomó unas mantas y las extendió en el suelo.

– ¿Qué vas a hacer?

–Dormir aquí. Y no tiene sentido que digas que no, querida - añadió el doctor -. Él no se irá de aquí.

– Muy bien. Deja una vela encendida.

– Ya ni siquiera te escucha. ¡Ya se durmió!

– ¡Pobrecito! – Dijo arrepentida, mirando a su amigo acostado cubierto hasta la cabeza.

– Está cansado.

– Tengo una gran seguridad. Buenas noches abuelo.

– Buenas noches, *chérie*.

Capítulo IV
La Emboscada

Felipe Augusto, rey de Francia, en el siglo XII, mandó construir una muralla defensiva para la ciudad de París, formada por varias pequeñas torres, no muy alejadas entre sí y con varias puertas que daban al campo. La muralla fortificada comenzaba en el lado derecho del río Sena. Allí se alzaba una gran torre redonda, que los indígenas llamaban "torre de la esquina." Frente a esta torre hizo construir otra, de unos cincuenta metros de altura. De considerable diámetro, a ella se adosaba una segunda, más estrecha pero más alta, que contiene una escalera que conduce a la "torre de la esquina." Desde allí hasta la calle *Saint–André–des–Arts*, había un muro en el que se abría una puerta, a la que llamaron "*Porte de Brie*." Desde esta puerta hasta el Sena, el muro continuaba. Dentro de este aquí es donde se construyó el Palacio de Nesle, que dio nombre a la torre, allí se perpetraron los crímenes más horrendos, con la princesa Margarita de Borgoña como protagonista, y allí, en aquella habitación impregnada de vibraciones malignas, se alojaban Safeth y sus compañeros. Los vecinos de los alrededores dijeron que, de vez en cuando, escuchaban gritos desgarradores provenientes de esa siniestra torre y atribuyeron esos gritos de terror a las víctimas, quienes, después de una noche de amor, fueron asesinadas y arrojadas sus cuerpos al Sena. También escucharon los gritos ahogados de la bella princesa que fue estrangulada por los verdugos, utilizando sus propios cabellos. Algunos juraban que, en las noches sin luna, veían aparecer a la loca por la ventana de la torre.

– Bueno – dijo Safeth – mañana por la noche estará oscuro. Podremos ingresar a la residencia del duque de Luzardo. Dicen que tiene una enorme colección de armas.

– Y cubiertos.

– Pero...

– Pero, ¿ ?

– Para que todo salga bien, tenemos que atraer al Rey de los Mendigos a esa casa.

– ¿El Rey de los Mendigos? ¿Jean, el hijo de Planchet?

– Ese mismo. Entonces mi venganza será completa.

– ¿Cómo hacemos esto, Safeth? ¿Y para qué?

– Realmente eres un tonto.

– ¿Que haremos?

– Él, sabiendo que pretendemos robar en esa casa, seguramente intentará impedirlo. Nos aseguraremos que sepa la hora.

– ¿La hora?

– Por supuesto, llegaremos allí antes. Y permaneceremos escondidos. Cuando llegue, caeremos sobre él. Entonces robaremos lo que podamos tomar. Cuando lleguen los gendarmes, lo encontrarán y deducirán que es obra de ladrones del Patio de los Milagros. Mi venganza será completa, ya que invadirán esa guarida de traidores, sin dejar piedra sin remover.

– ¿Cómo actuaremos para hacerle saber nuestros planes?

– Fácil. Todavía tenemos algunos amigos allí. Uno de ellos informará habernos visto haciendo planes. Por supuesto que correrá.

– ¿Y habrá tiempo para esto?

– Mañana por la mañana ya veremos.

* * *

– Despierta niña... despierta...

– ¿Eh?

– Despierta, Jean – llamó Lenoir.

– ¿Qué? – Y se levantó a medio camino de la cama –. ¿Me despertarás? ¿Por qué?

– Ya son las seis, niña.

– Pero estaba soñando.

– ¿No tienes que volver al Patio?

– ¡*Mon Dieu*!

– Voy a salir para que te cambies.

Un rato después, alrededor de la mesa, desayunaron.

– Te levantaste tarde, Jean – comentó el médico.

– Sí, pero además, abuelo, nunca había vivido una experiencia tan interesante. Y, efectivamente, estaba en medio de un hermoso sueño y este bruto – señaló a Lenoir –, me despertó – el hombre sonrió, continuando su comida –. Abuelo – continuó –, ¿por qué soñamos? ¿Qué valor tienen los sueños para nosotros?

– Mucho y nada.

– ¿Cómo así?

– Cuando dormimos, querida y, naturalmente, sin usar hierbas, somníferos ni bebidas alcohólicas, es como si estuviéramos muertos en la carne. El espíritu abandona el cuerpo, solo conectado por un "cordón" plateado. Entonces podremos ir a regiones donde estén nuestros amigos espirituales, incluso aprender algo de ellos. Es el sueño normal.

– ¿Y los que beben, los que toman pastillas para dormir? ¿No es la misma cosa?

– En cierto modo, sí. Si se prescriben dichos medicamentos, observando la necesidad de su administración, menor daño. Sin embargo, cuando se utilizan sin diagnóstico, solo para escapar de la realidad, llevan a las criaturas a convertirse en presas fáciles de los "enemigos" que las seducen. Se buscan unos a otros.

– ¿Qué pasa con los que beben alcohol?

– Demasiado, querrás decir.

– Sí, un borracho persistente.

– Bueno, sintonizan con quienes lo necesitan.

– ¿De qué?

– De beber. Generalmente el encuentro es con otros como tú, que te inducen a hacer lo que ellos quieren.

– ¿Y ese cordón?

– Permanece adherido al cuerpo.

– ¿Y los enemigos no lo ven?

– Claro. Por eso utilizan sus maquinaciones, para que los incautos siempre regresen. Ya no tienen el cordón. Se aprovechan de quienes llegan allí para enviar el mensaje.

– ¡*Mon Dieu*! ¿Y no pueden escapar de esto?

– Pero claro que pueden. Simplemente escuche el sentido común.

– ¿Sentido común?

– Sí. Todo el mundo tiene el sentido del discernimiento. Basta añadirlo a las peticiones y súplicas de familiares y amigos, para que, dejando de alimentar la adicción, puedas liberarte de quienes la alientan. Es difícil, lo sé, ya que ahora solo hablamos del espíritu, como si pudiera hacerlo todo. ¿Porque estás "muerto" tienes que saberlo todo?

– Pero, abuelo, ¿no lo sabe?

– Sí, hija, ya lo sabe.

– Ellos lo saben, niña – Lenoir se unió a la conversación –, sin embargo, no pueden ni tienen el poder de decirte lo que tienes que hacer, cómo actuar, etc.

– ¿Por qué no? Sería mucho más fácil...

– Porque si lo hicieran estarían anulando las posibilidades del derecho de acción de los encarnados, adquiriendo experiencia en sus éxitos y fracasos. El espíritu es el mismo, niña. Solo el cuerpo cambia. Si quienes allí los ayudaran con sus necesidades mínimas, ¿qué mérito tendrían?

– ¿Entendiste lo que explicó Lenoir? – Preguntó el médico.

– ¡Oh! ¡Tengo mucho que aprender! Quiero decir, en resumen, que ellos, los desencarnados, son como nosotros, ¿en otros lugares?

– Sí.

– Pero tú puedes ayudarnos.

– Al final sí. No hay diferencia, ¿entiendes? Naturalmente, a los más evolucionados se les ocurre algo que nos instruya y lo hacen. Pueden sanar, pueden hacerlo todo. Sin embargo, pasamos por la escuela de la vida para aprender. El espíritu no hace milagros. Solo Dios los hace. Haber pasado al otro lado de la vida no significa que un amigo se convierta en un ser muy inteligente al que acudir ante cualquier dificultad. Somos lo que somos. Fuimos lo que somos y siempre seremos lo que somos. No hay otra regla.

– ¿Y qué hago?

– ¿Ahora? Sal de aquí, corre a tu comunidad, si eso es lo que quieres, loca, y defiéndela, protégela y aliméntala.

– No te gusta esto, ¿verdad, abuelo?

– Tu sabes mejor. En realidad, respeto tus sentimientos hacia esas personas. Vamos, ya eres un hombre. Jean abrazó al médico, lo besó cariñosamente e hizo lo mismo con Lenoir.

– No sé cuánto me devolverán. Debe haber mucho por hacer...

– Tus depósitos están llenos, *ma chérie*.

– Lo sé, Lenoir, lo sé. Pero ellos simplemente quieren más y más.

–¿A quién culpar? ¿A ti o a Planchet?

– A mí, abuelo, a mí.

– ¿Y eso porque…?

– Porque Planchet me dio los medios para ayudarlos, olvidándome incluso de sus otras mujeres. ¿Te acuerdas? Solo hizo hijas. ¿Cuántas hermanas tienes? Y creen que soy un hombre. Abuelo, quiero que todas mis hermanas y sus madres estén protegidas. Voy a acabar con el Patio de los Milagros. ¿No tengo tierras y hasta palacios?

– Sí, hija, los tienes.

– Mañana o pasado enviaré un mensajero, donde expresaré todas mis intenciones al respecto.

– Dios te proteja.

– Y a todos aquí.

– Ve, hombrecito – dijo Lenoir.

Sostuvo la empuñadura de la espada, y en serio, dijo, mirando a su amigo.

- ¿Quieres salir a batirte en duelo conmigo? Tu talla no me asusta.

– Sí, lo haré – rugió Lenoir.

– Bueno, vamos...

– Mi bandera será camisón y ropa interior.

– ¡Cobarde! – y lo abrazó, besándolo.

– Cuídate, Jean. Si lo necesitas llama. Yo daría mi vida por ti.

– Lo sé. Y tú, cuida al abuelo. ¡Hasta la vista! Te amo.

– ¡*Au revoir*, señorita!

✱ ✱ ✱

Jean reanudó su reinado. Naturalmente, cuando se alejó, dejó atrás a alguien que le respondió. Había elegido para ello a una de sus hermanas, a pesar de no saber quién era su madre. Le gustaba la chica, mucho mayor que ella, pero la única entre las demás que tenía propensión a la honestidad. Su nombre era Cecille.

– ¿Cómo estás, Cecille?

– Bien, rey, todo.

– No me llames rey. Sabes mi nombre.

– Así sea, Jean.

– Siéntate. ¿Y la guardería? ¿Todos los niños tomaron los medicamentos que les recomendé?

– No todas. Ya sabes, uno u otro sospechoso...

– Sí – y le acarició el pelo –. Sé lo difícil que es ahora obligar a la población a tomar precauciones. Siempre han convivido con ratas, para erradicar esto hay que darles tiempo.

– Así es.

– Cecille, mi hermana – empezó a decir con cautela.– ¿Te puedo llamar hermana?

– ¿Y tú no, querida? ¿No eres la hija de Planchet?

– Sí, lo soy, pero...

– Lo sé, eres una mujer, como las demás.

– Es verdad. Nos relegó a un segundo plano cuando naciste hombre.

– ¡Pobrecito! Ya era muy viejo. Pero, Cecille, no lo he olvidado y tengo un trabajo para ti.

– ¿Trabajo? ¿Cual?

– Cálmate, Cecille – dijo sonriendo –. Te has portado muy bien en mi ausencia. Lo que te pido, hermana, es que averigües cuántas hermanas tenemos cuyo padre fue Planchet. Y sus respectivas madres, por supuesto.

– ¿Para qué?

– ¿Quizás una herencia?

–¡Oh!

– Pronto voy a sacar a todos de aquí, esto no es vida, hermanita.

– ¡Oh! Jean, ¿por qué dices esto?

– Porque yo sufrí aquí, hermanita, sufrimos todos. Y es hora que tengamos una vida mejor.

– Lo sé, hermano Jean. Solo con lo que le hiciste al turco, fuiste de gran ayuda para nosotros. No te metas más en nada. Somos lo que somos, hermano.

– ¿Y la herencia?

– Bueno – y la joven rubia, vestida con harapos, un pañuelo sujetando su cabello en lo alto de la cabeza, se puso las manos en la cintura y continuó – ¿cuál será la herencia para nosotros, sea cual sea el monto? No sabemos nada más que preguntar, robar, hurtar. ¿Dónde iríamos?

– ¿No te agradaba tu padre?

– ¡Oh sí! ¡Y como! Al principio, cuando era niña, me puso boca abajo, a horcajadas sobre él. Luego vino otro, otro y tantos más que crecí y él ni se acordaba de mi nombre y apenas nos veíamos.

No solo el mío, sino el de todos. Entonces, cuando naciste hombre, se olvidó por completo de nosotras y bajó la cabeza, llorando –. Lo amaba, sí. Después de todo, ser hija del rey tenía algunas ventajas. "Ella es la hija del rey" – dijeron y me dejaron en paz -. Amaba, sí, amaba a mi padre. Incluso creo que a los demás también les encantó.

– Tú fuiste quien se quedó junto a su tumba, después que todos se fueron.

– Sí. Y tengo entendido que ni siquiera estuviste allí después de ese duelo.

– Es verdad. Llegué tarde. Pero escuché sobre tu devoción.

– Tomé madreselva. Él lo amaba. Lo extraño, con esa forma tan grotesca de parecer un bruto, ¡pero qué corazón tenía!

– Ven aquí, Cecille – y Jean se levantó, entrando en la habitación donde dormía. La joven lo siguió.

– ¿Recuerdas quién vivía aquí?

– Mi padre.

– No, Cecille... antes.

– ¡Oh! Paulette... ¡pero desapareció!

– Bien. Paulette está viva y es madre de un joven – dijo desabotonándose el cinturón, que dejó caer al suelo, luego la blusa, ante la mirada perpleja de Cecille, que ya tenía otros pensamientos en la cabeza, temerosa. Jean comprendiendo, continuó – y amo a este joven... no, no cometeré incesto contigo. Mira, se abrió la blusa, el chaleco, dejando que sus senos sobresalieran.

Cecille se tambaleó, atónita.

– ¡Jean! – Gritó tapándose la boca con la mano –. ¿Qué es esto?

– Soy mujer, hermana, siempre lo he sido. Se quitó los pantalones y se mostró desnuda ante su hermana –. ¿Ves?

– Jean...

– Es nuestro secreto hermana, no le puedes contar nada a nadie.

La niña se arrodilló frente a su hermana, sujetándola por la cintura, entre lágrimas. Jean también le acariciaba el pelo, llorando.

– ¿Cómo, hermana, cómo venciste a Safeth?

– Nuestro padre me crio como un hombre, ¿recuerdas?

– Qué hombre, hermana – se levantó y abrazó a su hermana –. Vístete rápido. Tu secreto morirá conmigo.

– No, no morirá.

– ¿Cómo, Jean?

– Nuestro padre nos dejó una fortuna incalculable. Tengo sitio para todas mis hermanas y quien quiera seguirnos.

– ¿Tiene intención de acabar con el Patio de los Milagros? - Al vestirse, ella respondió:

– No puedo hacerlo. Tengo la intención de llevar conmigo solo a aquellos que deseen cambiar sus vidas. Siempre habrá mendigos sin importar en qué parte del mundo. Pero nosotros que vivimos y sufrimos aquí tenemos el deber de ayudarlos.

Cecille la miró asombrada.

– Te pido que guardes mi secreto unos días más.

– No te preocupes, Jean. Para mí nadie sabrá nada.

– Yo lo sé. Haz lo que te pedí. Quiero saber cuántas hermanas tenemos.

– Así será, hermana– asintió la rubia, quien no pudo contener la alegría.

– Entonces vete, yo me quedaré aquí esta noche. ¿Quédate conmigo?

– Quédate, sí.

– ¿No van a hablar?

– ¿Hablar?

– Ahora, Cecille... yo soy un "hombre", tú eres una mujer...

– ¿Y qué importa? ¿No eres tú el "hijo" de Planchet? Jean sonrió.

– Es, sí.

– Entonces déjalos hablar. Los peores son los que te quieren como hombre.

– Yo te elijo.

– Está bien, mi 'adorado joven' – dijo la rubia haciendo una reverencia.

✳ ✳ ✳

Las noticias en París fueron mixtas. Dijeron que Francisco fue encarcelado en la Cartuja de Paima, otros en Pavía. Uno, en Italia, el otro, en España. Lo cierto es que fue encarcelado en Italia y enviado a España. Como ya he entendido, solo lo que nos interesa en este contexto es objeto de información. Pero la situación en París era de miedo, de angustia, sí. Después de todo, ¿cuántos hijos había en el ejército y cuántos padres? Por muy belicoso que sea un pueblo, va a la guerra para defender algo. Sin embargo, a nadie le gusta la guerra. La paz sería ideal. Pero ¿qué hacer si quienes están en las cimas de la hegemonía real quieren anexar tierras y más tierras? Francisco perdió Borgoña... la recuperó más tarde, sin guerra. Lee y verás que las guerras solo se fomentan sin escuchar al pueblo. Pobre Francia, que pronto, apenas unos siglos, se volvería completamente sobre sí misma y el pueblo gritaría fuerte. Lo que pasó es un ejemplo para el mundo – *Egalité, Fraternité et Liberté*.[45]– Pero eso en el futuro. Ciñámonos a nuestra historia, interesándonos poco, como se ha dicho varias veces, por lo que sucedía en aquel

---

[45] Igualdad, Fraternidad y Libertad.

momento. Lo cierto es que Jeanpaul y su abuelo, el duque de Luzardo, se adelantaron a lo previsto, llegando a París un día antes de lo esperado. Y era de mañana. Había una puerta de hierro en la entrada y un muro alto que rodeaba la propiedad. Para acceder, después de la puerta, hay un jardín de hierba hasta la puerta de la residencia, en cuyas paredes las enredaderas trepaban casi hasta el techo, aferrándose profundamente a los intersticios de las piedras del edificio. Un balcón muy amplio se extendía al exterior, en la planta superior.

El cochero sacó el equipaje, mientras el duque buscaba en sus bolsillos las llaves de los candados y de la puerta

.– Abuelo… ¿dónde están Sigfrid y Helga?

– Bueno, llegamos un día antes. Y hoy es viernes, su día libre. Por eso cerraron todo. Fueron a la casa de sus padres.

– Estos alemanes.

– Es natural. Verás que todo el interior está limpio y ordenado – finalmente encontró la llave de los candados y los abrió.

– Deja tus maletas – le dijo al cochero –. Coge el carruaje, límpialo, alimenta a los caballos y estarás libre el resto de la semana. Toma. Con este dinero podrás divertirte... pero el resto solo se lo daré a la señora Aubry. Esto es solo un adelanto.

– Lo sé, lo sé, señor, ¡y qué adelanto! – dijo el cochero, examinando las monedas –. Voy a comprarle un regalo.

– Vete, trapo. Lunes, aquí, muy temprano.

– Señor, estará solo. Los alemanes no vendrán. Si quieres, traeré a mi Aubry para servirte.

– *Merci, merci* – agradeció el duque colocando su mano en el hombro del sirviente –. Pero mi nieto y yo sabemos cocinar, ¿no, Jean?

–¿Jean? – Respondió el joven.

– Jeanpaul, ¿no puedes sacar a tu amigo de tu mente? ¿No te llamábamos Jean antes?

– No sé de qué estabas hablando… ¿no es qué?

– Cocinaremos juntos, ¿no, mocoso?

– ¡Oh! ¿Sí o qué?

– Lo tengo todo preparado y ahumado. Thomas y yo arreglamos todo.

– ¿Jabalí?

– ¿Y cómo no? También faisán, perdices. Tenemos comida para unos tres días.

– Todo lo salado.

– Y viva la sal, nieto, viva la sal.

– Y tu gota...

– Niño... ve, toma tus maletas.

– Adelante, mira si no tardas en abrir la puerta. Quiero un baño ahora.

– Solo piensas en tu amigo, o en bañarte; ¿No hay mujeres en este cuadro?

– Ve, abuelo, yo llevo las bolsas.

✳ ✳ ✳

– Suzanne, ¿es necesario que esto suceda? ¿Nuestra hermana, que nos recibirá como madre, tendrá que pasar por tales vicisitudes?

– Sí, querido, sí. Queda una deuda pendiente por pagar. En el fondo ella lo sabe.

– ¿Ese es Jeanpaul?

– Dios es pródigo en sorpresas benignas. De esta manera lo sabrá todo y luego estarán juntos.

– ¿No le avisaste cuando estuviste en casa del doctor Girardán?

– Sí, pero no puede ser explícita, como esperabas. Adopté la metáfora.

– ¿Ella entendió?

– No, pero el hermano Girardán sí.

– Bueno, ¿quién soy yo para comentar algo que no sé?

– Al menos demuestras buenos sentimientos, preocupándote por lo que le pase a nuestra futura madre. Vamos, oremos.

✳ ✳ ✳

– Pero, ¿cómo es que no lo encontraste, trapo? – gritó Safeth, rojo de ira –. ¿Fuiste al Patio? ¿A las alcantarillas?

– Sí, fui y busqué a tu amigo allí. Me informó de su ausencia.

– ¡Diablos! – Gritó el turco –. Vuelve, vuelve y espera allí. Ponte en contacto con el hombre que te envié a buscar. No podemos perder el tiempo y él tiene que saberlo.

– ¿Y si llegó y tu amigo dio el mensaje?

– Eso es lo que necesito saber, estúpido. Es necesario seguir el plan que ya he elaborado. Vamos, todavía es de mañana y no vuelvas a verme sin noticias.

✳ ✳ ✳

Sin su hermana, Jean empezó a pensar. Mentalmente revisó las propiedades que poseía, calculando cuántas personas podrían vivir en ellas. Y estaba garabateando en un papel cuando la llamaron.

– ¡Rey!

Se levantó y se fue, con la mano en la empuñadura de su espada y el camafeo que Paulette le había regalado brillando junto al ancho cuero que cruzaba el centro de su cuerpo, sosteniendo la espada.

– ¿Qué quieres, Villiard?

– Rey – comenzó el hombre, sosteniendo el sombrero sucio con ambas manos, cerca de su pecho – Tengo noticias…

– ¿Noticias? ¿De quién?

– Seguridad, rey.

– Bueno, ¿qué me importa el turco?

– ¡Ay, rey! He oído que esta noche va a irrumpir en una casa.

– ¿Y no es eso lo que siempre hace un perro travieso? ¿Qué puedo hacer? Estoy ocupado, si quieres avisa a la Gendarmería y vete - regresando al interior de la casa, cuando el hombre añadió:

– Sí, lo haré… y cuando sepan que la casa es del duque de Luzardo, seguro que tomarán medidas. Gracias, Rey, y se giró para irse – Jean reaccionó rápidamente.

– Espera, Villiard.

– Sí, señor.

– ¿Nombraste al duque de Luzardo?

– Eso fue lo que oí.

– ¿Y cómo lo supiste?

– Bueno, en mi trabajo los oí tramando todo, al lado de la Torre Nesle.

– ¿Y estás seguro?

– Pero si estoy aquí, Rey, en plena noche, alrededor de las dos de la madrugada, él y dos de sus secuaces invadirán la residencia del duque. ¿Todavía quieres que vaya a Gendarmería?

– No, no vayas.

– ¿Y por qué no?

Jean estaba furioso. Buscó una respuesta rápida:

– Bueno, Villiard… ¿qué tenemos que ver con esto?

– Es verdad señor, solo quería decírselo.

– Lo hiciste bien. Gracias - y entró.

Se inclinó sobre la mesa, con la cabeza entre las manos.

– ¿Cómo debo actuar? – Pensó –. No puedo dejar que ese animal le robe al duque. Tengo que hacer algo. Aun no son las diez de la mañana. ¡Dios! Tengo que volver a casa del doctor Girardán. Necesito pensar. Enviaré a alguien a buscar a Cecille – Sin embargo, éste no tardó en llegar sonriendo:

– Ya tengo algunas… – pero al ver la aprensión en el rostro de su hermana se detuvo, preguntando:

– ¿Qué está pasando? - Jean la informó de todo.

– ¡*Mon Dieu*!

–Cálmate. No me quedaré contigo esta noche. Voy a la casa del Dr. Girardán.

– ¿Que planeas hacer?

– Evitar que ese turco asqueroso profane la casa del duque con su presencia. ¡Y no hay nadie allí!

– ¿Me dejarás ir contigo?– ¿Para qué? Eres mujer.

–¿Y qué eres tú?

– No hay nada que discutir sobre el hecho. Continúa lo que te pedí. Mañana estaré aquí.

– Ten cuidado, Jean - La chica se fue.

✱ ✱ ✱

– Pero hija mía – comentó el doctor Girardán – esto es una locura. El duque debe tener sirvientes en su casa. No te vayas, Jean.

- Iré con ella - gritó Lenoir.

– No, nadie. Voy solo. Si vine aquí fue a dormir.

– ¿Dormir durante el día?

– Sí. Tengo que estar bien despierto por la noche. ¿Puedes ayudarme, abuelo?

– Hija, el turco...

– Ya le gané una vez. Lo venceré otra vez. Y estaré defendiendo la fortaleza del hombre que amo.

– Jean...

– Abuelo, si no quieres me voy. Vine a buscar la paz aquí. Pensé en tus mensajes y tus esencias que nos hacen relajar. Si me las niegas, volveré al Patio y allí esperaré el momento de actuar para impedir que el turco lleve a cabo sus intenciones. No tienes ninguna obligación conmigo.

– ¿No, Jean?

– No, no interfieras en mis propósitos, excepto lo que ya sabes y, espero, sé, que harás. Si me pasa algo, mi hermana Cecille, de quien les hablé, tiene una lista de personas que se beneficiarán. Haga lo que desee, incluida la prestación de ayuda a otras personas que consideres oportunas.

– ¿Y Jeanpaul? - Ella bajó la cabeza.

– Es por él que hago esto. Si no vuelvo, dile la verdad. ¡Y dile que lo amo!

– Niña... – y la abrazó.

– Lenoir...– comenzó.

– Sí, Jean.

– Quiero agua caliente y mi camisón. El abuelo me dará un masaje.

– Eso es todo, Jean.

– Y ese conjunto completamente negro, ¿recuerdas?

– Sí.

– Lo quiero.

Lenoir se fue para arreglarlo. Comenzó a desvestirse, dejando solo sus pantalones cortos. El doctor la observó.

– Pensar que cuando te dije que te quitaras la ropa, cuando llegaste aquí, casi me atacas con la espada... Se sentó en el regazo del doctor.

– *Je te aime*, abuelo.

– Yo también. Vamos a tu habitación.

Allí llegó el asistente con agua, llenó la tina y luego se fue. El médico estaba de espaldas mientras la joven se bañaba. Luego, con la gran toalla alrededor de su cuerpo, salió de la tina, se acostó, sometiéndose a los masajes del amable y preocupado anciano.

– Ahora vete a dormir y cuando despiertes estarás en forma. Te despertaré por la tarde – y salió de la habitación –. *Mon Dieu* – pensó –, ayuda a esta chica. Señora Suzanne, ¿es realmente necesario que ella pase por esto?

– ¿Aprensivo, doctor? – Preguntó Lenoir.

– Sí y mucho. Consternado por mi impotencia. No sé qué pasará con ella. Podrías sufrir mucho.

– Si quieres, voy con ella.

– No, nuestros amigos saben lo que hacen.

Llamaron a la puerta. Era un cliente y acudió a atención médica absorto por completo. Dejó dormir a la niña hasta más de las cinco, cuando la despertó. Se sentó junto a la cama, se acarició el pelo y, antes de despertar, murmuró el nombre de Jeanpaul.

– Despierta, cálmate, hija. Soy yo, Girardán – Ella abrió los ojos. Miró al médico un momento, luego se estiró y se arrojó en sus brazos, en un largo aturdimiento.

– ¿Que pasó? ¿Qué te dijeron tus sueños?

– No mucho. Solo vi a Jeanpaul.

– ¿Cómo lo viste?

– Corrió en un caballo negro, el hijo de Tigger y yo, en el blanco que usé allí. Sin embargo, por más que intenté alcanzarlo, no pude. Fue una agonía.

– ¿Y terminó?

– No; luego me vi como una mujer, de la mano de él, en la torre almenada de un pequeño castillo. ¿Era solo un sueño?

– No puedo decírtelo. Hay sueños y sueños. Puedes tener pesadillas cuando comes demasiado y duermes boca abajo. Hay quienes, demasiado cansados, tienen otros y hay quienes realmente abandonan el cuerpo. Visitan a amigos y familiares.

– Pero, ¿estos sueños también pueden llevarnos al futuro?

– Por supuesto. Estos se llaman sueños premonitorios. Y esto es inherente al ser humano, niña. No tiene nada que ver con la religión... - y se tocó la nariz con el dedo índice.

– ¿Y cómo sabes la diferencia?

– ¡Oh! ¡Esto es solo el momento! Ven, vístete. Es recomendable, además de ropa negra, llevar un pañuelo del mismo color que cubra desde la nariz hasta la barbilla.

– ¿Me vas a enmascarar?

– Sí lo harás.

– ¿Por qué? Safeth me conoce.

– Lo sé. Pero si aparece alguien, no te reconocerá.

– Es verdad.

– Ven, ven, come algo ligero. Y, en cuanto regreses a casa, te estaremos esperando. No dormiremos. Por ahora, solo usa la camisa. Trajes negros solo al salir. Me retiro para preparar todo.

– ¿Me doy otro baño?

El médico sonrió y le dio unas palmaditas.

– No, hueles bien. No te demores.

Capítulo V
La Figura Negra

Cerca de la segunda hora de la mañana, una figura negra camina entre las paredes dormidas de las calles desiertas de París, mezclándose con la negrura de la noche. Excepto el susurro del viento sobre las hojas de los árboles, un viento que presagiaba la tormenta, todo estaba en silencio. La figura estaba pegada a la barandilla, sosteniendo cerca de su cuerpo, con su mano derecha, el manto que lo cubría. El otro parecía pegado a la empuñadura de la espada, como si fuera una extensión de ésta. De vez en cuando, ante el leve parpadeo de una luciérnaga, sus ojos se iluminaban con la tenue luz. Pero solo sus ojos reflejaban la fugaz luz. Llevaba un pañuelo del color de la noche que le cubría el rostro. Caminó con cautela, aunque rápidamente. Recorrió callejones, cruzó plazas, esquivó árboles y finalmente se detuvo frente a una inmensa residencia amurallada. Se acercó a la puerta de hierro. Miró de un lado a otro y rápidamente la trepó, saltando la pared, sentándose rápidamente y dejándose deslizar hacia el otro lado. Corrió hacia la pared cubierta de hiedra y enredaderas y se pegó a ella. Miró el balcón que se proyectaba desde el piso superior. Sintió la solidez de las espesas enredaderas y, como un felino, comenzó a trepar cautelosamente. Unos cinco o seis metros lo separaban del alféizar del balcón. Con las manos enguantadas aferradas a las raíces aéreas de la planta, los pies apoyados en las paredes alfombradas de ramas y flores, finalmente logró pasar una pierna por encima de la balaustrada del balcón, levantándose y entrando al pequeño balcón. Automáticamente su mano agarró la empuñadura de la espada y la sacó de la funda, poniéndose en guardia. Con ojos y oídos atentos, se acercó a la gran puerta de cristal. Dentro había una cortina que le impedía ver lo que había dentro. Se apoyó contra la puerta y luego retrocedió, sorprendido. ¡Estaba simplemente inclinado! ¿Por qué? ¿La olvidaron abierta o los ladrones ya estaban allí? Redobló sus cuidados, agudizando sus oídos y sus ojos.

Era Jean, vestida como la noche más negra, quien había llegado con la intención de defender la residencia del abuelo de su amado. La tormenta se acercaba. Los relámpagos, de espacio a espacio, iluminaban tenuemente la ciudad dormida. ¿Qué hacer? Si los delincuentes se hubieran anticipado, habría tenido que tener mucho cuidado: se paró a un lado, cerca de la pared, y empujó la puerta lo suficiente para permitirles el paso. Se arriesgó a mirar. Solo oscuridad. Se agarró, con la espada en ristre, y entró, tirando de la puerta detrás de él y pegándose a ella. No había forma de orientarse. No conocía el interior de esa casa. Se detuvo cuando sintió que su cuerpo tocaba algo. Un mueble o una columnata. Tanteó, pasándose la espada a su mano izquierda. Parecía una pequeña columna, la rodeó. Se detuvo, tratando de escuchar algo. Nada. Cerró y abrió los ojos varias veces, esperando acostumbrarlos a la oscuridad. Devolvió el arma a su mano derecha. Suspiró profundamente. Su mano izquierda sostenía el camafeo que llevaba junto a su pecho. Estaba sudando. Ella permaneció inmóvil, apoyada contra la pared, esperando. Con un relámpago más brillante, tuvo una idea de dónde se encontraba. Una habitación llena de muebles cubiertos con fundas blancas. Una gran lámpara de araña de cristal y algunos muebles más. Pero fue demasiado rápido para tener una mejor idea del lugar. Deseó otro rayo. Sin embargo, las gruesas cortinas de la puerta impedían una mayor entrada de luz. También había una puerta de cristal al otro lado. Esperó otro rayo. Escuchó un clic. Se puso erizado por todas partes. Al mismo tiempo, el salón se iluminó. Ella lanzó un grito de miedo y sorpresa. Vio a dos hombres sosteniendo grandes antorchas, una en cada rincón de la habitación, al lado de él. La luz de las llamas hacía brillar los colgantes de cristal de la enorme lámpara de araña. Había otra antorcha encendida, casi a su lado. Los tres hombres, que, a la luz de las llamas, parecían más bien demonios salidos del infierno, todos portando espadas, avanzaron.

–¡Detener! – se escuchó una voz resonante– y detrás de un espacioso sillón apareció la figura de su mayor enemigo.

– Es mío – rugió Safeth – y tomó el centro de la habitación, riendo burlonamente, iluminada por la luz parpadeante de las antorchas de resina.

– ¡Maldito seas! – Rugió Jean, saliendo del rincón donde se encontraba.

– Te voy a matar, mocoso – respondió con fiereza –, ha llegado el momento de mi venganza y se arrojó sobre él cojeando.

– Deshagámonos de él, Safeth – gritó uno.

– Calma. Yo primero. Luego te lo entregué… - y él atacó. Jean se defendió, detuvo el golpe y luego se abalanzó sobre el turco que lo esquivó.

– ¿Llevas máscara, gallina de pelea?– Y nuevo ataque, nueva defensa. El heno crujió. La fuerza del hombre era enorme, más aun por el odio que hacía brillar sus ojos entrecerrados. Jean retrocedía, a veces avanzaba. Uno de los hombres intentó empujarla. Rápidamente, Jean lo cortó, haciéndolo gritar de dolor y retroceder.

– ¡Uno menos! – Gritó, deteniendo los sucesivos golpes del turco – Y, ante el primer descuido del antagonista, que parecía impulsado únicamente por el odio, le perforó el brazo a la altura de la muñeca.

– ¡Diablos!– Rugió, sosteniendo su muñeca.– ¡Mátalo!

Los hombres avanzaron. El primer ataque fue repelido. Safeth sacó una pistola de su cinturón, pero como tenía el brazo herido, tenía dificultades para apuntar. Fue entonces cuando se abrió la puerta interior y entraron dos hombres armados, con lámparas en la mano. El turco disparó a Jean, que cayó pesadamente al suelo con las manos en la cabeza. Uno de los hombres disparó y alcanzó a Safeth en la cara. El otro lo imitó, derribando a otro. Jean logró levantarse, cubierto de sangre. Vislumbró a Jeanpaul avanzando. Reuniendo todas sus fuerzas, corrió, atravesó la puerta que conducía al mostrador y saltó, aterrizando en cuclillas en la calle. Ya estaba lloviendo. Tropezando, pegándose a las paredes, se escabulló cubierta por su capa.

Se debilitó. La sangre fluía profusamente de su cabeza. Su visión estaba borrosa. Con un esfuerzo supremo logró salir adelante. Cruzó la plaza y, al principio de la calle Saint Germain, todo se quedó a oscuras. Cayó.

✲ ✲ ✲

Volvemos un día antes de los hechos que acabamos de narrar.

– ¿Quién prepara la comida? – Preguntó el duque a su nieto.

- Abuelo, ¿tanto que comiste en el camino y tienes hambre?

– ¿Para qué tengo barriga?

– Bueno, hazlo tú. Me conformo con la fruta.

– Pero ya está todo preparado, travieso. Solo quita la sal.

– Está bien abuelo, está bien, lo haré. Pero, en otra ocasión, lleva a María a cuestas.

– ¡Mocoso! – Rugió el abuelo –. ¿Cómo te atreves a profanar el nombre de una joven hermosa y pura?

– ¡Cómo te extraño, eh, viejo!

– ¿Viejo? – Y avanzó hacia su nieto que corrió.

–Voy a tomar un baño. Entonces me ocuparé de tus partes de jabalí. Inmediatamente después me voy a la casa del Dr. Girardán.

– ¿Solo piensas en Jean? ¿Por qué no lo invitas a vivir aquí?

– Lo pensaré.

Después del baño, en la cocina, Jeanpaul calentó los aperitivos que le traía su abuelo, que, a su lado, le daba instrucciones.

– ¿Por qué no vienes y lo haces tú mismo?

– Porque tengo alergias.

– ¿Alergia? ¿A qué?

– A la comida que hice.

– O eres muy conocido o estás desactualizado.

– ¿Llamas obsoleto a tu abuelo? Bueno, ya sabes, solo tengo setenta y cinco años, bastardo. Y no sé si llegarás a esta edad.

–Espero que no. Envejecer debe ser algo horrible. No sé qué vio María en ti.

– ¿Otra vez, María?

– Mira, estás quemando el faisán, sin pensar.

– ¡Oh! ¿Cambiaste la conversación? ¿No quieres hablar de María?

– Chico...

– Vamos, cuéntame abuelo... ¿y ella? Aquí entre nosotros.

– Asegúrate de respetar a tu abuelo, niño. ¿Alguna vez te pregunté qué estabas haciendo con tu Michelle?

– ¿Bueno, qué te pareció? Nada, realmente.

– Lo sé, a tu amigo Jean le fue mejor con la hija del vizconde.

– ¿Françoise? ¡Oh! Sí, el niño sabe besar. La dejó furiosa en los oídos, pero tu comida está lista.

– Excelente. ¿No vas a comer?

– No, no ahora.

– Mira…

– No te preocupes. Ya guardé lo que quiero.

– Lo sabía y ¿qué vas a hacer? ¿De verdad vas a ir a casa del médico?

– Iré. Y entre otras cosas le voy a pedir unas medicinas para que no tengas tanta hambre.

– ¡Travieso!

– Ve, abuelo, ve a comer.

– ¿Vas a cambiarte de ropa?

– Es casi mediodía, estoy cansado. Tengo que desempacar mis maletas, empezar a empacar todo. Creo que voy a dormir un poco.

– ¿Dormir? ¡Oh! Voy a dar una vuelta por los alrededores. ¡Me voy a las orillas del Sena!

– ¿Ver a las lavanderas? ¿O comer la comida chatarra que hacen allí?

– Quizás… el pescado frito que hay allí es excelente.

– Pues mira… ¡un duque!

– Veré si puedo conseguir algunos hombres que cuiden la casa por nosotros.

– ¿Tienes miedo?

– ¿Miedo, el duque de Luzardo? ¡Ahora!

– Bueno, me retiro. Deja la puerta abierta. Cuando vuelvas, despiértame.

– Vete, mocoso, vete.

– Mañana buscaré a Jean.

– Está bien.

Jeanpaul se retiró y empezó a abrir las maletas, colgando su ropa en un gran armario. Se quitó la ropa y sostuvo, por un momento, el camafeo que le había regalado su madre. Sonrió y lo guardó en un joyero. Se quitó las botas, pensó en darse otro baño, pero la lasitud y el cansancio se apoderaron de él. Se arrojó sobre la cama y pronto se quedó dormido. Por la noche regresó el abuelo. Abrió la puerta del dormitorio y miró a su nieto, profundamente dormido. Sonrió, encendió un candelabro con dos velas enormes, cubrió al niño con las mantas y murmuró en voz baja:

– Se avecina una tormenta. Va a hacer frío – Y se fue cerrando la puerta del dormitorio. Recorrió la casa, cerró las puertas y las cortinas de la sala, la cruzó cerrando el gran portón que la separaba de las demás habitaciones y se retiró encendiendo una vela, colocando sus pistolas sobre una mesita de noche. Bostezó y durmió. Le pareció que apenas se había quedado dormido cuando sintió que lo sacudían. Le tomó un tiempo despertar. La vela seguía encendida.

- Qué - gritó.

– Silencio, abuelo.

– Jeanpaul… ¿qué pasa? – se sentó – Apenas me quedé dormido.

– Tenemos visitas, abuelo.

– ¿Visitas? ¿En este momento?

– Ladrones.

– ¿Qué? Mis pistolas… y se levantó rápidamente –. Mis ropas.

– Olvídate de tu ropa, no hagas ruido.

– Como sabes…

– Escucha.

– ¡Infierno! Parecen estar en duelo. ¡*Mon Dieu*! Mi espada.

– Sin espadas. Yo tengo mis pistolas, tú tienes las tuyas.

– ¡Ah, París! El rey tiene la culpa. ¿Dónde están?

– En el salón. Y tienen antorchas.

– ¿Antorchas? Van a quemar la casa.

– Parecen pelear entre sí. Vamos. Enciende las lámparas.

– Vámonos ahora – se apresuró el duque, encendiendo dos antorchas de resina –. Ten cuidado, abuelo.

– Vamos, que solo pueden ser bandidos y se pelean entre ellos por algún desacuerdo. Quién sabe, por la división de robos.

– Dispara solo cuando estés seguro de quién es.

– Bueno, voy a disparar.

– Cada pistola tiene una bala cada una.

– Entonces son cuatro.

– Vamos.

Ansiosamente, corrieron hacia la puerta, que abrieron de repente. Vieron cuando un hombre calvo, de enorme estatura, le disparó a otro, vestido todo de negro. El duque disparó la pistola, haciendo que el rostro del calvo desapareciera casi al impacto de la bala. Jeanpaul disparó al otro, que cayó. Rápidamente, apretó el gatillo de la pistola para dispararle al enmascarado que corrió hacia el mostrador.

– Dispara, Jeanpaul – Gritó el duque –. Mata al sinvergüenza - Pero el hombre de negro logró saltar a la calle. Corrió hacia el mostrador.

Estaba lloviendo. No vio nada más. Volvieron.

– Tenemos dos muertos – anunció el duque.

– Sí, un herido más y este ileso, por ahora.

– No me mate, señor – gritó el criminal.

– ¿Y por qué no?

La gente ya gritaba en la calle, desesperada por recibir disparos.

–¿Que está pasando ahí? – gritó uno. Jeanpaul llegó al mostrador y gritó:

– Nos robaron. Por favor, que alguien llame a los gendarmes, y él regresó.

– ¡*Mon Dieu*! ¡Lo tienen todo cubierto de sangre! – Se quejó el duque.

Jeanpaul arrancó una cuerda de la cortina y ató firmemente al criminal.

–Vigílalo. Me voy a vestir. Entonces te irás – y se iba cuando vio, en el suelo, algo brillante. Se agachó y sorprendido preguntó:

– ¿Mi camafeo?

– ¿Lo perdiste?

– ¿Cómo? Lo dejé cuando me retiré, en el joyero.

– Bueno, debiste haberlo agarrado.

– No, no… lo comprobaré – y corrió hacia el dormitorio – abrió la pieza con impaciencia. ¡El camafeo estaba allí!

– ¡*Mon Dieu*! ¿Qué pasa? ¡Es igual al mío! – Se vistió apresuradamente, se ciñó y regresó al salón. Su abuelo tuvo otra sorpresa.

– Mira – dijo, extendiendo una espada, con la hoja manchada de sangre – es igual a la tuya.

– ¡*Mon Dieu*!

– No hay otra igual, nieto. Solo la tuya y la que le diste a Jean.

– ¿Y el camafeo? El mío está en el joyero.

– Temo lo peor.

– ¿Qué opinas, abuelo? – Preguntó preocupado y nervioso.

– Estos individuos le robaron estos objetos a tu amigo.

– ¿Lo hicieron?

– Éste tendrá que revelarse.

Un carruaje se detuvo ante la puerta. Jeanpaul fue al mostrador y regresó.

– Abuelo, los gendarmes.

– Baja, hijo, haz que entren.

✳ ✳ ✳

– Doctor, se avecina una tormenta.

– ¿Sí?

– Y Jean no se resguardó de la lluvia.

– ¿Qué piensas hacer?

– Ya debería haber regresado. Voy a buscarla, doctor.

– Si quieres, vete, Lenoir. No puedo detenerte. Toma una capa.

– Ya voy – y el hombre se fue, vestido con una gruesa capa. La lluvia caía intensamente sobre las calles oscuras de París, a veces débilmente iluminadas por la luz azulada de los relámpagos. Lenoir casi estaba corriendo. Estaba llegando a la plaza cuando vio, a la luz intermitente de los relámpagos, una figura que se acercaba tambaleándose. Se detuvo y observó, sosteniendo la empuñadura de la daga. De repente, vio la figura caer pesadamente al suelo. Corrió con el corazón en la mano, porque reconoció, en esa figura, la ropa negra que vestía Jean. Se acercó rápidamente. Se arrodilló y comprobó: era ella.

– ¡*Mon Dieu*! – Exclamó – y al ver la sangre que brotaba– ¡Oh! ¡Dios mío, no! – Y cargó a la niña, lívido, y echó a correr, bañándose en la sangre de la niña que brotaba. Parecía que no había peso que llevar. Al llegar a la casa, pateó la puerta varias veces, llamando a gritos al médico, quien pronto corrió hacia allí.

– Apresúrese doctor, Jean se muere – y entró al consultorio con el preciado bulto, colocándolo sobre la mesa.

– Enciende velas, rápido, Lenoir – El blanco del mantel que cubría la mesa se tiñó rápidamente con el rojo brillante de la sangre de la joven. Lenoir apareció con las velas encendidas. Girardán abrió la ropa de la niña y, a la luz de las velas, descubrió la enorme herida en su cabeza.

– Dame vendas. Consigue esa olla rápido. Tijeras, Lenoir, y comenzó a aplicar la poción en la herida, mientras presionaba las sienes de la niña.

– ¿Ella morirá? – Preguntó Lenoir.

– Quítale las botas. Masajea sus pies. Pobrecita... ¡cuánta sangre! – Y aplicó las vendas untadas con la poción. Logró detener la hemorragia.

– ¿Se cortó?

– No, le dispararon. Se quemó el cuero cabelludo alrededor de la herida. Luces más cerca. Tengo que juntar los extremos de la herida.

– Ella no reacciona, doctor.

– Dame hilo y aguja. Trae esa olla – mojó el hilo en la sustancia de la olla, enhebró la aguja rústica y comenzó a suturar la herida.

– Le dejará una fea cicatriz.

– El pelo lo cubrirá cuando crezca.

– ¿Estará bien?

– Solo Dios sabe. Dame agua con azúcar, ella tiene que beberla. Luego, ve al jardín y trae hojas de amapola.

– Está empapada, doctor.

– Trae la camisa.

Con sumo cuidado, los dos hombres le quitaron la ropa mojada y manchada de sangre a la niña, que no se movió.

– Doctor, tiene los labios morados.

– Ya vi. Ve, trae el agua y recoge las amapolas. Rápido, Lenoir: limpió cuidadosamente su cuerpo, quitándole toda la suciedad y luego le puso el camisón. Recibió el agua y, con cuidado, hizo que la niña la tragara. Luego puso su mano derecha sobre su frente, cerró los ojos y comenzó a orar. Escuchó un profundo suspiro de la joven. Abrió los ojos apresuradamente. La niña permaneció en coma. Lenoir regresó con las amapolas.

– Macéralas bien, Lenoir – y continuó echando el agua azucarada directamente por la garganta de la niña. Una vez lista la infusión de amapola, extendió la pasta sobre la herida y aplicó una venda.

– Ahora solo queda esperar.

– Su respiración es muy débil.

– Perdió mucha sangre.

– Amanece el día.

✶ ✶ ✶

En la residencia del duque, después que se llevaron los cadáveres y al prisionero, los dos estaban hablando.

– Cuando el día esté completamente despejado, iremos a casa del médico. Él podrá informarnos sobre esta extraña aparición del camafeo y la espada de Jean en esta casa.

– El criminal no pudo decir nada sobre el incidente. Realmente parecía que todo había sido ignorado.

– Recuerda, abuelo, que uno de ellos, el que vestía de negro, se escapó. Quizás él sabía algo.

– No entendí por qué no disparaste.

– Él fue rápido y con esa ropa, en la oscuridad, no tenía condiciones.

– ¡No entiendo cómo Jean, que pelea tan bien, permitió que le quitaran su espada y su camafeo!

– Esto también me preocupa. ¿Alguna traición?

– Solo espero que esté bien.

– ¡Que noche! Tengo que encontrar algunos hombres para limpiar todo este desastre... ¡tanta sangre! Incluso en el balcón...

– El que se escapó debe estar herido.

– Fue ese bruto, al que le disparé, quien le disparó. ¡No sé cómo no lo mató!

– ¿Qué motivo los habría llevado a pelear entre sí?

– Quizás compartir problemas.

– Pero, Jeanpaul, ni siquiera entraron a la casa... no salieron de la habitación.

– Es verdad. Quizás luchaban por el liderazgo.

– No lo sé... Es de día. Vas a la casa del médico. Te encontraré allí. Yo me ocuparé de conseguir que alguien arregle todo esto. Y todavía me falta pasar por Gendarmería.

– Está bien, me voy. Y voy a pie.

– Es verdad, no tenemos a nadie que enganche el carruaje.

– Bueno, no está tan lejos. Y necesito caminar, abuelo.

– Vete, mocoso.

– Buena puntería, abuelo, te equivocas cuando disparas a un jabalí y le das a un hombre.

– Prefiero pensar que maté un animal. Me siento mejor así.

– No tengas duda. Bueno, abuelo, ya me voy. Te espero allí, en casa del médico.

– Vete. Pero voy a conseguir que alguien enjaece mis caballos. No es de buen gusto que un duque camine por las calles.

– Haz lo que desees. Yo te espero.

El sol, aunque todavía temeroso, escondido tras unas nubes negras, logró iluminar la ciudad, cuyas calles presumían de inmensos charcos de agua. A veces, Jeanpaul tenía que saltar pequeños arroyos que, ruidosos, penetraban en las alcantarillas. Buscó algún rastro del paso del hombre de negro, pero la lluvia se lo había llevado todo. No le prestó más atención y continuó. En ese momento, ya en la plaza frente a la entrada de la calle donde vivía el doctor Girardán, se detuvo en uno de los innumerables vendedores que poblaban esa plaza todas las mañanas. Compró una cesta con melocotones y frambuesas, bebió un caldo caliente con dos pequeños arenques ahumados, charló con el vendedor y siguió su camino. Las calles ya estaban llenas de gente, grandes carros cargados con los más variados artículos, carruajes que se cruzaban, hombres a caballo, un grupo de mosqueteros que regresaban al cuartel. La ciudad ya estaba despierta. Finalmente llegó a la casa del médico. Sostuvo el gran aro de hierro y lo golpeó varias veces. No fue respondido. Esperó y volvió a tocar la aldaba. Nada.

– ¿No hay nadie en casa? – Pensó. Esperó unos minutos más y volvió a llamar. Se abrió la persiana y apareció el gran rostro de Lenoir.

– ¿Que quieres? – Preguntó.

– Señor, ¿no me reconoce?

El hombre detrás de la puerta lo miró más de cerca, luego sonrió y en tono agradable dijo:

– ¡Oh! ¡Eres el nieto del duque! Espere, señor... Con la persiana cerrada, Lenoir corrió hacia la habitación.

– Doctor, doctor...

– ¿Qué te pasa ahora, Lenoir?

– Está aquí el nieto del duque de Luzardo. ¿Qué hago? ¿Lo despido?

– ¿Jeanpaul? – Preguntó el médico, cuyas ojeras resaltaban en su rostro cansado.

– Sí, ese. ¿Qué hago?

– ¡Alabado sea Dios! – Exclamó Girardán.

– ¿Cómo está, doctor?

– Déjalo entrar.

– Pero, ¿qué pasa con la niña?

– Llévalo a la sala. Hablaré con él.

– ¿Le vas a contar todo?

– Esto podría serle útil, Lenoir. Sus corazones están espiritualmente unidos. Es una excelente terapia para ella.

– Pero está tan débil...

– Hazlo entrar.

Lenoir fue hacia la puerta, quitó los pesados cerrojos y la abrió.

– Por favor, pase, señor duque.

– No soy duque, señor... El duque es mi abuelo. Solo soy amigo de Jean. ¿Él esta?

– Pase, el doctor estaba esperando. Yo te guiaré – y condujo al niño a la sala –. Siéntate. El doctor ya viene. ¿Quieres una bebida?

– No gracias. Yo espero.

El médico no tardó en aparecer. Se puso de pie, se quitó el sombrero respetuosamente y lo colocó sobre la mesa.

– Hola, Jeanpaul – lo saludó Girardán.

– Mis respetos, señor– y le entregó la canasta de frutas al médico.

–¡Oh! Melocotones y frambuesas, ¡qué bueno! Gracias por su cortesía, joven. Pero siéntate.

– Doctor, está cansado. Noto estas enormes ojeras. ¿No has dormido?

– Joven...

– Perdóneme – dijo Jeanpaul – le pido, sabiendo que usted es un protector incansable de la pobreza. Jean me lo dijo.

– La verdad, estoy cansado, apenas dormí. Pero esto no importa. Siempre es un gran placer darle la bienvenida. ¿Cómo está el abuelo?

– Bien, pronto vendrás a recogerme.

– ¿Cuándo llegaste?

–Antes de ayer. Nos adelantamos un día. Llegamos por la mañana. Quería venir ahora mismo a visitar a mi amigo Jean, pero ya sabes lo que pasa cuando volvemos de un viaje tan largo. Maletas por abrir, ropa por empacar, empleados de licencia. Y tantas otras cosas, además del agotamiento.

– ¿Por qué? ¿Algo pasó?

– No, cálmate.

– ¿No está Jean aquí?

– No, Jean no.

– Doctor, estoy muy preocupado. Espero que puedas aclararme algunas dudas.

– Todo lo que esté en mi poder, estoy a tu disposición – y por Lenoir –. Quédate al lado de nuestro paciente. Dale el agua.

– Sí, doctor.

– Perdón, perdón, no quiero molestarte, ya que tienes un paciente – e intentó levantarse. El médico lo detuvo.

– No, no te preocupes. En verdad, eres la mejor medicina para él. Jeanpaul lo miró sorprendido.

– ¿Yo? No entendí.

– Lo entenderás pronto. Estoy listo para tus preguntas. Tú puedes empezar.

– Doctor – y el niño juntó las manos cruzando los dedos, pareciendo algo nervioso – anoche nos robaron, cerca del amanecer. Cinco delincuentes irrumpieron en la casa de mi abuelo. No sé por qué, pelearon entre ellos. No creo que esperaran que estuviéramos en casa... y el niño habló de lo que había sucedido.

El médico escuchó atentamente.

– Lo que no entiendo, doctor, es cómo apareció en la sala de la casa el camafeo que mi madre le regaló a Jean, en nuestro aniversario, y que es igual a éste – y mostró la hermosa joya colgada en su pecho – en la casa de mi abuelo. Asimismo, la espada de Jean, igual que la mía. Dígame, doctor, ¿le robaron a Jean?

Girardán se rascó el pelo, suspiró y empezó:

– Escucha, Jeanpaul. Escucha con mucha atención.

– Hable, doctor.

– Ayer por la mañana, muy temprano, estuvo aquí Jean. Él estaba enojado.

– ¿A qué te refieres? - El niño estaba visiblemente nervioso, casi angustiado.

– Déjame hablar, hijo. Tómalo con calma.

– Lo siento, continúe.

– Se enteró que algunos delincuentes, enemigos de su padre, entre ellos un bruto calvo, al que había vencido en duelo cuando regresaba de Alençon, planeaban invadir la casa de su abuelo para robar.

– ¿Un hombre enorme y calvo?

– Sí, era el jefe.

– Mi abuelo le disparó con una pistola.

– Bueno, me pidió que me quedara hasta la noche, revelándome que esperaría a los delincuentes en su casa, para defender las pertenencias del duque, quienes entonces estaban ausentes. Intenté hacerle cambiar de opinión sin éxito.

– ¿Por qué no se lo dijiste a los gendarmes?

– Se resistió a esa sugerencia. Insistió en ir solo, para evitar robar la propiedad de quienes habían sido tan amables con él. Durmió toda la tarde y estuvimos hablando hasta altas horas de la madrugada. Lenoir intentó seguirlo. Lo rechazó. La noche era oscura y presagiaba tormenta. Se vistió todo de negro, un pañuelo cubrió su rostro y se fue, pidiéndome primero que si algo salía mal y él no regresaba, yo te lo contaría todo y apoyaría a su hermana Cecille y desapareció en la noche. Llevaba el camafeo en el pecho.

– ¡*Mon Dieu*! – El niño, inquieto, se levantó y caminó nerviosamente de un lado a otro –. ¿Vestido de negro? ¿Con una capa enorme?

– Sí, sí.

– ¡Entonces, fue a él a quien le disparó el bandido, cuando mi abuelo y yo entramos al salón! - El médico negó con la cabeza.

– Entonces se levantó y nos miró. Lo vi a la luz de las antorchas. Mi abuelo mató al hombre, yo le disparé al otro. Vi al de negro correr hacia el mostrador. Mi abuelo me dijo que lo persiguiera, gritándome que disparara. Saltó a la calle. Todavía intenté vislumbrarlo para disparar, inclinándome sobre el mostrador, pero no pude; la oscuridad era total. Había sangre, mucha sangre en el porche. ¿Está herido? ¿Muerto? – Y sus ojos se abrieron como platos –. No, doctor... diga que no, por favor.

– Siéntate, joven. Traeré agua, espera – y fue a un estante, tomó agua de un recipiente y regresó. Jeanpaul tenía la cabeza entre las manos.

– Toma, hijo. Bebe.

Con manos temblorosas, el joven tomó el vaso y bebió con avidez.

–¡*Mon Dieu*! ¡Qué temeridad! Solo, contra cuatro delincuentes... dejó a uno fuera de la lucha; y tenía una herida de espada. ¡Qué valiente! Vamos doctor, ¿dónde está?

– Te dije, cuando llegaste, que serías la mejor medicina para él.

– Sí, sí, ¿qué quisiste decir?

– Él te quiere mucho, Jeanpaul.

– Lo sé, él y yo… somos como hermanos.

– Como hermanos...– murmuró el doctor.

– Puede creerlo, señor.

– Eso es lo que me preocupa, hijo.

– ¿Por qué?

– Ya lo verás pronto.

– Doctor, ¿por qué tanto misterio? ¿Dónde está Jean? Sé que estás con un paciente. Lo vi darle órdenes a tu asistente. ¿Por qué no nos ahorras tiempo? Podrá regresar al lado de su paciente.

– Escucha... – hubo un golpe en la puerta.

– Debe ser mi abuelo quien pasó a recogerme.

– Vamos a ver.

Era el duque. El médico abrió la puerta.

– ¡Buen día, doctor! – Añadió.

– Buenos días, señor duque. Puede pasar.

– No es necesario, doctor. Solo vine a recoger a mi nieto.

– Lo siento señor, pero su presencia es necesaria. El duque, desconfiado, se quitó el sombrero y entró.

– ¿Qué pasa? – Preguntó –. ¿Algo con Jean?

– ¡Ay, abuelo! Tanta cosa...

– Te llevaré con Jean.

– Excelente. Abuelo, ese hombre de negro que se escapó, ¿te acuerdas?

– ¿Por qué? – Preguntó el duque sorprendido.

– Era Jean, abuelo.

–¿Jean? ¿Qué historia es esta? ¿Y qué hacía Jean en nuestra casa, en plena noche?

– La defendía, abuelo.

– Merodeadores, ¿cuál es esta historia? – y el duque se detuvo, mirando a su nieto.

– Sabía que iban a robar en la casa y corrió para tratar de evitar la acción de los bandidos.

– Pero...

– Así es como encontramos el camafeo y la espada.

– ¡Cielos! Entonces está herido. El animal le disparó.

– Disculpe, señor duque – interrumpió el médico – pronto se enterará de los detalles por su nieto. Ahora los dos van a ver a Jean.

– ¿Estás mal herido?

– Sí, lo está. Pero prepárense para una sorpresa aun mayor.

– *Voyons!*[46]

Entraron a la oficina. Lenoir estaba sentado al lado de la mesa donde yacía Jean.

– Aquí está él.

Los dos se acercaron. La joven, pálida como la cera, tenía los ojos cerrados. Su rostro estaba sereno. Los vendajes cubrían parte de su cabeza. Lenoir se puso de pie.

– Dios, qué pálida estás.

– Perdió mucha sangre.

– ¿Cómo ha llegado hasta aquí?

– Estaba lloviendo. Lenoir decidió ir a buscarlo. Y lo encontró caído.

– Pobrecito. ¿Ya ha recobrado el sentido?

– No.

– ¿Su vida está en peligro? – Preguntó el duque.

– Es serio, señor.

– Podemos trasladarlo al médico de la Corte.

– No se puede eliminar todavía.

Jeanpaul se acercó a la joven y le puso la mano sobre las sábanas. Con los ojos llorosos, instintivamente murmuró:

– Lucha, Jean, lucha. Eres fuerte, ya has vencido a muchos. No te rindas amigo, lucha – su abuelo lo abrazó mientras hablaba con el médico – ¿qué crees que necesitará médico? Solo dilo. Haremos todo lo posible por este valiente. No tengo palabras para agradecerle este regalo de amistad– y, a su vez, tomó la otra mano de Jean, que hasta entonces había estado tapada, ya que el médico había retirado la sábana.

---

[46] Vamos.

– Está fría...

– Es natural, cálmate.

– ¡Una manita así, quién hubiera pensado que podría sostener una espada en un duelo! Qué delicada... - Girardán miró a Lenoir significativamente. Posteriormente declaró:

– No es solo la mano la que es delicada. Todo el conjunto lo es - Jeanpaul miró a su abuelo, éste al médico, sin observar nada. El médico tiró más la sábana, dejando al descubierto la mitad del cuerpo de la joven. Un camisón blanco y debajo el contorno de sus pechos, libres. Atónitos, ambos, con los ojos muy abiertos, contemplaron la evidencia, hasta entonces inconcebible.

– ¿Qué?

– Jean es una mujer, señores.

– ¿Eh? – Casi gritó el duque.

– ¿Mujer? – Jeanpaul se tambaleó, enderezándose, inclinándose sobre la joven – ¡*Mon Dieu*! ¿Siempre fue? El médico sonrió.

– Por supuesto, desde que nació.

– Pero, ¿cómo puede ser esto? ¿Cómo fuimos engañados? Mis padres, mi abuelo, yo, todos...

– Tus padres no. Estaban conscientes de la situación.

El chico se pasó las manos por el pelo, molesto. El duque permaneció en silencio, contemplando el rostro sereno de la muchacha. Se inclinó, se puso el dorso de la mano en la frente y dijo sinceramente:

– ¡Pobre niña, es hermosa!

Jeanpaul se retiró. El doctor Girardán iba a seguirlo, pero el duque lo detuvo.

– Déjelo, doctor, déjelo. Necesita tiempo y mucha reflexión, y tomando la mano de la joven, la besó y luego acomodó las sábanas, cubriéndola –. Tienes que ponerte bien, hija mía. Dios será bondadoso contigo y te permitirá salir de este sueño.

– Dale más líquido, Lenoir – recomendó el médico –. y cambiar las vendas.

– ¿Sigue sangrando?

– No, solo suero. La infusión que estoy administrando es cicatrizante y anestésica al mismo tiempo. Ella no siente dolor.

– ¿Y el líquido?

– Recupera el agua que perdió y compensa el sérum del que también se ha estado privando.

– En Inglaterra ya se realizan transfusiones de sangre.

– Lo sé. Podría hacerlo... del brazo... y tal vez lo haga. Solo espero pedidos.

–¿Pedidos? ¿De quién?

– Tu nieto es la mejor medicina que tiene, querido Duque.

– No entiendo y ¿de quién esperas órdenes?

– De ciertos amigos.

– ¡Oh! ¿Has consultado a otros médicos?

– De cierta forma.

– ¿Y cómo le llega a mi nieto la medicina que necesita?

– Ya lo verás pronto. Vamos, vamos con él. Lenoir se hará cargo de ella – Se fueron. Encontraron a Jeanpaul inclinado sobre la mesa, sollozando.

– Mi nieto... – dijo el duque, acariciando su cabello. Levantó la cabeza. El rostro estaba cubierto de lágrimas.

– ¿Por qué me engañó, abuelo? ¿Por qué?

– No lo sé, muchacho, no lo sé.

– Pasamos mucho tiempo juntos. Cabalgamos, cazamos e incluso nos batimos en duelo.

– Y salieron.

– Besó a Françoise. Estaba orgulloso, pero celoso.

– Señores, escúchenme. Te mereces una explicación y la tengo. Escúchame, por favor. Entonces, Jeanpaul, me dirás si quieres salvarla.

– ¿Salvarla? ¿Y depende de mí?

– Lo sabrás.

Ahora escuchó y el médico comenzó a discutir los hechos que culminaron en la situación que experimentó Jean. En silencio, ambos escucharon con respeto y admiración.

– ¡Sorprendente! – Exclamó el duque.– ¿Cómo puede un padre infligir tal sufrimiento a un hijo? Este hombre debe estar loco.

– No, no lo fue. No debería haber adoptado tal actitud; sin embargo, a cambio, colmó a su hija con una dote extraordinaria. Él vivió para ella. Ahora es una dama de respetable fortuna.

– Pero exponerse a tantos peligros...

– Es verdad. Y, antes de partir a defender su hogar, estuvo con una de las hermanas a quien confió todo. Y tenía la intención de contarte lo que pasó. Sin embargo, tiene miedo de la reacción de Jeanpaul, a quien quiere mucho.

– ¡Nuestra Señora de París! – Exclamó el joven, sollozando nuevamente –. Ahora entiendo ciertas cosas.

– ¿Cuáles?

– Su negativa a acompañarnos en el baño, en el lago, ¿recuerdas, abuelo?

– Claro. Montar, dormir en la misma habitación que yo, siempre usando ese chaleco...

– ¿Y el beso de Françoise?

– Pura actuación. ¡Qué mal debió sentirse!

– Siempre se quejaba de tener dolor de garganta.

– Sí, y mi madre, consciente de la verdad, siempre apoyándola. Ahora voy a entenderlo todo.

– ¡Patio de los Milagros! ¡Dios, qué horrible! – Reaccionó el noble –. ¡Cuánto debió sufrir! ¡Pobrecita!

– ¡Doctor, doctor! – La voz angustiada de Lenoir, que apareció en la habitación, llamó la atención del grupo. Todos se pusieron de pie.

– ¿Que pasó?

– Le bajó la temperatura. Se contiene la respiración.

– ¡*Mon Dieu*! – Y corrieron al consultorio –. El médico los dejó entrar y se quedó afuera. Se puso la mano en la frente y caminó un poco.

– Doctor, corra, que está mal – gritó el duque apareciendo en la puerta –. ¿Qué hace, hombre? Vamos...

El médico recuperó la serenidad. Llegó Jeanpaul sostuvo la mano de Jean, cerca de su pecho. Lloró. La niña suspiró de vez en cuando. Sin embargo, no se movió ni abrió los ojos.

– Tiene frío. ¡Dios mío! Haga algo, doctor.

– Bueno, mandaré llamar al médico de la Corte – rugió el duque.

– Tranquilo, señor – dijo Girardán.

– ¿No dijiste esperar una orden? ¿De quién?

– Ya la recibí. Cálmate, y para el ayudante, Lenoir, trae esa mesa y agrégala a la que está Jean.

– Pero es muy alta, doctor.

– Por eso mismo.

– Yo ayudaré – ofreció el noble.

Juntando las mesas, el médico se acercó a un mueble, sacó de un recipiente una tripa larga, la secó en su delantal, le puso dos agujas hechas con lo que parecían tallos de bambú y, mirando a Jeanpaul, dijo sonriendo:

– ¿No te dije, hijo, que tú serías su principal remedio? - El joven pareció sorprendido.

– Ven, acuéstate en esta mesa – y a Lenoir– Tírala a un lado para que pueda pararme entre las alas. Vamos, joven, acuéstate.

Jeanpaul miró a su abuelo y luego se subió a la mesa y se tumbó. El médico, sin ningún tipo de asepsia, se arremangó la camisa, con dos dedos golpeó la vena en la unión del brazo con el antebrazo, sostuvo con los dedos la punta de la aguja por el extremo que miraba hacia Jean y la clavó. Con calma, hizo lo mismo con el brazo de la niña. Todos parecían expectantes. Vieron la sangre corriendo por la tripa, controlada por Girardán, ora levantándola y ora bajándola. Jean dejó de suspirar. Después de unos minutos, sacó la aguja de la vena del niño, presionó la punta y luego la soltó rápidamente. Un fino chorro de sangre brotó. Volvió a presionar y sacó el otro del brazo de la joven.

– Dobla tu brazo, Jeanpaul – hizo lo mismo con el de Jean –. Dale agua, Lenoir. Y para nuestro amigo, haz un poco de jugo con las frambuesas que me trajo – El Duque lo miró perplejo –. Y, Lenoir, envuélvela con una colcha muy gruesa. Cuando empiece a sudar estará fuera de peligro, y lo estuvo.

Lenoir cumplió las recomendaciones al pie de la letra. Jeanpaul se bajó de la mesa, examinó el pinchazo de la aguja, se arregló la manga de la camisa y se acercó a Jean, le tomó la mano y la besó.

– Me voy, hijo. Proporcionaré algo de fruta. Después veré cómo se limpia la casa. Volveré pronto.

– Vete, abuelo – y permaneció en vigilia.

Lenoir envolvió a la paciente y le ofreció el jugo al niño, quien lo bebió. Luego le trajo una silla. Sentándose, continuó sosteniendo la mano de la joven. Lenoir se fue. Encontró al médico sentado, con los codos sobre la mesa.

–¿Qué hay de él?

– Es carnívoro. Si lo conozco bien, traerá carne.

– Lenoir pondrá algunos sillones en la oficina, así estaremos mejor alojados.

Como había previsto Jeanpaul, su abuelo regresó con una maleta grande.

– Aquí hay fruta fresca, pescado y ternera. ¿Y cómo está ella?

– Ah, abuelo, cada vez mejor.

– Gracias a Dios, nieto – y le dio una palmada en el hombro –. Le salvaste la vida, nieto.

– ¿Yo?

– Dígaselo, doctor.

– Es verdad, hijo. ¡Fuiste el instrumento para su recuperación! El duque le entregó la maleta a Lenoir y le preguntó al médico:

– Doctor, ¿por qué no le hizo la transfusión antes?

– Había pensado en esto. Pero como te dije, estaba esperando órdenes.

– Pero ¿órdenes de quién? Aquí no había nadie. El médico ignoró la observación y continuó:

– Necesitaba saber si la sangre de tu nieto era compatible con la de Jean,

– ¿Y lo era?

– Por supuesto.

– ¿Y quién lo dijo?

– ¡Oh! Mi querido duque, por eso me consideran brujo.

- No entendí.

– Abuelo, el médico se comunica con los muertos. Escuché a mamá hablar de esto. Olvidemos lo que pasó. Lo que nos interesa es que Jean esté reaccionando.

– Sí, mi estómago también.

– ¡Mi abuelo, cómo comes!

– Necesito sostener el cuerpo. Sigfrid se enteró de lo sucedido y regresó con su esposa. Todo está en orden. El superviviente confesó que todo el incidente fue resultado de un complot tramado con el objetivo de matar a Jean. No sabían que habíamos regresado.

– ¡Miserables!

– Obtuvieron su merecido.

– Bueno, mientras hablan, yo me quedaré al lado de Jean – advirtió Jeanpaul, y así lo hizo – Parecía dormir tranquilamente.

– ¿Cómo está ella, Lenoir?

– Me pareció un milagro, doctor. Los pies vuelven a sentirse calientes.

- Los milagros existen, amigo.

– No hemos dormido desde ayer, doctor. ¿Por qué no vas a descansar un poco?

– No, no estoy cansado. Quiero estar ahí cuando ella despierte.

– Yo encenderé el fuego. Cuando vuelva en sí, quién sabe, ¿tal vez no tenga hambre?

– Deja preparado un poco de caldo de verduras. Lo calentarás si ella quiere.

Jeanpaul, saliendo de la habitación, se dirigió apresuradamente hacia ellos. El médico levantó la cabeza.

– ¿Qué pasó, joven?

– ¿Hay mujeres aquí, doctor?

– ¿No por qué?

– ¿Una enfermera?

– No, no la hay, pero ¿qué pasó?

– Se mojó toda, doctor – declaró, un poco avergonzado.

–¡Oh! ¡Qué bueno, gracias a Dios! – exclamó el médico levantando los brazos.

– Doctor– continuó el niño– le digo que se mojó toda.

– Quieres decir que orinó.

– Sí, sí, eso es todo.

– Esto significa, jovencito, que el organismo ha empezado a reaccionar. Es un gran pronóstico.

– ¿Y no hay un encargado que la cambie de ropa?

– Cálmate. Hago esto.

– ¿Usted?

–Soy doctor. Trae unos pantalones cortos y un suéter, Lenoir. Y agua tibia con una toalla. El doctor Girardán no pasó mucho tiempo en el consultorio. Al salir, sonriendo, dijo:

– Listo. Todo claro. Ella empezó a sudar. La respiración es normal.

– ¿Puedo quedarme?

– Por supuesto, muchacho. Y deberías hacerlo. Pero necesitas alimentarte.

– No se preocupe. El abuelo fue a buscar fruta. Estará aquí pronto - Él tomó su mano, la besó y quedó fascinado mirándola. Luego se inclinó ante ella y declaró:

– Te amo, loca – y besó sus labios, que ya estaban calientes.

El doctor Girardán había quitado la gruesa colcha, dejando Solo una sábana encima. Tenía la frente cubierta de sudor.

– ¿Necesitabas hacer lo que hiciste, mi amor? No sé si lo sospechaba… era algo que me pasaba por la cabeza. Lo siento, amor mío, por no poder interpretar los sentimientos que me animaban. Me sentí celoso. Esa extraña sensación cuando besaste a Françoise... ¡Ah, Jean! Te amaba y no lo sabía. Llegué a dudar de mi masculinidad, del amor, porque te amaba y un hombre no puede amar a otro, excepto a padres, hermanos... pero eras un hombre.

Mientras hablaba, le estrechó la mano, acariciándole el cabello.

- Lucha, querida, lucha, para que tú vivas y yo pueda arrodillarme a tus pies y pedirte perdón.

Sintió dos manos posarse sobre sus hombros. Tenía miedo, quería darse la vuelta, pero la presión aumentó. Una voz celosa le habló:

– Tómalo con calma. Centra tu mirada en ella.

– ¿Quién es?

– Un amigo.

– ¿Por qué me retienes?

– No lo haré, puedes darte la vuelta.

Jeanpaul se dio la vuelta. Y levantándose, se encontró cara a cara con un joven de largos cabellos, vestido con una camisa con frente de encaje, cuyas mangas sueltas llegaban hasta sus muñecas, ciñéndolas; los pantalones cortos eran flojos desde la cintura hasta los muslos, a partir de entonces las piernas se enfundaban en medias de malla fina y los pies se colocaban en zapatos bajos, con una gran hebilla en la parte superior.

– Entonces ¿por qué no me llamaste? El doctor me dejó solo con ella. ¿Qué quieres?

– No hay necesidad de pedir perdón. Cuando se despierte, poco a poco recordará todo. Sigue hablando con ella. Ya sabes, ella está escuchando.

– Pero, ¿quién eres tú? Por supuesto, un amigo, ya que el médico te dejó entrar.

– Tienes mucho que darnos.

– ¿Dar? ¿Como?

– Cálmate. Vuelve y habla con ella como lo estabas haciendo – Se adelantó, colocó sus manos a unos dos centímetros de la cabeza de la joven y, al cabo de un rato, continuó:

– Quédate con ella. Sigue hablando. Me voy.

Jeanpaul vio a la extraña salir de la habitación. Se volvió hacia la paciente y le tomó la mano. Sin embargo, se preguntó: ¿cómo permitió el médico que este hombre entrara aquí? Sin duda otro médico. ¿Seguir hablando? Pero, ¿no era eso lo que estaba haciendo?

– Te amo chica. Despierta por mí. Habla conmigo. No queda nada en qué pensar. Te amo, Jean.

✱ ✱ ✱

– ¿Ves, hermano, cómo el amor todo lo redime? A través del sufrimiento, el espíritu se purifica.

– Lo sabías todo, ¿no, Suzanne?

– Sí, querido. El amable hermano doctor se puso en contacto con el doctor Girardán y le indicó cómo proceder. Y siguió todo al pie de la letra.

– ¿Era necesario que ella pasara por todo esto? ¿Sufrir tanto para revelarte como la mujer que es?

– Creo que sí, o no hubiera sido como fue. Ella, por supuesto, como dije, debe o debería tener algún rastro de vieja culpa, no sé qué. O algo que solo encontraremos aclaración a través de nuestros mentores.

– ¿Qué pasa con nosotros?

– ¿Cómo?

– Después que encarnemos como hijos de ella y de Jeanpaul, ¿terminará allí su vía crucis, como también el nuestro? - Suzanne lo abrazó sonriendo.

– No lo sé, cariño. Si la vida carnal es una escuela, tratemos de no repetirnos, esforzándonos por conseguir un diploma que nos dé derecho a entrar en una escuela superior. Pero, y tú, fuiste a verla...

– Sí. Estaba allí, como un guardián. Cuestionó mi presencia. Casi empeoró. Pero le di el pase que pediste.

– Genial, cariño. Todo irá bien.

✷ ✷ ✷

Había caído la noche. Las lámparas estaban encendidas en la casa del doctor Girardán. Lenoir había dispuesto algunos sillones en el consultorio. Jeanpaul siguió cogido de la mano del paciente.

– ¿Entonces, nieto? ¿Se movió?

– No, abuelo, no. Pero hace calor, parece que está durmiendo profundamente.

– Así es – intervino el médico –. Y en cuanto a ti, joven, tienes que comer.

– No tengo hambre.

– Bueno, tenemos ternera asada.

– Cómelo tú mismo, abuelo.

– ¿Comer? Pero ya lo hice, nieto. Solo faltas tú.

– Lo sabía, realmente uno no deja de comer, excepto cuando se siente mal. Doctor, deme algún medicamento para evitar esto. Ya es viejo. Girardán sonrió, mientras el duque reaccionaba con vehemencia:

– ¿Viejo? Solo son viejos los que quieren, hijo. Los que se detienen a contemplar pacíficamente la ruina de sus celdas. Pero quienes no tienen tiempo para envejecer y mantener la mente ágil, incluso recuperan células en una fase de decrepitud. Por lo tanto, son mentalmente jóvenes hasta que sus cuerpos ya no pueden soportarlo.

– Doctor – y Jeanpaul se giró hacia él, dejando con cuidado la mano de Jean sobre la cama – este joven que estaba aquí, ¿por qué no me lo dijo?

– Pero ¿qué joven, mi nieto? Nadie entró aquí.

– Ahora, abuelo, déjame hablar con el médico. Y solo lo hago porque temo haberlo tratado mal. Después de todo, usted mismo dijo que nadie entraría en la habitación. ¿Quién era él, doctor?

– ¡Diablos! ¿No dije que yo, el doctor y Lenoir estábamos juntos? ¿Quién entraría sin que nos demos cuenta? ¿Estás delirando? ¿O es falta de comida?

– Abuelo – y Jeanpaul estaba a punto de levantarse. El doctor le puso la mano en el hombro, tranquilizándolo:

– Cálmate, hijo, cálmate.

– Pero el señor estaba aquí. Sentí la presión de sus manos sobre mis hombros. Luego me pidió que siguiera hablando con Jean, que ella escuchaba todo y que se acordaría. Luego colocó las palmas de las manos a cierta distancia de su cabeza. Y me dijo "sabes hermano, tienes mucho que darnos"– ¿Y salió por esa puerta, nadie lo vio? Vestía pantalones cortos viejos, sin armas.

– ¡*Voilá*! – Exclamó el doctor.– Cálmate. Sé quién fue. Efectivamente, lo dejé entrar a la habitación y le guiñó un ojo al duque, que estaba a punto de hablar.

– No tuve tiempo de advertirte.

– ¡Ah! – Se calmó, tomando nuevamente la mano de la niña entre las suyas – ¿Abuelo, la espada y el camafeo?

– Están en el carruaje.

– Por favor, tráelos. Los quiero aquí.

– Pero...

La mirada de Jeanpaul desarmó al viejo duque. Salió de la habitación sin decir palabra y luego regresó con las piezas.

– Dame el camafeo.

Con cuidado, lo sujetó al camisón de la joven.

– ¿Y la espada?

– Déjala ahí – y señaló un rincón al lado de la estantería.

– Todavía tiene sangre coagulada.

- La limpiaré - dijo Lenoir.

– Tráeme, Lenoir, por favor, una cesta de frutas. Déjalo al lado de Jeanpaul. ¿Y el caldo?

– Mantén el fuego encendido.

– Al parecer todos nos quedaremos aquí – dijo el médico.

– Si me permites – dijo el duque – dormiré en el carruaje. Estoy muy gordo.

– No, señor duque, usted se quedará aquí. Cuando Jean despierte estará feliz de vernos a todos – rugió Jeanpaul.

– Pero, nieto, el espacio...

– Trae tus almohadas del carruaje, ponlas en el suelo y acuéstate.

– ¿Y tú?

– Me quedo aquí.

– ¿No comes?

– No tengo hambre.

– Bueno, voy a buscar las almohadas. Despacho el carruaje.

– No, abuelo. El cochero puede dormir aquí.

– ¿Y los caballos?

– Yo me ocuparé de ellos, señor – dijo Lenoir –. No se preocupe. Y tú te quedas aquí. Traeré las almohadas... y se alejó.

– ¿Ve? Como siempre, todo está a mano – observó Jeanpaul – y añadió – por favor, doctor, dígale a mi abuelo que se calme. Y una sola vela encendida.

– Está bien, hijo. Nos quedaremos fuera del consultorio. Lenoir arreglará los cojines. Quédate con ella y se fueron.

El joven se centró en Jean. Él le besó las manos, mientras le expresaba afecto: Te amo, Jean. De vuelta a mí. Caminemos por el bosque, montemos, juguemos con Diana. Despierta, amor, o moriré contigo también.

El chico estaba cansado. Se desabrochó el cinturón, dejándolo caer al suelo, junto con la espada. Hizo lo mismo con la blusa y, agachándose, dejó caer su cabeza junto a la de Jean, le aspiró el cabello que olía a medicina y, tomando la mano de la joven, pronto se quedó dormido. Se veía en sueños en las más diversas situaciones: a veces con su abuela Suzanne, luego con sus padres, el perro. En un momento, estaba cogido de la mano de Jean. ¡Sin embargo, él era una mujer, ella era un hombre! Sabía que era él en ese cuerpo femenino y ella, su Jean, el joven a su lado. Escuchó a alguien declarar... "No importa qué cuerpo alberga un espíritu. ¡Todos somos iguales!"

Era temprano en la mañana. Sintió una caricia en su cabello. Abrió sus ojos cansados, creyendo ver a su abuelo a su lado, pero se encontró inclinado sobre la cama de Jean. Y la mano siguió pasando por su cabeza. Se dio la vuelta, lentamente. Solo una vela iluminaba la habitación. Levantando la cabeza, encontró el rostro de Jean sonriéndole, con los ojos abiertos y acariciando su cabello. Él no se contuvo. Las lágrimas brotaron automáticamente de sus ojos. Se levantó:

– ¡Jean! – Murmuró.

– Estimado...

– *Mon Dieu*! – Y comenzó a llorar convulsivamente.

– Te amo, Jeanpaul. Perdóname.

– Jean, Jean– y comenzó a besarle la cara, los labios, hasta que ella gimió, despertándolo a la verdadera situación.

– ¡Ay Dios! Disculpa, amor.

– ¿Dónde estoy, Jeanpaul? Tu casa, los bandidos... Seguridad...

– Se acabó todo, querida.

– ¿Querida? Soy un hombre.

– Lo sé, lo sé, eres más que un hombre valiente.

– Jeanpaul...

– Estoy aquí.

–¿El duque?

– Está bien, mi amor, está bien.

– ¿Cecille?

– ¿Cecille? ¿Quién es querida?

– Mi hermana Jeanpaul.

– ¿Sí?

– Tu abuela, doña Suzanne... Yo estaba con ella. Me llamaste, volví.

– Te amo, Jean.

– Esta vela.

– Es de noche, cariño.

– ¿Doctor Girardán? ¿Lenoir?

– Todos están bien, amor.

– Herí a uno, le disparé a Safeth, se abrió la puerta. Safeth me disparó. Te vi, corrí, salté... Jeanpaul, ¿estamos en el cielo?

– No, amor, no. Volviste de allí.

– ¿Dónde está todo el mundo?

– Duerme, cariño.

– Tengo sueño.

– Lo sé, amor, lo sé, descansa.

– Jeanpaul... tengo hambre.

– ¡Ah! – Exclamó el joven sonriendo, mientras se encendía un candelabro con tres velas. Se giró rápidamente y encontró al duque, al Doctor Girardán y a Lenoir a su lado.

– ¡Doctor! – gritó – ¡Tiene hambre!

– Enciende más velas, Lenoir – resonó la voz animada del duque.– Quiero ver a mi paciente – y se inclinó en la cama –. ¡Hola Jean!

– Señor duque – murmuró sonriendo, con lágrimas corriendo por su rostro –, ¿estás bien?

– Pero claro, querida. ¿Quieres un jabalí? Lo cazaré ahora, Solo para ti – Ella sonrió.

– Tu casa...

– Lo sé, cálmate, niña. Nunca habrá manera que yo pague tu gesto desinteresado – la besó en la frente.

– Doctor Girardán – llamó –. ¿Estoy herida?

– Pero claro, hija, ¿cómo no?

– ¿Mi espada?

– Salvada.

– ¿Cecille?

– La llamaré aquí mañana.

– No veo a Lenoir.

– Fue a buscarte algo, ¿no tienes hambre?

– Sí.

– ¿Sientes dolor?

– Me duele un poco la cabeza.

– Es una buena señal. Te daré medicamentos inmediatamente después de comer y el dolor desaparecerá.

– ¿Le contaste todo a Jeanpaul? ¿Me ha perdonado?

– Niña, el niño no se movió de la cabecera. Aquí regresa con tu comida. Quédate con él. Prepararé un medicamento para el dolor.

– Jean, te amo.

– ¿Jeanpaul y Françoise?

– ¡Oh! ¿Te acuerdas? Hablaremos más tarde. Ahora vámonos. Tenemos este delicioso caldo.

– ¿El duque fue a cazar jabalíes? - Miró al médico.

– Tranquilo, ella está poniendo sus ideas en orden. Dale la sopa – prosiguió a Jeanpaul, mientras ayudaba al duque a levantar las almohadas. Solicitantemente, el joven puso las cucharas en la boca de la paciente. Bebió con satisfacción. Después de unas cuantas cucharadas, el médico dijo:

– Ya basta, muchacho.

– Pero señor, ella tiene hambre. Quiere más.

– No conviene excederse, por ahora. Mañana recibirá una dosis mayor.

– Tengo hambre, doctor– se quejó.

– Lo sé, hija. Pero tienes que contentarte con esa parte. Toma un jugo.

– Tengo sueño, Jeanpaul.

– Estoy aquí, cariño – y la tomó de la mano.

– ¿Y la señora Paulette?

– Está bien.

– Quédate conmigo. Dame la espada, quiero sostenerla.

– Bien. Tú duermes y yo lo pondré en tus manos.

– ¿Y Lenoir?

– Está aquí, ¿no ves nada? - Ella sonrió.

– Sí, ya veo, incluidas muchas otras personas entre ustedes.

– Duerme. No me alejaré de ti - El médico le dio agua. Ella durmió.

– Doctor– preguntó Jeanpaul – quiere saber cosas de las que ya habló antes, repite frases, ¿qué le pasa?

– No te preocupes. Ella estuvo ausente por mucho tiempo. Está volviendo. Es natural mezclar visiones y recuerdos anteriores. Ahora, cuando despierte, tendrá sus ideas en orden. Así que cálmate. Es realmente bueno estar con ella.

– ¿Y mi abuelo?

– ¡Oh! Ya se durmió. Haz lo mismo.

– Doctor, ¿y si se vuelve a mojar toda?

–¡Oh! Joven, ya tiene control sobre su cuerpo. Lo pedirá.

– ¿Y cómo lo haré? - Girardán sonrió.

– Llámame, yo me encargo de todo.

– Ya no duermo.

– Como quieras.

✳ ✳ ✳

Para acortar, Jean se fue restableciendo y comenzó a caminar apoyada en los amigos. Cinco días se quedó en la casa del Dr. Girardán. El amor de otras encarnaciones se mostraba ahora. La diferencia era que ella no vestía ropa de hombre. El duque había regresado a su residencia, pero Jeanpaul se quedaría. Pasó horas en el patio trasero, tomando sol con la niña, como le ordenó el médico. Lenoir se reveló. La llevó a la cama, preparó el agua para bañarse, lavar su ropa, peinarse y vendarla. Un día, Jean llamó al médico y se reunió con él en la mesa en la sala de estar, después del pasillo. Presentes, Jeanpaul y Lenoir.

– Doctor – comenzó –, ya me siento bien.

– Lo sé, cariño, lo sé, pero no del todo.

– Escuche, doctor. Tengo que volver al Patio.

– ¿Qué Patio? – Preguntó Jeanpaul.

– De los Milagros, querido.

– Jean – gritó – ¿estás loca?

– Escucha, cariño, sólo escucha; me darás la razón más tarde.

– Pero, Jean, esa guarida inmunda...

– Allí nací, ¿recuerdas?

– ¿Y qué quieres hacer allí?

–Despedirme. Ya no es necesaria mi presencia allí. Pero tengo que ponerme al día con algo que les debo. Doctor, ¿irá conmigo?

– Pero claro, cariño.

– Yo también iré – ofreció Jeanpaul. Ella sonrió, tomando su mano.

– No, querido, no lo harás.

– Pero, ¿cómo no iba a hacerlo?

– No quiero que veas ese lugar y, además, voy a usar ropa de hombre.

– Pero, Jean, ¿otra vez?

– Tengo hermanas en ese lugar, querido, a las que necesito ayudar. No te preocupes, no tardaré.

Discutieron durante algún tiempo, pero los esfuerzos del niño por disuadirla de su intento fueron infructuosos. Jean vestido con ropa de hombre. Como antes, ciñó su espada, se puso el sombrero y besó a Jeanpaul.

– No tardaré.

– Voy a estar esperando.

Al llegar al Patio de los Milagros recibió una fuerte ovación, ya que la noticia de lo sucedido había llegado a la comunidad. Como siempre, este tipo de acontecimientos surgen, sin saber cómo. Se reunió con su hermana, quien le proporcionó la información que había recopilado a petición suya. Luego se descubrió que tenía dieciocho hermanas, muchas de ellas casadas o viviendo juntas. Las entrevistó a todas, dotándolas de bienes, proporcionándoles una cierta cantidad para mantenerse al principio. Cecille prefirió irse al campo. Estaba comprometida. Jean se alegró y le regaló una propiedad rural. Después de legalizar todas las donaciones con los banqueros, regresó a la casa del Dr. Girardán. En el camino, él, que la había acompañado, comentó:

– Fue un gesto magnánimo, hija.

– Simplemente cumplí con mi deber. Conseguí el pequeño palacio de Avranches.

– Aun así – interrumpió el médico –, todavía eres muy rica y te vas a casar con un hombre rico. Después de tantos contratiempos, de haber comido el pan que amasaba el diablo, por fin fuiste recompensada.

– Todavía tenemos que compensar a alguien, querido doctor. El mejor hombre del mundo. El más simpático, el más caritativo, gentil y bondadoso.

– Um… ¿existe un hombre así?

–¿Si existiera? Ven aquí y te lo mostraré – Tomó la mano del médico, lo acercó a un gran charco de agua en la calle y le dijo: – Mira dentro de este charco. ¿Qué ves?

– Bueno niña, yo solo veo mi imagen.

– Bueno, ahí está el hombre del que te hablé.

– ¡Niña! – El doctor estaba emocionado –. Entonces – y su voz sonó.

- Sin embargo, no falta nadie, porque mi recompensa fue haberte conocido. Ya me pagaron.

– No señor, voy a reformar toda su casa, ampliarla, equiparla con todo para su bienestar. Transformaré la parte delantera en una clínica, donde habrá camas para sus pacientes, con mayor comodidad.

– No, querida, no es necesario. Pero me gustaría que apoyaras a Lenoir. Reitero lo que te pedí antes. No tiene a nadie en el mundo.

- No estará solo. ¡Arre! Hablas como si fueras a morir.

– ¿Quién sabe?

– En cualquier caso, el tío Lenoir se quedará conmigo.

– Gracias, querida.

– Cambiemos la conversación. Estamos llegando.

Tan pronto como entraron a la residencia del médico, Jean se dirigió apresuradamente a la habitación, donde se arregló, se vistió con ropa adecuada a su sexo y fue a hablar con Jeanpaul.

– Mi abuelo, en tu ausencia, estuvo aquí. Insiste en que vengas a nuestra casa.

– ¡Oh! Jeanpaul, lamento rechazar una invitación tan honorable, pero no puedo dejar al doctor Girardán.

– ¿Cómo no? – Intervino el médico.

– Vete, y vete ahora.

– Doctor, ¿qué es esto?

– Es la cosa justa que hacer. Deberías acostumbrarte. ¿Te vas a casar o no con el nieto del duque?

– Pero, claro que sí – se apresuró a asegurarle al niño –. Sin embargo, con una condición.

– ¿Condición, Jeanpaul? ¿Y qué es? – Preguntó abrazando al joven.

– Que depongan las armas - El médico sonrió y ella también.

– Ya los tengo en este estado. Sin embargo, conservaré la espada de mi padre y la que tú me diste. De vez en cuando entrenaremos.

– Sí - y se besaron.

– Tienes poca ropa de mujer, Jean.

– ¿Pocas?

– De hecho, Solo tienes una camiseta.

– ¡Allá! ¿Y ahora? ¡Nunca pensé acerca de esto! - Jeanpaul sonrió.

– Te compro todos los vestidos en París.

– No quiero.

– ¿Cómo no hacerlo?

– Llama a algunas costureras. Ellas harán mis vestidos. No iré a ningún estudio.

– ¡Atractivo!

– Tengo que acostumbrarme. Después de todo, fui un "hombre" durante mucho tiempo.

- Bueno, querida – añadió el médico – deberías irte. Siempre nos veremos.

– En cuanto todo se arregle, iremos a Alençon, allí nos casaremos.

– Y de allí a nuestro palacete de Avranches.

– Como quieras, reina.

– Si eras el Rey de los Mendigos, ahora eres mi reina.

– Doctor, ¿estará bien?

– Claro querida, no te preocupes por este viejo. Recuerda; sin embargo, a Lenoir.

– Respecto a esto, ya tienes mi palabra. No lo llevaré conmigo ahora, porque él mismo no iría y tú lo necesitas.

– Espera – y se dirigió a la oficina, tardó un rato, regresando sonriendo, con una pequeña caja fuerte de madera en las mano –. Esto es tuyo. Es un regalo de mi parte. Es simple, pero me acompaña desde hace muchos años. Nunca me separé de él.

Curiosa, Jean abrió la pequeña caja fuerte, revestida de terciopelo rojo. Allí descansaba una pequeña cruz de madera, con la efigie de Cristo, sujeta a una cadena de plata.

– Doctor – observó, sacando el crucifijo – ¿es este el mismo que usó usted aquella noche, aquí?

– Es ese, hija. Es la posesión más preciada que tengo.

– No, doctor, no puedo aceptarlo.

– Jeanpaul – dijo el doctor –. ¿Recuerdas al joven que estaba aquí contigo en la habitación cuando Jean todavía estaba en la cama?

– Sí, sí. ¿Cómo olvidar?

– Este crucifijo es para él.

– Pero, ¿cómo? – Preguntó Jean sorprendido.

– Acéptalo, un día se lo darás.

– Se parece más a uno de esos que usan los curas.

– Así es. Lo hiciste bien. Tomemos como ejemplo a Jean. A la hora señalada se lo entregarás.

– Pero...

– Ni la mitad pero. Tómalo.

– ¿Se despide de nosotros, doctor? Ahora no nos iremos de París.

– Lo sé, pero me voy.

– ¿Como? ¿Vas a viajar?

– Sí, lo haré, querida. Pero ahora vete. ¿Recuerda a Lenoir?

Jean y Jeanpaul salieron de la casa. Mientras caminaban, hablaban.

– Es extraño lo que me dijo el doctor.

– Bueno, el pobrecito está viejo, está cansado, pero estamos tan cerca de él que podemos visitarlo todos los días.

– Por supuesto.

* * *

Todas las tardes, al atardecer, Jean y su prometido visitaban al viejo médico y le llevaban frutas y otros regalos. Un día, al despedirse, en la puerta, el doctor Girardán dijo:

– Sean felices. Nunca dejen que el odio penetre en sus corazones. Vivan por siempre este amor que se tienen el uno al otro.

Y cuando me recuerden, solo una oración y les estaré agradecido -. Abrazó y besó a Jean, sorprendido –. Adiós, Jeanpaul.

– ¿Adiós doctor? ¿Por qué? Mañana estaremos de vuelta.

– Lo sé, hijo, lo sé. Vengan a la misma hora.

– Por supuesto que lo haremos.

– Muy bien. Pase lo que pase, no odien a su prójimo.

– Pero ¿por qué todo esto, doctor?

– Vayan en paz. Cuídense mucho.

De la mano, la pareja continuó su camino. Y al pasar frente a la Catedral, observaron a unos hombres trabajando, descargando unos carros con madera.

–¿Qué está haciendo? – Preguntó Jeanpaul.

– Van a quemar a algún pobrecito – dijo Jean en tono de broma, acercándose a él.

– ¡Oh! No bromees, Jean. Esto no se hace desde hace mucho tiempo.

– Lo siento, tonto. Debe ser alguna celebración de la iglesia.

Cuando llegaron a la residencia del duque, lo encontraron ocupado haciendo grandes maletas.

– ¿Vas a viajar, abuelo?

– Yo simplemente, no. Nosotros.

– ¿Nosotros?

– Mocoso, tienes a tu novia a tu lado. Me quedo solo. Francisco queda libre y se recupera de la derrota en su casa de campo, seguramente tramando otra guerra. Antes que esto suceda, me voy a Alençon. Tengo nostalgia…

– ¿De María?

– Mocoso, ¿esto te interesa? Lo extraño todo: el aire fresco, la caza, los jabalíes, los faisanes, los paseos a caballo.

– Y los brazos de María.

– Jean – gritó –, sostén esta bolsa para que su abuelo pueda golpearlo – y corrió detrás de su nieto, mientras la niña se reía. Terminó su bravuconería sentado en un sillón, riéndose también.

– Nosotros te acompañaremos – dijo el joven.

–¿Y yo no lo sabía? Bueno, ya empaqué sus cosas y tengo buenas noticias para ambos.

– ¿Cuál? – Preguntaron a coro.

– Las dos cazadoras de dotes.

– ¿Cazadoras de dotes? ¿Dos?

– Sí, tu Michelle y tu Françoise, Jean, están en París.

– ¡Oh! ¿Y a qué vinieron?

– Permanecerán en la Corte. Los hijos de unos marqueses, no sé cuántos, las eligieron por esposas. ¡Se casarán en Notre Dame!

–¡Oh! ¡Qué bien! ¿Y cómo lo supiste?

– Estuve en el palacio hoy. Un amigo me informó.

– ¡Qué hermosa noticia! – Dijo Jean sonriendo –. De esa manera ya no tendré que preocuparme más – miró al novio.

– Ni yo.

– ¿Tú? ¿Por qué? – Preguntó seriamente.

– De esa manera no tendrás que besar más a Françoise.

– ¡Mocoso! – gritó, avanzando, abrazando y besando al joven.

– Dejen esto, primero tendré que casarme, gente irresponsable – gritó el duque. Hablaron hasta tarde. Luego se retiraron a sus habitaciones. Bien temprano,

Jean, madrugador por excelencia, se levantó y fue a ayudar a la mujer del mayordomo a preparar el desayuno. Una vez terminada la tarea, se acercó al mostrador y, inclinándose sobre la barandilla, observó el movimiento de la calle. Estaba sorprendido por tanta gente. Algunos corrieron, otros caminaron rápidamente, todos hacia la Plaza de la Catedral.

– ¿Qué pasa? – Pensó. Oyó la campana en la catedral, tal vez una boda rica –. ¡Pero cuánta gente corre! – Observó por un momento, luego regresó al pasillo. El novio y el duque seguían durmiendo. Decidió empacar algunas cosas en su maleta, ya que viajaban por la tarde. Notó, sobre la cama, la pequeña caja fuerte que le había regalado el doctor Girardán. Se detuvo y pensó… Pero ya había dejado el estuche. ¿Cómo estás aquí? Lo sostuvo y lo abrió. El crucifijo estaba allí. Lo tomó y dejó escapar un gemido, retirando su mano. Hacía calor… Dios, ¿qué es esto? – Intentó sujetarlo nuevamente, lo logró. Temperatura normal. Sorprendida, comenzó a reflexionar: ¡Pero estaba ardiendo! El sol no podría haber brillado sobre él. Las cortinas de las ventanas estaban cerradas. Sin explicación del fenómeno, volvió a sostener la pieza, la besó y la devolvió a la caja fuerte, guardándola en una de las maletas. Continuó empacando sus pertenencias, olvidándose de lo sucedido. Ella permaneció así hasta que la despertaron unos golpes en la puerta. Era Jeanpaul.

– Dormiste más que la cama, amor – dijo sonriendo y arrojándose a sus brazos –. ¿Has desayunado ya?

– No, te estaba esperando a ti y a tu abuelo.

– Así que vámonos, o acabará con todo.

El Duque ya estaba en la mesa con una enorme servilleta sobre el pecho.

– ¡Buen día! – Ella añadió.

– Buen día, *ma chérie* - Se sirvieron ellos mismos y charlaron alegremente.

– ¿Por qué suenan las campanas de la catedral?

– ¡Ah! Era temprano en la mañana y el movimiento en la calle era intenso. Debe haber alguna fiesta.

✳ ✳ ✳

La amenaza se materializó. El doctor Girardán aun dormía cuando lo despertaron bruscamente unos fuertes golpes en la puerta. Se levantó rápidamente y fue a abrirla, justo cuando la estaban derribando con estrépito. Soldados armados entraron en la habitación, lo agarraron en camisón, lo arrastraron brutalmente a la calle y lo arrojaron al carro. A toda prisa, el vehículo fue conducido a la plaza de la Catedral, donde una valla encajada entre un gran montón de madera ya esperaba al detenido. No hubo juicio. A trompicones, lo llevaron a lo alto de la pira y lo ataron al poste. Ninguna queja escapó de sus labios. La población recién se enteró de la ejecución casi en el momento en que estaba a punto de realizarse.

– ¡Es el doctor! – Exclamó uno, y la noticia se difundió, llenándose la plaza de gente.

– ¿Por qué? ¡Es un buen hombre!

Un fraile encapuchado comenzó a leer un pergamino, etiquetándolo de brujo, hereje, aliado del diablo. Miró los rostros pálidos de los transeúntes y sonrió cuando vio a Lenoir inmovilizado por varios soldados. Oró. Se encendió la pira y el fuego crepitó. Pronto, su ropa empezó a arder.

– ¡No grita! Exclamó uno.

– Mira, su cabeza cae sobre su pecho.

– Ciertamente el humo le hizo perder el conocimiento.

Ignoraron que incluso antes que el fuego comenzara a quemar sus carnes, el bondadoso doctor Girardán, el médico de los pobres de París, dejó su cuerpo, en espíritu, llevado por las manos desinteresadas de sus amigos espirituales. Solo el cuerpo fue consumido por el fuego. Un olor acre a carne quemada se extendió por el aire. Las llamas devoraron toda la madera, extinguiéndose poco después. Del cuerpo, solo huesos calcinados. Lenoir lloró como un niño. Liberado, regresó a su casa. La encontró sellada. Se sentó en el umbral y permaneció allí, con la cabeza entre las manos. Ya no estaba interesado en la vida. Todo para él había terminado.

✻ ✻ ✻

– ¿A qué hora saldremos? – Preguntó Jean.

– Para mí, ahora – respondió el duque.

– En ese caso, señor duque, deme unos minutos para despedirme del doctor Girardán.

– Tendrás todo el tiempo que quieras, hija. Se merece más que esto.

Fueron al salón, donde hablaron, haciendo planes para el viaje. En un momento dado, el mayordomo apareció en la puerta y, subrepticiamente, hizo una señal a Jeanpaul para llamarlo. Se levantó y fue hacia él. Pronto los dos desaparecieron dentro de la residencia. El sirviente estaba nervioso.

– ¿Que pasó? – Preguntó el joven preocupado.

– Señor... una desgracia.

– Cuéntame, hombre, qué pasó.

– El doctor...

– ¿Qué doctor?

– Doctor Girardán.

Jean se puso furioso.

–¿Qué le sucedió?

– Él murió.

– ¿Él murió? ¡No, no! – Y el niño se puso las manos en la cabeza –. ¿Como? ¡No puede ser!

– Fue quemado en una plaza pública, señor.

– *¡Mon Dieu!* ¿Quemado?

– Sí señor. La Inquisición.

– Pero es imposible. ¿No te equivocas?

– Ojalá lo fuera. Me dieron la noticia ahora.

– Pero ¿por qué? – Jeanpaul estaba fuera de sí –. ¿Un anciano? Solo vivía para ayudar a la gente.

– Decían que era un hereje, aliado con el diablo, un mago.

– ¡Nuestra Señora de París! ¡Que maldad! Y esto en nombre de la Iglesia.

– De la Santa Madre Iglesia.

– ¡Qué Santa Madre Iglesia, qué nada! – gritó molesto.– Asesinos locos es lo que son. ¡Miserables! – El altercado fue escuchado por el duque y Jean quienes corrieron asustados.

– ¿Qué pasa? – Preguntó Jean, corriendo hacia su prometido, angustiada y con los ojos llenos de lágrimas.

– ¿Por qué estás así, Jeanpaul?

El joven la abrazó, la besó y le acarició el cabello, abrazándola contra su cuerpo.

– Cariño, ¿qué pasó?

Logró controlarse, sollozó y habló lentamente:

– Las campanas cuando sonaron...

– ¿Sí, sí?

– El doctor Girardán estaba siendo quemado en la hoguera en la Plaza de la Catedral.

– ¿Qué? – Gritó el duque.

Jean se tambaleó. El joven la apoyó. Pero le sorprendió la fuerza de la chica. Intensamente pálida, con lágrimas corriendo profusamente por su rostro, soltó sus brazos.

– Trae agua, por favor.

– No, trae brandy – recomendó el duque. Jean estaba un poco desorientada.

– El crucifijo... el crucifijo que me dio estaba caliente. Lo había guardado, pero no sé cómo, lo encontré sobre la cama, dentro de la caja fuerte. Lo toqué, hacía tanto calor que me quemó los dedos - y ella rompió en llanto convulsivo, sostenida por Jeanpaul y el duque. El mayordomo llegó con bebidas. Ella lo rechazó.

– ¡Qué perverso, amor mío! – Comentó Jean abrazándola.

– Vamos, Jeanpaul, a casa del médico.

– Pero Jean...

– Lenoir ahora está solo y le prometí al doctor Girardán que lo cuidaría.

– Pero querida...

– Vamos, Jeanpaul, vámonos – y al duque –. Envía nuestro equipaje al carruaje. Cogeremos a Lenoir y abandonaremos esta ciudad maldita, donde no quiero volver a poner un pie nunca más. Querido...

– Si no consientes, iré con él a mi palacio en Avranches.

– No es eso, querida, claro que lo consiento. El carro es ancho. Es solo... ¿cómo encontrar a Lenoir?

– Sé que está ahí, estoy segura.

– Lo que sea – Y para el mayordomo –. Puedes llevar nuestras maletas al carruaje. Aprovecha dos caballos.

– Solo uno. El que usé está en el patio trasero del médico.

– Vámonos rápido.

Pronto estaban corriendo por las calles de París. Al pasar por la plaza todavía vieron los restos humeantes de la hoguera. Algunos curiosos permanecieron en el lugar.

– ¡Asesinos! – Gritó Jean –. No quiero ver nunca a un sacerdote delante de mí.

– Cálmate, cariño.

Entraron en la calle Saint Germain. Llegaron a la casa. Como había asegurado Jean, Lenoir estaba allí, sentado en el umbral, con la cabeza entre las manos. La joven saltó y corrió abrazándolo llorando.

– ¡Tío, tío!

– Jean… – tartamudeó el hombre –, ¡mataron al doctor y yo no pude hacer nada! Destruyeron todo lo que tenía en la vida.

– No hables así. Me tienes a mí, tío. Te quedarás conmigo.

– No, Jean, no.

– Me lo pidió y se lo prometí. Parece que ya sabía lo que iba a pasar.

– Si lo sabía. Pero no quería creerlo.

– Vamos tío, vámonos de aquí. Ven conmigo. Nunca te dejaré.

– Tu caballo…

– Lo quiero. Tienes que ir a buscarlo. Lenoir se puso de pie.

– Si supieran que destruyeron el cuerpo… El viejo doctor está vivo.

– Sí, querido.

– Espera, traeré al caballo.

Poco después continuaron su viaje. Lenoir insistió en viajar en el asiento del pasajero, al lado del cochero.

– ¡Pobrecito! – Exclamó el duque.

– Yo me ocuparé de él – declaró Jean.

– Nosotros, cariño, nosotros.

✳ ✳ ✳

En algún lugar, en otra dimensión, tres personas estaban hablando.

– Entonces, mi querida Suzanne, has encontrado tu alma gemela.

– Sí, hermano mío, sí. Nos preparamos para otra peregrinación en el cuerpo físico.

– Pronto será la boda de aquellos que elegiste para tus padres.

–¡Oh! Doctor Girardán, me alegro que esté con nosotros. Ya no necesitas exponerte a los riesgos de la vida física.

– Hay mucho amor en esos jóvenes. Pero la niña, por lo que me pasó, empezó a odiar a los sacerdotes. Tanto es así que para casarse preferirá una luterana. ¿Sabes qué significa esto?

– ¿Cómo?

– Él – y el doctor señaló al joven – Fernand eligió ser sacerdote católico y la mujer que será su madre, aborrece a los clérigos. Su responsabilidad será muy grande.

– Es verdad. Lo ayudaré.

– Estoy seguro de ello. Pero conociendo a Jean, preveo muchas discordias.

– Nos arriesgaremos.

– Y tu misión será hacerla cambiar de opinión. Al fin y al cabo, una oveja no pone en peligro al rebaño, siempre que pueda ser educada satisfactoriamente.

– Gracias hermano por todo lo que hiciste por nosotros.

– Alabado sea Dios y que sus bendiciones sean sobre todos. Un día, la Tierra vivirá como en los inicios del hombre, un paraíso. La que los hombres han perdido, pero que buscan sin cesar. Dios los bendiga a todos, y se alejó, con pequeños pájaros posándose sobre sus hombros y volando sobre su cabeza.

- ¿Dónde están las marcas de fuego?

- Los inquisidores solo lo liberaron de su debilitado caparazón, haciéndolo renacer en espíritu con toda su vitalidad. ¡Viva Dios!

FIN

Grandes Éxitos de Zibia Gasparetto

Con más de 20 millones de títulos vendidos, la autora ha contribuido para el fortalecimiento de la literatura espiritualista en el mercado editorial y para la popularización de la espiritualidad. Conozca más éxitos de la escritora.

Romances Dictados por el Espíritu Lucius

La Fuerza de la Vida

La Verdad de cada uno

La vida sabe lo que hace

Ella confió en la vida

Entre el Amor y la Guerra

Esmeralda

Espinas del Tiempo

Lazos Eternos

Nada es por Casualidad

Nadie es de Nadie

El Abogado de Dios

El Mañana a Dios pertenece

El Amor Venció

Encuentro Inesperado

Al borde del destino

El Astuto

El Morro de las Ilusiones

¿Dónde está Teresa?

Por las puertas del Corazón

Cuando la Vida escoge

Cuando llega la Hora

Cuando es necesario volver
Abriéndose para la Vida
Sin miedo de vivir
Solo el amor lo consigue
Todos Somos Inocentes
Todo tiene su precio
Todo valió la pena
Un amor de verdad
Venciendo el pasado

Otros éxitos de Andrés Luiz Ruiz y Lucius

Trilogía El Amor Jamás te Olvida
La Fuerza de la Bondad
Bajo las Manos de la Misericordia
Despidiéndose de la Tierra
Al Final de la Última Hora
Esculpiendo su Destino
Hay Flores sobre las Piedras
Los Peñascos son de Arena

Otros éxitos de Gilvanize Balbino Pereira

Linternas del Tiempo

Los Ángeles de Jade

El Horizonte de las Alondras

Cetros Partidos

Lágrimas del Sol

Salmos de Redención

Libros de Eliana Machado Coelho y Schellida

Corazones sin Destino

El Brillo de la Verdad

El Derecho de Ser Feliz

El Retorno

En el Silencio de las Pasiones

Fuerza para Recomenzar

La Certeza de la Victoria

La Conquista de la Paz

Lecciones que la Vida Ofrece

Más Fuerte que Nunca

Sin Reglas para Amar

Un Diario en el Tiempo

Un Motivo para Vivir

¡Eliana Machado Coelho y Schellida, Romances que cautivan, enseñan, conmueven y pueden cambiar tu vida!

Romances de Arandi Gomes Texeira y el Conde J.W. Rochester

El Condado de Lancaster

El Poder del Amor

El Proceso

La Pulsera de Cleopatra

La Reencarnación de una Reina

Ustedes son dioses

Libros de Marcelo Cezar y Marco Aurelio

El Amor es para los Fuertes

La Última Oportunidad

Nada es como Parece

Para Siempre Conmigo

Solo Dios lo Sabe

Tú haces el Mañana

Un Soplo de Ternura

Libros de Vera Kryzhanovskaia y JW Rochester

La Venganza del Judío

La Monja de los Casamientos

La Hija del Hechicero

La Flor del Pantano

La Ira Divina

La Leyenda del Castillo de Montignoso

La Muerte del Planeta

La Noche de San Bartolomé

La Venganza del Judío

Bienaventurados los pobres de espíritu

Cobra Capela

Dolores

Trilogía del Reino de las Sombras

De los Cielos a la Tierra

Episodios de la Vida de Tiberius

Hechizo Infernal

Herculanum

En la Frontera

Naema, la Bruja

En el Castillo de Escocia (Trilogía 2)

Nueva Era

El Elixir de la larga vida

El Faraón Mernephtah

Los Legisladores
Los Magos
El Terrible Fantasma
El Paraíso sin Adán
Romance de una Reina
Luminarias Checas
Narraciones Ocultas
La Monja de los Casamientos

Libros de Elisa Masselli
Siempre existe una razón
Nada queda sin respuesta
La vida está hecha de decisiones
La Misión de cada uno
Es necesario algo más
El Pasado no importa
El Destino en sus manos
Dios estaba con él
Cuando el pasado no pasa
Apenas comenzando

Libros de Vera Lúcia Marinzeck de Carvalho y Patricia

Violetas en la Ventana
Viviendo en el Mundo de los Espíritus
La Casa del Escritor
El Vuelo de la Gaviota

Vera Lúcia Marinzeck de Carvalho y Antônio Carlos

Amad a los Enemigos
Esclavo Bernardino
la Roca de los Amantes
Rosa, la tercera víctima fatal
Cautivos y Libertos
Deficiente Mental
Aquellos que Aman
Cabocla
El Ateo
El Difícil camino de las drogas
En Misión de Socorro
La Casa del Acantilado
La Gruta de las Orquídeas
La Última Cena
Morí, ¿y ahora?
Las Flores de María
Nuevamente Juntos

Libros de Mônica de Castro y Leonel

A Pesar de Todo

Con el Amor no se Juega

De Frente con la Verdad

De Todo mi Ser

Deseo

El Precio de Ser Diferente

Gemelas

Giselle, La Amante del Inquisidor

Greta

Hasta que la Vida los Separe

Impulsos del Corazón

Jurema de la Selva

La Actriz

La Fuerza del Destino

Recuerdos que el Viento Trae

Secretos del Alma

Sintiendo en la Propia Piel

World Spiritist Institute

www.ingramcontent.com/pod-product-compliance
Lightning Source LLC
LaVergne TN
LVHW041743060526
838201LV00046B/889